西安邮电大学学术专著出版基金资助出版

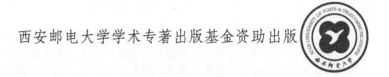

快递产业竞争关系网络：
结构、演化及博弈行为

谢逢洁 著

科学出版社

北 京

内 容 简 介

　　本书从快递的基本概念、历史和发展出发，简要介绍快递产业的形成、竞争状况以及政府监管，继而给出快递产业竞争关系网络的研究背景及意义、研究内容及框架、学术价值和应用价值。然后，在概述本书研究所采用的复杂网络和社会网络理论的基础上，对快递企业竞争关系进行定义，通过从陕西省邮政管理局和国家邮政局收集的快递企业名录、分支机构和服务网点所在地域信息，形成对我国快递产业竞争关系网络的拓扑描述，度量其复杂结构特征；构建快递产业竞争关系网络演化模型，揭示其结构特征形成的演化规律；研究快递产业竞争关系网络上的价格竞争博弈行为，发现影响整个产业价格竞争状况的重要因素和条件、快递企业自我网络特征对其自身价格竞争行为决策的影响，以及快递产业竞争关系网络和价格竞争行为对企业成长的影响。

　　本书研究中大量使用 UCINET 和 MATLAB 软件，主要适合管理科学与工程、物流工程与管理专业的研究者学习。

图书在版编目（CIP）数据

　快递产业竞争关系网络：结构、演化及博弈行为 / 谢逢洁著. —北京：科学出版社，2019.11

　　ISBN 978-7-03-063183-1

　Ⅰ.①快… Ⅱ.①谢… Ⅲ.①快递-邮政业务-市场竞争-研究-中国 Ⅳ.①F632

中国版本图书馆 CIP 数据核字（2019）第 257939 号

责任编辑：闫　悦 / 责任校对：樊雅琼
责任印制：吴兆东 / 封面设计：迷底书装

科 学 出 版 社 出版
北京东黄城根北街 16 号
邮政编码：100717
http://www.sciencep.com
北京中石油彩色印刷有限责任公司 印刷
科学出版社发行　各地新华书店经销

＊

2019 年 11 月第 一 版　开本：720×1000 1/16
2019 年 11 月第一次印刷　印张：14 1/2　插页：3
字数：281 000
定价：99.00 元
（如有印装质量问题，我社负责调换）

前　言

在电子商务飞速发展的带动下,我国快递产业的业务量急剧增长,吸引了大量中小型企业进入快递市场。与此同时,各个快递企业为了占有市场份额,纷纷采取价格战,使得整个市场的快递平均单价迅速下降。加上各个大型快递企业纷纷上市,开展新业务,形成了"多领域渗透、全方位布局"的发展局面,竞争愈发激烈。

在我国快递产业是近年来迅速发展起来的新兴产业,理论界对快递产业的竞争发展问题的研究和探索非常匮乏,无法为快递企业发展和政府监管政策提供有益的指导建议。快递企业在实践中虽然感受到强大的竞争压力,但对自己的竞争对手是谁并不完全明确,对如何应对激烈的竞争环境并成长发展缺乏基本的认识。

本书从复杂网络和社会网络的理论视角出发,展开对中国快递产业竞争问题的研究,所涉及的研究领域包括产业竞争关系网络及竞争行为扩散研究、企业社会关系网络对企业成长的影响研究、企业竞争行为与企业成长的关系研究三个方面。本书详细分析这三个研究领域的不足,找到研究的突破点,通过合理构建研究框架和研究内容,对我国快递产业竞争关系网络的结构特征、演化规律和价格竞争博弈展开详细研究。研究不仅具有较高的学术价值,还具有很好的应用价值。

本书是复杂网络和社会网络理论在快递产业竞争研究领域的交叉应用。研究中详细讲解了交叉研究所采用的思路方法,可以为其他学者进行相关交叉领域的研究提供指导。全书共 9 章,第 1 章由刘馨懋完成,承担工作量 4.2 万字;第 2 章~第 8 章由谢逢洁完成,承担工作量 17 万字;第 9 章和附录材料由李培完成,承担工作量 6.9 万字。

作　者

2019 年 1 月 10 日

目　　录

前言
第1章　快递及快递产业概述 ……………………………………………… 1
1.1　快递的基本概念 …………………………………………………… 1
1.1.1　快递的定义及特点 ………………………………………… 1
1.1.2　快递的分类 ……………………………………………… 3
1.1.3　快递与邮政、物流的区别 ………………………………… 5
1.1.4　快递与电子商务 …………………………………………… 7
1.1.5　快递业务经营主体 ………………………………………… 8
1.2　快递的历史与发展 ………………………………………………… 11
1.2.1　快递的历史 ……………………………………………… 11
1.2.2　现代快递的发展 …………………………………………… 14
1.3　快递产业的形成和竞争状况 ……………………………………… 16
1.3.1　快递产业的含义和特征 …………………………………… 16
1.3.2　快递产业的形成标志与发展动力 ………………………… 17
1.3.3　中国快递产业的竞争状况 ………………………………… 24
1.4　快递产业政府监管 ………………………………………………… 28
1.4.1　快递产业政府监管的内涵及必要性 ……………………… 28
1.4.2　我国快递产业政府监管状况 ……………………………… 29
1.5　本章小结 …………………………………………………………… 33
第2章　快递产业竞争关系网络研究现状分析 ………………………… 34
2.1　研究背景及意义 …………………………………………………… 34
2.2　研究现状及分析总结 ……………………………………………… 34
2.2.1　研究现状 ………………………………………………… 34
2.2.2　分析总结 ………………………………………………… 42
2.3　研究内容及框架 …………………………………………………… 43
2.3.1　研究内容 ………………………………………………… 43
2.3.2　本书的内容框架 …………………………………………… 44
2.4　学术价值及应用价值 ……………………………………………… 45
2.4.1　学术价值 ………………………………………………… 45

　　2.4.2　应用价值 ··· 45
　2.5　本章小结 ·· 45
第3章　复杂网络与社会网络理论 ··· 46
　3.1　复杂网络及其结构度量 ·· 46
　　3.1.1　现实世界中的复杂网络 ··· 46
　　3.1.2　复杂网络的图论描述 ··· 48
　　3.1.3　复杂网络结构特性度量方法 ··· 49
　3.2　复杂网络模型 ··· 55
　　3.2.1　规则网络模型 ··· 56
　　3.2.2　随机网络模型 ··· 57
　　3.2.3　WS小世界网络模型 ··· 58
　　3.2.4　BA无标度网络模型 ··· 59
　　3.2.5　其他复杂网络模型 ··· 60
　3.3　复杂网络的动力学行为 ·· 64
　　3.3.1　复杂网络上的疾病扩散 ··· 64
　　3.3.2　复杂网络上的同步 ··· 66
　　3.3.3　复杂网络上的博弈 ··· 68
　3.4　社会网络分析方法 ··· 82
　　3.4.1　中心性 ··· 83
　　3.4.2　小团体 ··· 84
　　3.4.3　结构同型 ··· 84
　3.5　本章小结 ·· 85
第4章　快递产业竞争关系网络拓扑描述及结构特征度量 ················ 86
　4.1　快递企业间竞争关系的定义及数据来源 ································· 86
　　4.1.1　快递企业间竞争关系的定义 ··· 86
　　4.1.2　快递企业数据信息来源 ··· 86
　4.2　快递产业竞争关系网络拓扑描述 ·· 88
　　4.2.1　陕西省快递产业竞争关系网络拓扑描述 ······························· 88
　　4.2.2　国内跨省业务竞争关系网络拓扑描述 ······························· 89
　　4.2.3　国际业务竞争关系网络拓扑结构描述 ······························· 90
　4.3　网络拓扑图绘制方法 ·· 91
　4.4　快递产业竞争关系网络结构特征度量 ··································· 94
　　4.4.1　陕西省快递产业竞争关系网络结构特征度量 ························· 94
　　4.4.2　国内跨省业务竞争关系网络结构度量 ······························· 99
　　4.4.3　国际业务竞争关系网络结构度量 ································· 103

4.5 本章小结 ··· 106
第 5 章 快递产业竞争关系网络的演化机理研究 ··········· 107
5.1 快递产业竞争关系网络演化模型构建思路 ·········· 107
5.1.1 快递业务量统计分析 ·························· 107
5.1.2 快递企业分支机构差异性分析 ·················· 112
5.2 快递产业竞争关系网络演化模型 ··················· 115
5.2.1 演化模型构建 ································ 115
5.2.2 演化模型的 MATLAB 仿真框架 ················ 116
5.3 仿真结果及演化机理分析 ························· 118
5.3.1 仿真参数设置 ································ 118
5.3.2 仿真结果 ···································· 118
5.3.3 演化机理分析 ································ 120
5.4 本章小结 ······································· 121
第 6 章 快递产业竞争关系网络上的价格竞争博弈行为 ······ 122
6.1 快递产业竞争关系网络上的价格竞争博弈模型构建思路 ··· 122
6.2 快递产业竞争关系网络上的价格竞争博弈模型 ········ 122
6.2.1 模型的理论意义 ······························ 122
6.2.2 模型构建 ···································· 123
6.2.3 模型的理论分析 ······························ 125
6.2.4 模型的 MATLAB 仿真框架 ···················· 126
6.3 仿真结果及分析 ································· 128
6.3.1 仿真参数设置 ································ 128
6.3.2 价格保持现象的涌现 ·························· 129
6.3.3 收益度量方式和竞争规模对价格演化的影响 ········ 130
6.3.4 降价程度和需求量对价格演化的影响 ············ 134
6.3.5 原价和需求函数斜率对价格演化的影响 ·········· 138
6.4 本章小结 ······································· 141
第 7 章 节点企业自我网络特征与价格竞争博弈行为的关系 ··· 143
7.1 快递产业竞争关系网络中节点企业自我网络特征度量 ··· 143
7.1.1 陕西省快递产业竞争关系网络中节点企业的自我网络特征 ··· 143
7.1.2 国内跨省业务竞争关系网络中节点企业自我网络特征 ··· 144
7.1.3 国际业务竞争关系网络中节点企业自我网络特征 ··· 145
7.2 快递产业竞争关系网络中节点企业的价格竞争行为 ······ 147
7.3 快递产业竞争关系网络中节点企业自我网络特征与价格竞争
行为的关系 ······································· 149
7.3.1 节点企业中心性与价格竞争行为的关系 ·········· 149

7.3.2 节点企业的 1-cliques 集合与价格竞争行为 ·················· 150

7.3.3 节点企业结构同构与价格竞争行为的关系 ·················· 151

7.4 本章小结 ··· 152

第8章 快递产业竞争关系网络及价格竞争行为对企业成长的影响 ········· 153

8.1 快递产业竞争关系网络和价格竞争博弈的共演模型 ············· 153

8.1.1 模型的理论意义 ··· 153

8.1.2 建模思路 ··· 153

8.1.3 模型构建 ··· 154

8.1.4 模型的 MATLAB 仿真框架 ·· 155

8.2 仿真结果及分析 ··· 157

8.2.1 仿真参数设置 ··· 157

8.2.2 快递企业价格调整速度对价格演化及企业成长的影响 ········ 157

8.2.3 快递企业数量增长速度对价格演化及企业成长的影响 ········ 160

8.2.4 分支机构设立数量对价格演化及企业成长的影响 ············· 162

8.2.5 经营地域扩张优先程度对价格演化及企业成长的影响 ········ 164

8.2.6 快递产业竞争关系网络上价格竞争行为与企业成长的关系 ··· 165

8.3 本章小结 ··· 168

第9章 中国快递产业发展建议 ·· 170

9.1 主要结论及建议 ··· 170

9.1.1 弱势快递企业分支机构调整建议 ·································· 170

9.1.2 强势快递企业竞争行为引导建议 ·································· 170

9.1.3 快递企业价格引导建议 ·· 171

9.2 快递企业差异化竞争发展建议 ··· 172

9.2.1 快递服务差异化特征及内容 ·· 173

9.2.2 国际快递巨头的差异化竞争经验 ·································· 181

9.2.3 我国快递企业差异化发展的有效途径 ···························· 185

9.2.4 我国快递企业差异化竞争发展的典型案例 ······················ 188

9.3 本章小结 ··· 194

参考文献 ·· 195

附录1 国内跨省业务快递企业经营城市列表 ······························· 205

附录2 国内跨省业务快递企业经营地域城市编号对应表 ················ 208

附录3 国内跨省业务快递企业的竞争关系矩阵 $B(N_2, N_2)$ ·············· 216

附录4 生成竞争关系矩阵的 MATLAB 程序代码 ·························· 223

彩图

第1章 快递及快递产业概述

1.1 快递的基本概念

1.1.1 快递的定义及特点

1. 快递的定义

快递是指快速收寄、分发、运输、投递单独封装且具有名址的信件和包裹等物品，以及其他不需存储的物品，按照承诺时限递送到收件人或指定地点，并获得签收的寄递服务。

《快递服务》(编号：Y2/T 0128—2007)对快件重量的规定为："快件的单件重量不宜超过 50 公斤；快件的单件包装规格任何一边的长度不宜超过 150 厘米，长、宽、高三边长度之和不宜超过 300 厘米。"

2. 快递的特点

许多书籍(樊相宇，2015；谢逢洁，2017)都对快递的特点进行了总结，主要包括寄递物品的特定性、寄递方式的独特性、寄递过程的时效性，以及寄递组织的网络性。具体内容如下。

1) 寄递物品的特定性

快递业务寄递物品的特定性主要体现在以下几方面。

(1) 封装的物品。快递业务是对封装物品的递送。封装的物品在快递业务中称为"件"，并以"件"为计量和计价以及物品流动的基础单位。一个或一个以上相同或不同物品封装后只作为一件快件。而物流业务中一般不特别要求物品封装，可以运输工具如"车"或以物品重量或体积为计量和计价单位。快递业务对递送物品的封装要求明显区别于物流业务。

(2) 署有名址的物品。快递业务是对有名址物品的递送。快递业务以"件"为物品流动的基础单位，因此对封装后的物品(即"件")署有名址是快递业务的基本要求。收件人名址明确了物品的目的地及接收者，寄件人名址明确了物品的寄出地及寄件人，这"件"物品的流向就得以确定。所以，名址信息是经营快递业务的基础。

(3) 有重量、体积限制的物品。快递业务是对有重量、体积限制的物品的递送。快递寄递物品主要是信件、包裹、印刷品。信件和印刷品统称信函，以纸质物品为主。《中华人民共和国邮政法》第五十六条规定："快递企业不得将信件打包后作为包裹寄递。"快递经营中很少有大重量、大体积的信函。包裹涉及面广，因此《中华人民共和国邮政法》对包裹重量、体积有明确规定："其重量不超过五十千克，任何一边的尺寸不超过一百五十厘米，长、宽、高合计不超过三百厘米。"《中华人民共和国邮政法》的这些规定界定了快件的重量、体积的范围。

递送物品的特定性实际上是快件的特定性，回答了什么是快件这个问题。从快件的实物形态上来看，"快件"和"邮件"完全一致，主要区别在于前者由快递企业完成寄递，后者由邮政企业完成寄递。由此可见将快件业务纳入《中华人民共和国邮政法》的调整和规范范围是完全正确、合理的。

2) 寄递方式的独特性

快递业务的寄递活动是邮政业独有的一种服务方式，特指邮政从业者传送信件、包裹、印刷品等物品。这种服务方式的一个特点是便利性，它要求无论寄或递都要贴近客户，为客户提供最方便的服务。快递业务对递送物品的特定要求也使快递的寄递活动具备了高度的渗透性。一件封装后署有名址且重量、体积在规定范围的物品，可以根据需要"流"向任何地方，实现快递"门到门，桌到桌，手到手"的服务。寄递活动的独特性是运输、托运、交运等方式不具备的。

3) 寄递过程的时效性

《中华人民共和国邮政法》在解释快递定义时强调了"快速完成"，足见时效性在快递业务中的作用。寄递过程的时效性体现了物品流动的速度，满足了客户对时间的需要。因此，《快递服务》邮政行业标准专列了一项"彻底延误时限"。达到"彻底延误时限"标准视递送物品为丢失，物品丢失即可依法获得赔偿。快递业务对时效性的高度追求既是这项业务的价值所在，也是这项业务的重要特征。

4) 寄递组织的网络性

完成甲地收寄至乙地投递的一件快件一般需经历收寄(揽收)、处理(分拨)、运输、投递(派送)等环节。上述环节必须统一调度、上下衔接、协作配合，才能完成快件由收寄地到投递地的有序流动，最终到达收件人手中。快递业务各环节的有机组合、节点配置、合理分工、节律运作实际上是快递服务网络性的重要体现。快递服务组织的网络随着快件经营范围的扩大而同步扩大，不可或缺。快递业务的完成高度依赖快递网络是这项业务的重要特征。

快递业务的上述四条特征中，寄递物品的特定性和寄递方式的独特性是核心特征，寄递过程的时效性和寄递组织的网络性则为一般特征。核心特征是判断快递业务的主要依据，一般特征是判断快递业务的参考依据(或称补充依据)。如果一个企业递送的物品是封装的、署有名址的且重量、体积在规定范围内，采用寄递这种服务方式就可以基本认定这个企业涉足了快递业务。

1.1.2　快递的分类

目前，快递的分类方法较多，主要可从快递的物品性质、递送范围、送达时间、运输方式等方面进行划分(国家邮政局快递职业教材编写委员会，2011；徐希燕，2009)，具体如下。

1) 根据快件的物品性质划分

根据快件的物品性质划分，可分为信件类和包裹类快递业务。信件类快递业务主要包括商务信函、银行票据、报关单据、合同、标书等递送业务，此类业务寄递的物品重量轻、体积小、时间要求较高、收费标准也较高，主要是面向商务客户。包裹类快递业务主要包括商品和零配件等递送业务，此类业务寄递的物品较重、体积大、对货物的时限要求不如信件类高，收费标准相对较低。

2) 根据快件寄递的距离是否跨越国境划分

根据快件寄递的距离是否跨越国境划分，可分为国际快递业务和国内快递业务。国际快递业务是指在两个或两个以上国家之间以最快速度传递信函、商业文件及包裹的递送业务。国内快递业务指在中国境内以最快速度传递信函、商业文件及包裹的递送业务。国内快递业务又可细分为三类：全国快递、区域性快递和同城快递业务。全国快递业务指在国内市场传递信函、商业文件及物品的递送业务，包括港澳快递业务和台湾快递业务。港澳快递业务指寄件人和收件人分别在中华人民共和国内地和香港、澳门地区的快递服务业务，台湾快递业务指寄件人和收件人分别在中华人民共和国内地和台湾地区的快递业务。区域性快递业务指在国内城际市场按照空间运输距离传递信函、商业文件及物品的递送业务，可进一步细分为跨区域城际快递业务和区域内城际快递业务，如华东地区、华北地区等。同城快递业务则是指在同一个城市内以最快速度传递信函、商业文件及物品的递送业务。

3) 根据快递的传递时限划分

根据快递的传递时限划分，可分为标准服务时限快件业务、承诺服务时限快件业务和特殊要求时限快件业务。标准服务时限快件业务指按一般规定时限传递的快件业务。承诺服务时限快件业务包括即日达(当日达)、次日达、次晨达、隔日达和三日达等业务。即日达(当日达)快件，即当日承运且当日送达的快件；次日达快件，即在承运后第一个工作日送达的快件；次晨达快件是指在指定的开办范围内当天收寄，在次日上午 11:00 前完成投递的快件；隔日达快件，即在承运后第二个工作日内送达的快件；三日达快件，即在承运后第三个工作日内送达的快件，主要对应于交通不便的县级及以下城镇人群的快件服务。特殊要求时限快件业务指客户提出个性化时限要求的寄送快件业务。

4) 根据运输方式分类

交通运输是国民经济的命脉，也是快递赖以生存和发展的客观环境，全社会交通运输的状况对快递服务水平有着相当大的影响。我国快递服务主要通过航空快递、公路快递、铁路快递和水路快递四种方式进行。航空快递的主要特点是运输方式快捷，是快递服务最常用的方式。公路快递的主要特点是运输方式灵活，可由快递企业安排运输方案。铁路快递的主要特点是运输量大、安全和准时。水路快递的主要特点是适合大宗物品运输，尤其是时间紧迫性要求不高的大宗物品运输。

5) 按照赔偿责任划分

按照赔偿责任划分，可分为普通快件业务、保价快件业务和保险快件业务。普通快件业务指未经客户保价或保险的快件业务。保价快件业务指客户除交纳运费，还要按声明的价值费率缴纳保价费的快件业务。保险快件业务指客户在寄递时，除交纳运费，还要按照快递公司指定的保险公司承诺的保险费率缴纳保险费的快件业务。

6) 按照快递客户类型划分

按照快递客户的类型是群体还是个人划分，可分为集团快递业务和个人快递业务。集团快递业务，指各类企业或团体的快递服务业务，该类业务所占的市场份额较大，需求比较稳定，所涉及的快件业务品种繁多，快件重量从十几克到 50kg 不等，且单次交易量较大，交易时间较长。集团快递业务可根据行业类别细分为政府机构快递业务、电子行业快递业务、医药业快递业务、金融机构快递业务、纺织业快递业务、汽车行业快递业务等。个人快递业务，指为个人提供的快递服务业务，此类业务由于电子商务的发展而发展迅速。

7) 按照付费方式划分

按照付费方式划分，可分为寄件人付费、收件人付费和第三方付费快件业务。寄件人付费快件业务是指寄件人在寄递快件的同时自行支付快递资费的快件。通常情况下，这类快件是各类快递企业的普遍业务形式。收件人付费快件业务也称为到付快件，是指寄件人和收件人商定，由收件人在收到快件时支付快递资费的一种快件。第三方付费快件业务是指寄件人、收件人、快递企业商定，在收件人收到快件时，由寄件人、收件人之外的第三方支付快递资费的一种快件。这种快件的收件人通常是子公司，而付款的则是母公司。

8) 按照结算方式划分

按照结算方式划分，可分为现结和记账快件业务。现结快件业务是指快递业务员在收寄或派送现场向寄件人或收件人以现金或支票方式收取快件资费的快件业务。记账快件业务是指快递企业和客户协议约定，快递资费先行记账，由客户在约定的付款时间或周期内向快递公司拨付资费的一种快件业务。

1.1.3　快递与邮政、物流的区别

1. 快递与邮政的区别

快递与邮政基本寄递存在区别，具体内容如下(徐希燕，2009)。

1) 二者的业务性质不同

邮政业的基本寄递业务主要是指政府为保障公民通信权益而提供的公共服务，以面向社会全体成员、提供社会成员间基本的通信服务为准则，由政府主导。快递业务属于增值业务，是邮政基本寄递业务的创新发展，是为满足经济社会发展需要而产生的商业化、个性化业务，主要面对经济贸易领域内的特殊客户，由市场主导。

2) 国家给予的财政保障和各种优惠措施存在差异

为了保证邮政服务的普遍性，国家给予优惠政策，如减免税收、邮车通行便利、报关便利、港口机场等设施使用的便利。国家对于经营普遍服务所产生的政策性亏损给予专项补贴等。但是，包括中国邮政速递物流股份有限公司(简称邮政 EMS)在内的快递企业，它们所提供的服务属于竞争性的商业服务，全行业的各企业实行公平竞争原则，必须依法经营、依法纳税，并不享受国家特殊优惠政策。

3) 服务标准、服务方式、价格上有明显的区别

邮政基本寄递业务应满足万国邮政联盟明确的服务质量要求，提供的普遍服务注重服务的标准化和统一性。邮政普遍服务的定价遵循万国邮政联盟关于让所有人可以接受的低价原则，制定并执行全国统一的、具有公益性质的、固定的资费标准，提供窗口收寄、按址投递。快递业务则更注重研究客户的个性化需求，主要采用"门到门、桌到桌"的直达而便捷的服务方式，提供多层次、多样化的服务种类。快递业务遵从价值规律，根据其服务效率与服务程度的不同，由市场供求关系决定其价格水平，实行企业自主定价，根据市场条件变化适度调整服务价格，以高于普遍服务的资费为中高端市场提供寄递服务。

2. 快递与物流的区别

快递与物流存在区别，具体内容如下(徐希燕，2009)。

1) 服务对象差异

快递的服务对象主要为需要快递各种单据和单证的公司、单位等组织以及需要快递私人物品的个人(包括网上购物)。例如，从京东商城上网购东西，都是通过快递(顺丰速运(集团)有限公司(简称顺丰)、申通快递有限公司(简称申通)、中通快递股份有限公司(简称中通)、上海圆通速递有限公司(简称圆通)、上海韵达货运

有限公司(简称韵达)等)送达，而不是一般的物流公司。

物流的服务对象主要为工厂、商贸企业等单位，例如，某工厂有 10t 货物需要从西安运到天津港海运出口，就需要找专业的物流公司(德邦物流股份有限公司(简称德邦)、速尔快递有限公司(简称速尔)、天地华宇物流有限公司(简称天地华宇)、新邦物流有限公司(简称新邦物流)、中铁快运股份有限公司(简称中铁快运))，而不是一般的快递公司。也有个人物品发物流的情况，尤其是当数量较大时，但相对来说这类物流业务不是很多。

2) 运输货物差异

快递公司主要运送的是 50kg 以下的货物(一般都是 2kg 以下的小包)，如衣服、文件、水果、生活用品、少批量的电子产品等，主要是数量较少的小物件。物流公司主要运送的是大型货物，如大型机械、大件设备、数量较多的产品。例如，要寄一部手机到国外，可以找快递公司；如果是一批手机，找物流公司更合适。

3) 价格差异

快递一般按照重量收费，而物流按体积收费。通常来说，快递的价格较高，只适合运送文件类和小件、少量货物。如果货量大，需要找物流公司，货量越大，找物流公司越划算。如果刚好够整车更好，一般来说，整车物流比零担物流经济性更好。

4) 速度和服务差异

从速度和时效上看，物流总体上不如快递，但不会比快递慢很多，尤其是物流专线运输的整车货物。快递可以上门取件，以及送货上门。也就是行业里说的"前后一公里"。快递服务一般是同城的上午发下午到，不同城的隔夜到或 2~4 天到。大多数物流公司没有"前后一公里"的收发服务，需要发货人送到指定的物流网点或收货人自己到物流网点提货，即便是个别物流公司提供这种服务，其独立收费也很贵。物流货物如果速度较快，就跟快递差不多；如果较慢，就需要四五天甚至一周才能到，尤其是零担物流。

5) 监管机构和政策不同

快递企业遵守经营邮政业务许可的市场准入政策，归属国家邮政局和各省邮政管理局监管；业务定位需遵守国际及国内相关法规，如世界贸易组织(WTO)相关协议、《万国邮政公约》《中华人民共和国邮政法》《中华人民共和国邮政法实施细则》《快递暂行条例》等；业务操作需执行《快递服务》标准(编号：YZ/T 0128—2007)。

物流企业遵守经营道路运输业务许可的市场准入政策，归属交通运输管理部门进行监督和管理；业务定位需遵守《中华人民共和国道路交通安全法》《中华人民共和国道路运输管理条例》等；业务操作需执行物流标准化的相关规定。

1.1.4　快递与电子商务

我国电子商务的发展始于 20 世纪 90 年代。电子商务和快递相互促进、共赢发展，两者的紧密结合已成为新的经济发展方向。电子商务的快速发展是依托快递产业实现的，快递产业是电子商务发展的基础，而电子商务也极大地推动了快递产业的发展，电子商务物流配送业务已经成为快递服务业成长的重要推动力量。快递与电子商务是新经济时代两个发展密切相关、业务互为支撑的行业(国家邮政局快递职业教材编写委员会，2012)。

1. 快递对电子商务的支撑作用

电子商务在如何保证实现网上信息传递、网上交易和网上结算方面的问题已经通过各种信息技术得以解决，但如果物流配送环节不能使网上交易实现这一优势，那么物流配送就会成为制约电子商务发展的瓶颈。据 Global E-Commerce Report 2000 对 12 个国家和地区的 621 家公司所做的调查表明，62%的网上消费者希望两天之内收到货物，而实际要等四天；20%的在线消费者不能按时收到他们所订购的货物。因此没有物流配送，电子商务给交易者带来的交易方便、快捷和高效的优势便难以实现，物流配送是实现电子商务优势的可靠保证。如果没有物流配送，大部分的电子商务活动就无法完成。

2. 电子商务对快递的影响

随着生活水平的提高，我国人均消费快递保持高速增长，特别是电子商务"网购"拉动了快递业务。消费者通过网上浏览，轻轻点击鼠标就能够完成购物活动。而企业也不一定非得实地考察，进行面对面谈判，只需在网上进行身份认真和资信认证，通过网上洽谈、网上签约就完成了交易。从 2010 年的情况看，电子商务对快递服务的需求已经逐渐成为快递市场的主力，保守估计其业务量已经超过普通快递业务量的 50%，尤其在一些民营快递企业，该比例可能更高。据了解 2008 年全国个人网上购物销售额达到 1320 亿元，由此带动的包裹快递量约 5 亿件，全国快递服务 1/3 的业务量是由电子商务牵动的。2009 年，全国个人网上购物销售额达到 2483.5 亿元，由此带动的包裹快递约 20 亿件，其中约 10 亿件来自淘宝网。

为了适应市场的需求，越来越多的快递企业开始重视电子商务带来的快递市场。例如，以圆通为代表的快递企业专门针对电子商务的特点推出相应的运单。2010 年 3 月 29 日，国内最大的电子商务企业阿里巴巴正式入股民营快递企业星辰急便，意图打造专业的电子商务物流，虽然后来星辰急便由于重大决策失误而破产。但星辰急便的"实体分仓"系统可以帮助淘宝网在北京地区开展分仓配送业务，"实体分仓"将淘宝网平台上卖家的商品进行统一的进货、仓储、分拣、合包、配送、结算和保险等管理；星辰急便的"洗刷刷"产品和支付宝合作，向市场投放移动 POS(point of sales)机，为淘宝网用户提供线下到付货款的代收款增值服务。随着市场形式的明朗，将有越来越多的快递企业加入电子商务市场的竞争，符合网购等特殊需求的快递服务产品也将陆续出现。例如，顺丰开设了顺丰优选网站，开展电子商务的经营活动。

顺应电子商务业务需求，我国邮政和快递企业加快推进网络建设，加强与电子商务运营商的信息对接，提供了包括仓储、理货、代收货款、代客户保管等多种增值服务，邮件追踪查询能力不断提高，企业服务质量稳步提升。同时，电子商务企业充分发挥信息技术优势，在合作中起到了积极的引领和推动作用。但总体而言，合作还处于起步阶段，双方在信息接口、商品签收、安全管理、风险分担等方面还缺乏统一的规范，相关法律、标准、政策还缺乏必要的衔接。快递服务与电子商务在发展中也存在一些衔接不顺畅、发展不协调的问题，如在协调机制、运营衔接、服务质量、互惠互利等方面。

当前，在电子商务飞速发展的同时，快递产业的发展却远远滞后了，问题也频频出现。特别是 2010 年 11 月 11 日淘宝网的促销活动以及元旦、春节等节假日网上购物的增多，快递产业存在的问题被更多地暴露出来，许多快递企业处于爆仓、停运的状况。在爆仓、停运等风波之后，快递产业又出现了新一轮的涨价潮。这些不仅对快递产业本身造成了非常大的负面影响，而且也影响了电子商务的发展。

1.1.5　快递业务经营主体

1. 快递业务经营主体分类

快递业务经营主体有两种不同的划分方式，可按所有制进行划分，也可按经营模式进行划分(高斌等，2013；樊相宇，2015；谢逢洁，2017)。具体内容如下。

1) 按所有制性质划分

按照所有制性质的不同，快递企业可以分为国有快递企业、民营快递企业和外商投资快递企业三类。

(1) 国有快递企业。

目前，主要的国有快递企业有邮政 EMS、民航快递有限责任公司(简称民航快递)、中外运空运发展股份有限公司等。此外，虽然中国邮政集团公司已将快递业务剥离而成立邮政 EMS，但目前中国邮政集团公司及其子公司和分支机构仍以代理的方式经营着邮政 EMS 业务。因此，中国邮政集团公司及其子公司依然是快递业务的经营主体。

(2) 民营快递企业。

民营快递企业以其敏锐的市场观察能力、灵活的经营模式，以社会经济的发展和快递监管法律、政策环境的改善为背景，在近年来成为发展最为迅猛的快递市场经营主体。其业务量和业务收入的占比均已超过国内市场的 60%，是名副其实的国内快递市场的主力军。目前主要的民营快递企业品牌包括顺丰、宅急送、申通、圆通、中通、韵达、天天快递有限公司(简称天天)、百世快递等。

(3) 外商投资快递企业。

主要包括敦豪全球速递公司(简称敦豪快递(DHL))、美国联邦快递公司(简称联邦快递(FedEx)、TNT Express(简称天地快递(TNT))、联合包裹速递服务公司(简称联合包裹(UPS))等国际知名品牌。这些企业中 FedEx、TNT、UPS 以独资形式经营，DHL 以合资形式经营。这些企业依托其母公司强大的经济实力和遍布全球的运输与投递网络，主要经营国际快递业务，市场份额已经超过我国国际快递市场份额的 80%。

2) 按照经营模式划分

按照经营模式的不同，快递企业可以分为直营式快递企业和加盟式快递企业两种。

(1) 直营式快递企业。

直营式快递企业是指由企业总部直接投资、经营、管理其下属分支机构和营业网点的快递经营模式。这种经营模式的特点是：①所有权和经营权集中统一于快递企业总部，所有成员企业必须是单一所有者，归一个公司、一个联合组织或单一个人所有；②由总部集中领导、统一管理，如人事、采购、计划、广告、会计和经营方针都集中统一；③实行统一核算制度；④下属分支机构和营业网点的经理是雇员而不是所有者；⑤全网实行标准化经营管理。

这种经营模式的优点在于：①对下属分支机构和营业网点管理、控制能力强，可以统一调动资金，统一经营战略，统一开发和运用整体性事业；②大型商业资本所有者拥有雄厚的实力，有利于融资、开发大型客户；③在人才培养使用、新服务产品开发推广、信息和管理现代化方面，易于发挥整体优势。缺点在于：①下属分支机构和营业网点自主权小，积极性、创造性和主动性受到限制；②需要拥有一定规模的自有资本，网络扩张和发展速度受到限制；③容易产生官僚化经营，使企业的交易成本大大提高。

目前，以直营方式经营的快递企业品牌主要包括中国邮政、邮政 EMS、顺丰、宅急送、民航快递等国内快递企业。此外，DHL、FedEx、TNT、UPS 等外商投资快递企业也是以直营方式经营快递业务。

(2) 加盟式快递企业。

加盟式快递企业是指快递企业总部以特许经营的方式，将其注册商标、企业标识、网络资源、寄递渠道授予其他经营者(加盟企业)，加盟商按照合同约定，在一定的时间和区域内，以统一的品牌向社会提供服务的快递经营模式。这种经营模式的特点是：①快递企业总部与加盟企业之间是基于合同关系的平等主体，无隶属关系，在不同地区的加盟企业之间既无隶属关系，也无合同关系，他们之间发生的仅仅是在总部的统一协调下产生的合作关系，如互相派送快件、协调处理投诉等；②加盟企业的人、财、物属于加盟企业自有，总部无权处置，相应地，加盟企业的盈亏风险由其自行承担；③加盟企业是独立的市场经营主体，具有完全的行为能力，独立承担法律责任。

这种经营模式的优点在于：①快递品牌的服务网络扩张速度快，网络扩张风险基本由加盟企业承担；②总部的运营成本大大降低；③加盟企业具有较大自主权，其积极性、创造性和主动性能够较大发挥。缺点在于：①总部对加盟企业的管控能力较弱。非因法定或约定事由，一般不得直接干预加盟企业的自主经营；②总部与加盟企业之间、同一品牌下的加盟企业之间，利益并不一致，事实上，在这些主体之间经常因利益冲突发生纠纷，直接损害了快递用户的利益，近年来发生的非法扣押快件事件，多是在加盟式快递企业中出现的，原因也在于此；③加盟式经营是一种简单的经营模式的复制，如不规范，极易以多级加盟的方式导致无度扩张，会导致市场混乱，难于监管。

需要说明的是，直营、加盟两种经营模式并非是绝对的，快递企业根据市场的变化和自身的发展，经常在其内部进行部分或区域性组织模式调整。例如，圆通在2007年后先后对广东省、北京市及一些较大的城市进行了直营；天天在被海航集团收购后对省会城市进行直营，而在海航集团撤资后，再次推行加盟模式；2012年后，为降低企业运作成本，宅急送在部分城市改直营模式为加盟模式经营。

2. 快递业务经营主体多样化

近年来，随着快递市场的蓬勃发展，不仅以民营快递为代表的传统快递企业迅速发展壮大，同时快递市场的经营主体呈现出多样化的趋势。

1) 电子商务企业向快递服务领域的延伸

我国快递市场高速发展，快递服务对电子商务的支撑作用日益增强，电子商务企业也开始将业务延伸到快递服务领域，申请办理快递业务经营许可。例如，京东商城、凡客诚品(北京如风达快递有限公司)、苏宁易购(苏宁电器股份有限公司)、一号店(上海益实多电子商务有限公司)等电子商务企业纷纷申请开办了快递业务，以满足电子商务企业对下游配送服务的个性化需求。

电子商务企业向快递领域的延伸，一方面丰富了我国快递市场主体结构，一定程度上缓解了当前我国快递服务供给能力不足的问题，有利于提高行业的服务水平；另一方面，电子商务企业自建快递服务网络也是对我国快递企业发展模式的一种探索。

2) 报业发行企业的加入

传统的报业发行企业，多以地区性经营为特点，一般在一省或一个地区内建有配送网络和投递队伍。这类报业发行企业起初将业务的延伸着眼于能够与报纸投递同步的广告、牛奶、早餐配送上。快递市场的繁荣与电子商务的高速发展，使报业发行企业开始对其配送网络和投递队伍进行改造，申请办理快递业务经营许可，开展电子商务领域的落地配送业务。例如，陕西黄马甲物流配送股份有限公司(简称黄马甲)之前主要从事地方报纸《华商报》的发行投递，2011 年申请办理快递业务经营许可后，开始为卓越网、当当网等电子商务企业开展配套的落地配送业务。

3) 传统物流企业的加入

快递市场的繁荣同样吸引了传统物流运输企业的加入。例如，2011 年全国性的物流企业德邦申请经营许可，开展快递业务；2012 年中铁物流集团旗下的飞豹快递合并鑫飞鸿物流快递有限公司，以拓展其快递业务。地方性的物流企业也有向快递业务延伸的趋势，如西安聚信物流原是从事零担货物运输的物流企业，该公司于 2010 年经许可后开始经营快递业务，并将公司更名为西安聚信快递有限公司。

4) 地方化、专业化的快递企业大量涌现

近年来，伴随着社会经济的发展，电子商务的兴起和快递市场的繁荣引领了快递市场的进一步细分。一大批地方化、专业化的快递企业涌现而出，在细分市场上满足客户的个性化寄递需求。以陕西为例，西安城联速递有限责任公司、陕西飞远快递专事经营电子商务企业在陕西的投递配送业务，以代收货款为主；西安秦邦快运有限责任公司专事经营全省的手机配送业务，其寄递网络覆盖全省各县；陕西联合快递有限责任公司依托其母公司甘肃联合快递有限责任公司的网络，主要经营西北地区内电子产品的寄递业务；深圳银雁金融服务有限公司西安分公司主要经营省内银行对账单的签单返还业务；此外，还有一些企业专事经营保险公司的保单寄递业务。这些企业以地区化服务为主，专业性强，对市场的准确把握成就了其在细分市场上的发展壮大，同样也是对我国快递企业发展模式的一种探索。

1.2　快递的历史与发展

1.2.1　快递的历史

1. 国外快递历史

古往今来，许多国家都曾有过悠久的邮政历史。

公元前 6 世纪时，波斯帝国国王大流士以京城苏撒为中心，开辟了四通八达的驿道通信网。驿道宽敞，沿途设驿站，随时有信差备马以待，把国王的命令传达到帝国各地，各地的消息也通过这一通信网源源不断地呈送到国王面前。驿道从苏撒到小亚细亚西端的萨底斯，全程有 3000 公里。通过驿站信差的日夜分段传递，只要 7 天信息就到达了，效率非常高(梁军，2014)。

人们常说"条条大路通罗马"。古罗马的首都有连接四方的宽阔大道。我国史书《后汉书·列传·西域传》里，曾提到古罗马"列置邮亭"的情况——"十里一亭，三十里一置(即驿)"。各国使者进入其境，都可直接乘驿到达其首都。

公元前 500 年，古代波斯有过"小马快递"的邮政业务。这种投递书信的方式，类似于我国古代的"马递"，是用一种良种快马，再选用最精干的邮差，以最快速度传递军事文书和信件。过了将近 2000 年，美国东部城市又一度风行这种邮政业务，"小马快递"的驿夫单人匹马、荷枪实弹，艰难地来往在道路上。那时，从纽约发一封信到旧金山，需要 20 天以上才能到达。

2. 我国快递历史

在我国，快递活动也是自古有之。古代快递又称"急传"，在我国出现的时间相当早(樊相宇，2015；谢逢洁，2017)。

1) 古代"快递员"——"健步""邮人"

快递在中国周朝时便已出现。据《周礼·秋官》记载，当时周王朝的官职中设置了主管邮驿、物流的官员"行夫"，其职责要求是"虽道有难，而不时必达"。实际上，早在商朝已有近似于快递的驲传制度，并已在殷墟甲骨文中得到证实。

古代快递主要用于政令、军情的传递，最原始、最主要的快递方式之一是"步传"，即靠人工步行投递。这在周代称为"徒遽"，与用邮车投递的"传遽"正好相对。步传又称为"步递"。"遽"与"邮""驿""馆""置"意思差不多，都是邮传、速递机构。

"健步"是古人对快递员的常用称呼之一。《资治通鉴》注称，"健步，能疾走者，今谓之急脚子，又谓之快行子"。健步其实就是邮差，不同时代称呼不同。秦代称"轻足"，汉代称"邮人""驿足"，宋代称"递夫"，明清称"驿夫"。据《隋书》记载，陈末隋初有一位叫麦铁杖的投递员，"日行五百里，走及奔马"，曾由京城夜送诏书到徐州，"夜至旦还"。

2) 古代邮件的保密措施——"书有亡者，亟告官"

如何对邮件进行保密也是古代快递产业非常重视的问题。为了预防中途泄密、被人拆看或伪造，古代采取了不少特殊的手段。

在秦代，《行书律》中规定："行传书，受书，必书其起及到日月夙暮，以辄相报也。书有亡者，亟告官。"防止泄密最重要的手段是密封。文书都是写在竹简上，传递之前都会将邮件捆扎妥当。在结绳处使用封泥，并盖上相关印玺，以防私拆；写在绢素上则要装入书袋中。

在汉代，封装工具和手段更加丰富，外封套有函、箧、囊等，根据物件的形状、大小，分别装入不同的外封套中。其中，"函"为一种小木盒，用来装简牍，上有木板盖，刻线三道，凿一小方孔，用绳子扎好后，方孔处要用封泥封好。

在唐代，公文邮件的封装通常要用囊封，尤其是密奏更要囊封。封泥不仅有保密作用，还有等级之区别。一般最高五封，最低三封。封泥越多，表明邮件越重要，所用的运输工具就更要考虑速度。

在宋代，邮件保密制度和技术更为完善与进步，出现了"字验""数递""色递""字递""物递"等多种先进的保密手法。

在清代，邮件封发、保密和防损工作做得更好，有"重封入递""木匣入递""绢袋封发""汇总封发""长引隔眼"等多种装封手段。清代在速递奏折一类的重要邮件时，还有专用的封装程序，使用"封桶""报匣""夹板"等封套，外人是绝对看不到的。

3) 古代"快递程限"

汉代继承了秦代的做法，"五里一邮，十里一亭"。在"五里一邮"基础上，又于交通要道上，隔 30 里建一"置"，即"改邮为置"。置，即"驿置"，又称"传置"。当时的邮驿机构已有专用车，这种专用车称为"传车"。当时，用车快递称为"传"，用马快递称为"驿"。鉴于马比马拉着车跑要快，东汉以后，车辆被逐渐淘汰，马成为快递的主要交通工具，称为"马递"，这时传递文书的机构多称"驿置"。在投递过程中，一般是"换马不换人"，投递员一般跑完全程。

古代快递对里程、速度都有具体的规定，这称为"程限"。秦汉时期步递一般都是短途，平均每个时辰要走 10 里，这是对普通邮件的要求，当天送完。如果用传车，一般每天要行 70 里，最多每天可行两三百里。骑马的话，对速度的要求是"日行四百里"，这是当时的速度极限了，即古人所称的"至速"。隋唐时期对陆路驿速的程限要求为：传马日走 4 驿，乘驿马日走 6 驿，按每 30 里一驿算，日走120～180 里。如果是急件，要求日驰 10 驿，相当于跑 300 里。更急的，如送赦书，则日行 500 里，日行约 16 驿。宋代的快递"急脚递"，是在步递和马递基础上创立的，最早记载出现于宋真宗景德二年(公元 1005 年)。"急脚递"并非人力的步递，而是一种马递，要求日行 400 里。元代的"急递铺"，更接近今天的快递公司，程限与宋代一样。

4) 唐代快递果品水产

魏晋时期，中国出现了第一部专门的邮政法规，即魏国由陈群等制定的《邮驿令》，这在中国邮政史上具有里程碑意义。

到了隋唐，快递产业更为发达，由于大运河的开凿，水路快递更为突出。在李隆基(唐玄宗)当皇帝时期，全国大约有 1639 个驿站，其中水驿 260 个、陆驿 1297个，水陆相兼驿 86 个。唐代诗人岑参在《初过陇山途中，呈宇文判官》写下了亲眼所见："一驿过一驿，驿骑如星流。平明发咸阳，暮及陇山头。"

唐代已开始流行用快递运送水产、水果。当时平原郡(今山东境内)进贡螃蟹，使用的便是快递。据唐代段成式的《酉阳杂俎》记载，这种螃蟹是在河间一带捕捉的，很贵重。为了保证是活的，每年进贡时都用毡子密封起来，捆在驿马上速递到京城。此外，中国唐代史上最著名的一次快递业务是给杨贵妃送荔枝，诗人杜牧是这样写的："长安回望绣成堆，山顶千门次第开。一骑红尘妃子笑，无人知是荔枝来。"

1.2.2　现代快递的发展

1. 世界快递的发展

快递服务是在传统运输基础上，伴随着国际贸易和信息技术的发展而兴起的新型现代服务业。20世纪五六十年代，国际贸易的发展促进了运输业的发展，飞机运输被广泛应用于货物运输，同时，新型海上运输船舶出现，航行速度加快，促进国际贸易进入了一个新的发展时期。但是普通的跨国邮政速度和服务质量已与经济的发展不相适应，通过邮局运送的文件、单证、样品和小型行李不仅效率低、速度慢，安全性和准确性也显得不足，出现了国际运输船舶已抵达目的港，而所需的单证、文件却未到达，从而增加船舶的港口使用费用，增加了国际贸易的成本。贸易双方希望能有更快捷、更灵活、更安全的运输服务，来满足快节奏的国际贸易和国际交流的要求。

敦豪公司专门从事银行票据、航运文件、单证的传递业务，后来又将业务扩大到货物样品等小包裹运送服务。由于这种运送方式可以快捷、准确、可靠地送到收货(件)人手中，所以，快递产业从一出现就深受从事跨国经营的贸易、金融、运输各界人士的欢迎。北美、欧洲的经济复苏推动了现代快递服务的逐步形成，随后在美国、日本、西欧等经济发达的国家和地区迅速发展。

1970年初，随着计算机的出现和不断发展，人们对信息传递速度的要求也越来越高。商贸、银行等各系统进入信息社会，通过信息的高速传递来达到较高的工作效率。快递产业由于快捷、安全的运送特点满足了工商、贸易的要求，所以在全世界范围内迅速发展起来。特别是在美国、日本、西欧各国等经济发达的国家和地区发展更为迅速，业务发展相当普遍。目前快递业务已普及世界五大洲200多个国家和地区，仅美国从事国内快递业务的公司就有300多家，专门办理国际快件运输的公司近30家。快递服务已经发展成为世界不可或缺的一个重要服务业。

20世纪80年代以后，日本几家濒临倒闭的公司效仿西方，转变成经营快递服务的公司，从而使日本的快递服务迅速增长。"亚洲四小龙"的崛起，吸引了世界各大快递公司的进入，从而带动了韩国、新加坡和中国香港、中国台湾快递服务的发展。随着经济的快速增长和规模的扩大，亚太地区快递市场成为全球快递的主要市场。

21 世纪以来，快递服务持续较快地发展，成为邮政业重要的核心业务，并显示出对带动就业、促进国民经济发展的不可替代的作用。世界范围内主要快递市场的竞争格局基本形成：北美及南美主要国际市场被 UPS 和 FedEx 控制，欧洲市场及中东、北非市场被 TNT 和 DHL 占据，亚洲市场发展相对较晚，潜力最大，目前正处于激烈竞争中。

2. 中国快递的发展

中国快递服务从国际快递业务开始起步，源自于外向型经济的拉动。20 世纪 70～90 年代，中国快递从无到有，取得了一定的发展，邮政 EMS 迅速发展，外资快递企业逐步进入中国市场。1978 年改革开放以后，中国经济活力迅速激发，经济发展进入快速增长轨道并逐渐融入世界市场。随着国际间经济交往的增加和中国发展外向型经济的需要，我国国际快递业务应运而生。1979 年，中国对外贸易运输(集团)总公司与日本海外新闻普及株式会社(OCS)签订了中国第一个快件代理协议，成为我国第一个经营快递服务业务的企业。接着，许多国际跨国快递服务企业纷纷进入中国市场，与中国对外贸易运输公司达成快递服务代理协议，开展国际快递业务。1980 年 7 月 15 日，中国邮政开办国际快递业务。1984 年，中国邮政开办国内特快专递业务，1985 年成立中国邮政速递服务公司，专门经营国际、国内速递业务。

20 世纪 90 年代至 21 世纪初，我国民营快递企业开始发展，形成了快递经营主体多元化的格局。1992 年邓小平南方谈话后，中国改革开放注入了强大动力，进入新的发展阶段。港、台地区的劳动密集型产业大量转移到珠江三角洲，香港成为我国内陆与发达市场之间的贸易桥梁，大量的文件、货样在其间传递，顺丰应运而生。与此同时，长江三角洲的乡镇企业快速发展，开始成为国际供应链上的一个环节，申通和其他民营快递公司迅速建立。同时中国民用航空局(简称民航)、中国中铁股份有限公司(简称中铁)等其他非邮政国有企业，也开始成立快递服务公司。民航快递借助民航系统的航线、站场和国际交往的优势，国内、国际快递业务齐头并进。中铁快运则利用中国铁路旅客列车行李车作为运输工具，辅以快捷方便的短途接运汽车，开辟了具有铁路特色的快递服务。同时，国际快递企业快速发展，利用与国内企业合作的机会，加大战略性投资，快速建立网络及信息系统，在国际快递市场中占据越来越大的份额。与此同时，中国快递服务有了较大发展，业务量急剧上升。

进入 21 世纪以后，中国快递产业发展迅速，已经在中国东部地区形成了以沿海大城市群为中心的四大区域性快运速递圈。同时这四大快运速递圈又以滚动式、递进式的扇面辐射，带动中部和西部地区的发展。部分大城市和特大城市已经成为区域性快运速递产业发展的中心，而且全国范围内形成了以基本交通运输干线为基础的若干快运速递通道，使中国快运速递产业的点-轴-面系统初呈雏形。

1.3 快递产业的形成和竞争状况

1.3.1 快递产业的含义和特征

1. 快递产业的含义

在经济分析领域，产业是一个相当模糊的概念，其定义各有不同。在产业竞争研究中，从产出的角度，可以将产业定义为同类产品及其可替代产品的集合；从生产的角度，可以将产业定义为同类产品及其可替代产品的生产活动的集合；从经济实体的角度，则可以将产业定义为生产经营同类产品及其可替代品的企业的集合。这里所说的产品也应该包括服务。可以看出，不管从什么角度出发，产业的关键要素体现在"同类产品"和"可替代"，这也是迈克尔·波特(Michael E. Porter)从竞争角度对产业进行定义的核心所在。

现代快递产业属于现代服务业中的生产性服务业，它是以工业和商业等商务活动为主要服务对象，利用一种或多种运输方式提供包括提取、运输和递送快件的快递服务，以最快的速度在货主、快件运输公司和用户之间运送急件，它是通过创造时间价值促进商流、物流、信息流和资金流的快速流动，降低企业的生产和运输成本，并直接推动相关产业如交通运输业、电子商务等多项相关产业的发展，为经济发展和产业升级提供重要支撑的必要组成部分(徐希燕，2009)。

2. 快递产业的特征

快递产业的特征主要表现在以下四个方面(李俊英，2011)。

1) 附加价值高

快递产业附加价值高。从运输价格看，快递服务价格是一般货运价格的15～30倍。从北京到上海的一般货运价格每千克为0.6～0.8元，而快递价格每千克则高达10～25元。由此可见快递产业可以带来可观的经济效益。

2) 产业关联度高

快递产业是一个产业关联度极高的产业，是现代经济分工和专业化逐步深化的产物，它伴随着物的流转，资金、信息和人员也在相关产业间流动，从而带动诸多相关产业的发展，不仅可以培育新兴产业群，而且可以直接或间接带动相关产业的发展。

3) 时效性强和安全性高

快递产业推出不同时段的限时服务，能满足客户在快件时效上的迫切需求。

快递产业的实物传递性，决定了快递服务在保证安全、准确的前提下，传递速度是最重要的反映快递服务质量的核心要素。快件在快递产业自身的网络中封闭式运转，并利用精密的信息系统对快递物品进行不间断地运送和监控，以确保快递服务门到门，最大限度地保证了快件的安全，实现了快递服务的安全性。

4) 网络化以及信息化程度高

国内外健全的揽货和配送网络是经营快递业务的基础，也是快递产业的各个快递企业经营实力的重要体现。真正合格的快递企业都拥有自身的国际国内网络或班机，包括运输车队、操作中心、通信和结算系统等。快递信息化的发展将快递的所有业务有机地结合起来，形成一个循环闭路，应用的比较多的信息化技术主要集中于个人数字助理(personal digital assistant，PDA)、通用分组无线业务(general packet radio service，GPRS)、Bar Code、面向服务的体系结构(service-oriented architecture，SOA)、射频识别(radio frequency identification，RFID)、蓝牙技术和 WiFi，以及最新的在线客户解决方案。这些技术的引入和不断完善，为快递产业的变革和发展带来了新的契机。

1.3.2　快递产业的形成标志与发展动力

从 1907 年世界上第一家快递企业 UPS 诞生起，快递企业在全世界范围内不断发展壮大，在各国国民经济中的作用日趋重要。从最初的产业萌芽，到逐步发展壮大，经历了管理创新和技术创新，产业内部竞争、合作与兼并收购。当具备了产业所具有的各方面特征后，快递产业就作为一个独立的新兴产业诞生了。

1. 快递产业的形成标志

快递产业的形成是有其内在标志的。新产业是由旧产业孕育而来的，快递产业的诞生不是一个突然出现的事件，而是有其具体的孕育过程。快递产业的萌芽阶段存在于交通运输、邮政等多个部门，其产出量不大，未能形成独立的产业。只有当此类服务的产出达到一定的规模，又能够进行专业化生产后，才能称为真正的产业。

成立于 1980 年的全球邮政特快专递业务(express mail service，EMS)，早期是隶属于邮政的一个业务而已，不是一个独立的企业，更称不上是一个行业。随着我国经济的发展，外资企业、民营企业、国有企业均迅速发展起来，提供国际快递、国内同城、国内异地快递业务，快递业务量达到一定的规模，并且实行专业化生产，我国快递产业才算真正形成。

衡量快递产业形成的标志可从以下四个方面来考察。

(1) 该行业的产出应具备一定的规模，即这一行业的产出必须在国内生产总值(gross domestic product，GDP)中占有一定的份额。

(2) 有一定量的从业人员和专业人才。快递产业能够吸纳相当数量的就业，另外，在其经营管理中，逐渐培养出一部分具有该行业专业素质的人才。

(3) 具有独特的产业技术基础。快递产业中，从快件的收件到分拣、封装、运输、派件等过程用到了信息技术、网络化配送技术、跟踪定位技术等独特的产业技术。

(4) 具有一定的社会影响，承担不可或缺的社会经济功能。快递产业是国民经济中的动脉系统，它连接社会经济的各个部分，并使之成为一个有机整体。在现代经济中，由于社会分工的日益深化和经济结构的日趋复杂，各个产业、部门、企业之间的交换关系越来越错综复杂，相互依赖程度也日益增加，快递产业是维系这些复杂交换关系的纽带和血管，已成为经济运行中不可或缺的重要组成部分。

2. 快递产业的发展动力

快递产业从诞生到目前为止，虽然世界各国发展不平衡，但总体上已经发展成为一个举足轻重的产业。以中国为例，快递产业在近40年的时间里，业务收入持续增长。2013~2017年，快递收入年均复合增长率为36.16%。据国家邮政局数据显示，2017年，全国快递服务企业业务收入累计完成4957.1亿元，同比增长24.7%。快递产业的迅速发展不是偶然的，影响快递产业演化的因素很多，主要包括需求、供给、技术、竞争、协作、制度、企业家等。但是，真正对快递产业持续发展起到重要作用的三个因素是产业创新、资本运营和产业规制。

1) 产业创新

产业创新主要包括技术创新、产品创新、流程创新、管理创新和市场创新，它包括企业技术创新和行业内技术扩散两个过程，只有创新的技术在行业内得到了普及，才能实现产业创新。快递产业创新就是以快递企业为核心，突破既定的结构化的产业约束，培养核心竞争力和构建新产业的过程。快递产业创新的主要内容如下。

(1) 网络创新。

快递产业是快递活动过程中相互联系的组织与设施等要素的统一体，既包含快递基础设施网络，也包含计算机信息网络以及组织关系网络。快递产业的发展创新需要三者的结合创新。尤其在信息网络化创新方面，快件分拣设备、PDA、影像监控系统等技术日趋成熟，计算机电话集成(computer telephony integration，CTI)、全球定位系统(global positioning system，GPS)、地理信息系统(geographic information system，GIS)、GPRS、RFID技术等逐步投入应用，从而优化快递服务处理流程、提升服务水平。

(2) 技术创新。

技术创新可以分为增量创新和基本创新。增量创新是快递企业对现有生产组织技术的改进和提高。其来源广泛，可能来源于企业的专门技术人员或一线的快递员工，也可能来源于用户的建议等。基本创新通常是专门研发机构的成果，常常会导致整个快递产业的重大变革，它是一个不连续的事件，在时间和空间上分布不均匀。实现基本创新的快递企业会获得巨大的优势，同时其技术扩散很可能会带来整个快递产业的变革。

在快递企业所采用的技术中，信息技术具有重要的作用，信息技术的创新对快递产业具有重要的影响。现代信息技术的发展为现代快递提供了强有力的信息支持，快递企业可以充分利用互联网和电子数据交换平台等信息技术，为社会提供多功能、多方位的快递服务。信息技术创新可以从货物跟踪定位、智能交通、移动信息服务等方面取得突破。

(3) 服务创新。

快递企业在市场调查的基础上对快递市场进行细分，据此制定自己的服务原则并创新服务内容，除传统收寄服务外，还扩展至电子商务物流配送服务、第三方物流和仓储服务、代收货款业务、贵重物品通道服务等。快递企业服务创新还能帮助企业把其潜在快递需求转化为现实需求，并从潜在快递需求中创新快递供给。在这个过程中，快递企业要努力构建成本透明、流程透明、责任透明和利益透明的快递协作环境，优化服务流程。快递产业创新还要注重品牌意识。整个行业如果缺乏个性化、差异化的形象，则不利于快递产业的良性发展。

(4) 市场创新。

市场创新的本质是通过新的快递服务不断满足市场新需求的过程，其基本手段就是通过刺激、寻找、发现、满足消费者的需求，从而达到市场创新的目的。

市场创新的内容包含两个方面。一是塑造产业的竞争规则。快递产业作为新兴产业，其基本特征是缺乏统一的成熟的产业规则，这是由技术不确定、企业战略不确定、市场不确定等基本因素决定的，但规则的有利与否直接关系到企业进行市场创新的能力，因此快递企业进行市场创新面临的首要问题就是摸索建立产业竞争规则(业务范围、服务规范、服务质量、服务价格等)，使得整个产业在一个有序的规制下进行市场开发。二是开拓新的客户资源，快递企业是为适应经济发展的快节奏需求而产生的，因此快递产业往往诞生于经济发达的国家和地区。伴随着发达地区市场竞争的不断增强以及欠发达地区经济的不断增长，开拓新的市场、增加市场容量、进行市场创新必然成为快递企业所面临的问题。

2) 资本运营

产业创新无疑会促进快递产业的发展。但快递产业由于其全程全网的产业特点，只有实现了规模经济才能够持续盈利。因此，快递产业的发展需要大量的资金支持，以进行网络、技术、运输工具、业务流程等基础条件方面的投资，从而保证其网络覆盖度高、核心城市密度大的特点。可以说，资本运作伴随快递产业发展的始终，只不过由于产业各个发展阶段具有不同的特点，在不同发展时期需要不同的资本运作手段。

(1) 资本运作的含义。

资本运作又称为资本运营或资本经营，是指企业利用市场法则，通过资本本身的运作或运转，实现价值增值、效益增长的一种经营方式。资本运作以利润最大化和资本增值为目的，以价值管理为特征，将企业的各类资本不断地与其他企业、部门的资本进行流动与重组，实现生产要素的优化配置和产业结构的动态重组，以达到企业自有资本不断增加这一最终目的。

(2) 资本运作的主要方式。

按照资本运作的内涵与外延划分，资本运作可分为内涵式运作和外延式运作。

①内涵式运作。内涵式运作主要包括实业投资、上市融资、企业内部业务重组。

实业投资是指经济主体(包括法人和自然人)为未来获得收益而于现在投入生产要素，以形成资产的一种经济活动。它区别于股票投资、债券投资等纯金融投资，构成生产能力的增长，是推动经济增长的因素。

上市融资是将经营公司的全部资本等额划分，表现为股票形式，经批准后上市流通，公开发行。由投资者直接购买，短时间内可筹集到巨额资金。

企业内部业务重组是指企业(或资产所有者)将其内部产业和业务根据优化组合的原则进行的重新调整和配置，常常伴随资产重组、债务重组、股权重组、人员重组和管理重组等相关过程。

②外延式运作。外延式运作包括兼并收购、企业持股联盟、风险投资和资金借贷等。

兼并收购一般是指兼并和收购，简称并购。兼并指两家或者更多的独立企业、公司合并组成一家企业，通常由一家占优势的公司吸收一家或者多家公司。收购指一家企业用现金或者有价证券购买另一家企业的股票或者资产，以获得对该企业的全部资产或者某项资产的所有权或控制权。

持股联盟是在保持各自相对独立性的基础上，企业间通过购买或换股等形式，各持有对方一部分股权，形成以股权关系为纽带的联盟式合作关系，同时保持各自经营、财务和品牌上的独立性。

风险投资是投资家对具有专门技术并具备良好市场发展前景但缺乏启动资金的创业家进行资助，并承担创业阶段投资失败的风险的投资。投资家投入的资金换得企业部分股份，并在日后获得红利或出售该股权获取投资回报。

　　资金借贷是企业为了获得短期生产资金的需要，通过发行债券、银行贷款等手段，向金融机构或特定市场主体借入资金的行为。

　　(3) 快递企业资本运作。

　　①发展初期的资本运作。快递行业发展初期，产业形态刚刚形成，快递企业刚刚从运输、邮政等传统行业分离出来，比较弱小，企业网络建设处于初级阶段，企业发展需要大量的资金支持。此时的快递企业融资具有资本需求金额较大、潜在投资收益巨大以及投资风险极大的特点。快递企业经过一段时间的发展，开始具备一定的服务能力，但由于管理、技术、业务流程等仍不成熟，企业服务质量还不够稳定，伴随着业务的缓慢增长，仍需资金风险投资作为资本运作手段。这时，投资银行、私募股权基金、银行贷款、发行债券等都是重要的资金来源。如何从多方位筹措资金，满足快递企业在发展早期的资本需求，是快递企业发育成长的重要方面。

　　资本运作在发达国家快递产业发展初期起到了巨大的推动作用。美国 FedEx 在创立初期，创始人史密斯在发现快递市场存在巨大商机后，将自己全部资产 850 万美元投入 FedEx。为了吸引更多的投资，他不断在华尔街进行游说，包括华尔街的投资银行、风险投资、私募股权基金。经过他的不懈努力，包括美国通用动力、兆富证券、万仓保险公司、花旗风险资本公司在内的大公司先后向 FedEx 投资。通过利用新吸引的 9500 万美元的投资，FedEx 新购买了 33 架飞机，雇佣了大批熟悉航空业务的管理人员，突破了快递企业在创立初期的资本瓶颈，正式开始营业。最终，联邦快递发展成为美国历史上由风险资本创立的最大的企业之一。

　　②长期的资本运作。在快递产业的快速成长期，市场规模迅速扩大，快递服务的市场认同程度迅速提高，企业网络建设需求迫切，企业生产经营活动的融资需求要与市场同步增长。这时快递企业的资本运作方式多种多样，如股权融资、兼并收购、特许经营等。

　　股权融资。在快递产业的发展成长期，私人股权形式的融资，如风险投资、私募等融资手段仍然是首选融资方式。但为了加快企业发展，需适时启动新一轮的股权融资，这是快递企业增加股权流动性，从公开资本市场融资，迅速扩大资本规模的最好方式。

　　兼并收购。成为上市公司，标志着快递企业已完成从私人权益资本市场向公开资本市场的历史性跨越。在这前后，企业可以不断地尝试利用兼并收购手段，进行业务和规模扩张。欧美的快递巨头由于发展时间较早，在市场的迅速扩张过程中，充分利用了兼并收购的手段实现了市场规模的扩大和企业生长。例如，FedEx 于 1984 年收购吉尔可快递公司，1989 年收购飞虎航空公司，2003 年收购金考快印；UPS 于 1999 年收购 Challenge Air，2001 年收购 Firt 集团下的加利福尼亚物流公司，2003 年收购 Mail Boxes Etc。

特许经营。特许经营模式能够实现快递企业规模的扩张，在我国快递企业的发展过程中起到巨大的推动作用。该模式使得快递企业不需要进行前期的巨量资本积累，通过不断吸引社会资金进行特许加盟，利用加盟方的资金即可实现企业规模的扩张。国内一些主要的快递企业在企业扩张期均采用了此模式，实行直营制的企业顺丰在发展初期也是采用这种特许加盟形式。在市场趋近饱和、投资风险加大的条件下，该模式的扩张速度将会受到限制。

3) 产业规制

产业规制是具有法律地位的、相对独立的政府规制者(机构)，依照一定的法规对被规制者(主要是企业)采取的一系列行政管理与监督行为。快递产业发展到一定阶段，可能存在恶性竞争、公共物品和信息不对称、市场垄断等行为。快递产业规制对于保证快递产业长期健康发展尤为重要。

政府对快递产业的规制分为经济性规制和社会性规制。经济性规制是为防止发生资源配置的低效率和确保利用者的公平利用，由政府职能机构在给定的法律权限下，对企业的市场进出、价格、服务质量、投资、财务会计等方面的行为进行规制，抑制垄断和不正当竞争。社会性规制是以保护广大的消费者、劳动者与社会公众的健康和安全及生活质量为目的，在一定的法律法规框架下，对企业造成的如产品质量、工作场所质量、环境污染等行为实施的规制，大体上分为保证健康和卫生、保证安全、防止公害和保护环境三类。

(1) 快递产业的经济性规制。

快递行业实施经济性规制可以有效地规范快递市场秩序、保护合理竞争行为、反垄断和避免过度竞争，其主要手段和措施如下。

①市场的进入与退出规制。市场准入规制是政府对各种微观主体进入快递行业进行的规制，主要包括进出市场的条件以及程序。市场准入要求快递企业在法人条件、注册资金、经营范围、人员资质、企业人数、安全标准、信用建设等方面具备一定的资质。市场退出规制则要求快递企业在退出市场时，应当在客户权益、员工权益、债权债务、破产清算等方面遵循的规则。

《中华人民共和国邮政法》规定，企业申请快递业务经营许可需要向邮政管理部门提出申请。申请快递业务经营许可需在法人资格、服务能力、内部规章制度、业务操作规范等方面具备一定的基本条件。邮政管理部门根据相关法律规定决定是否予以批准。

②价格规制。价格规制也称为费率规制，包括费率水平规制或费率结构规制。在快递业发展过程中，伴随着竞争的日趋激烈，为了抢占市场，价格竞争往往是最有效的手段。但如果企业间进行的是不计成本的价格竞争，那么恶性价格竞争损害的最终是消费者和企业的利益。除此之外，通过长期的竞争，最终可能形成几大寡头控制绝大部分市场的竞争格局。寡头间为了取得长期或短期利益的最大

化，可能会相互串通，故意压低市场价格，阻止潜在的竞争对手进入；或者故意抬高市场价格水平，损害消费者的利益。因此，需要对快递产业的恶性价格竞争实施管制，维护正当的价格竞争，防止不正当竞争行为。

美国快递企业在初期被允许寄送"特别紧急"的信件快递服务。价格方面的规制表现在，只有那些价格至少为 3 美元或者邮政基础资费 2 倍以上的信件才可以被视作特别紧急的信件，才可以通过快递企业进行递送，其目的就是防止快递企业的竞争损害美国邮政的利益。

③服务质量规制。服务质量规制是快递服务满足相关规定或潜在要求的特征或特性的总和。快递服务质量的构成包括多个方面，如功能性、安全性、时间性、舒适性、文明性等。快递服务质量的规制主要是针对上述快递服务质量构成的规制。我国 2008 年实施了《快递服务》邮政行业标准，该标准为非强制性的，作为一项推荐性标准实施，该标准对快递服务从收寄到派送直至售后服务的所有环节所涉及的主要质量标准和要求进行了规定。

④投资规制。投资规制就是政府通过经济主体对快递产业进行投资的鼓励或限制，控制快递产业中企业的数量以及确保投资回报率。投资规制的一个重要手段就是规制企业的投资回报率。该规制的实质是政府、企业及消费者就企业投资回报率达成共识而签订的一种合约，该回报率的规制可能是上限规制，也可能是下限规制。在投资回报率上限规制下，只要被规制企业的资本收益率不超过规定的公正报酬率，则企业的价格可以自由确定，其目的在于防止企业利用垄断力量获取超额回报，损害消费者利益。投资回报率的下限规制是指企业的价格以服务成本为最低下限，企业不能以低于成本价的价格提供快递服务，其本质在于防止企业的恶性价格竞争行为。

(2) 快递产业的社会性规制。

快递产业的社会性规制主要是由快递产业发展的负外部性以及道德风险所造成的。

快递产业发展所造成的负外部性主要包括两个方面：一是快递产业本身的发展会产生众多的废弃物，如废弃的表单、包装箱等，以及交通工具使用所产生的废弃污染；二是快递企业运作不规范，为了追求极大化的资本积累，减少在员工待遇方面的支出。例如，没为员工缴纳"五险一金"，这部分人员今后的相关生活保障将转化为社会负担。

道德风险主要包括政策性道德风险、市场性道德风险和公益性道德风险。政策性道德风险的基本特征是违反国家法律和政策法规，主要表现为权钱交易、逃税漏税、从事国家禁止的生产经营活动、违反劳动法等。市场性道德风险指企业违反市场竞争规则，主要表现为垄断和不正当竞争行为、合同欺诈行为、转嫁责任和经营风险逃避债务等。公益性道德风险指企业违反公共利益，从事危害自然环境，妨碍可持续发展的生产经营活动，突出地表现为大量排放废物，制造环境污染等。

快递产业社会性规制的手段和措施如下。

①税收和补贴。税收和补贴是政府矫正负外部效应进行社会性规制的最常用的政策工具。快递企业如果提供对社会有外部正效应的准公共物品，政府可以提供补贴，促使外部经济内部化，以增加对社会具有外部正效应的产品和服务的实际供给量。例如，我国各省近年来的快递下乡工程，各地方就给予了快递企业一定的补贴政策。

②禁止特定行为。即通过法规直接禁止那些被社会公认有可能引起危害和不良后果的社会行为。如《快递市场管理办法》第十五条、第十六条对快递企业和快递从业人员的特定行为进行了禁止性的规定。

③从业人员管理制度。即国家对于从事与健康、安全、环境联系密切的单位和个人，为了确保消费者利益，而要对其专门知识、经验、技能等进行认定、证明并发给从业资格证明的制度。如我国规定，快递企业应当加强对快递从业人员的职业技能培训，快递业务员应当符合国家职业技能标准。2018年，国家邮政局印发《关于提升快递从业人员素质的指导意见》，明确强化职业标准建设、完善职业教育体系等10项重点任务，不断优化队伍结构，提升行业服务能力和水平。

④标准认证和检查制度。即政府从确保产品的安全性、机械设备的安全运转和操作的目的出发，对其结构、强度、性能、操作流程等方面定出安全标准。《快递服务》标准规定："快递服务组织应具备国家规定的安全作业条件。"《快递市场管理办法》规定："经营快递业务的企业对不能确定安全性的可疑物品，应当要求用户出具相关部门的安全证明。用户不能出具安全证明的，不予收寄。"

⑤信息公开制度。主要是指规制机构要求其向消费者尽量详细地公开与其所提供产品或服务有关的业务信息；或按照法律规定，消费者有权向卖方索取自己应该知道的有关产品和服务的信息。我国的《快递市场管理办法》规定，快递企业应当在营业场所公示或以其他方式向社会公布其服务种类、服务价格、营业时间、运递时限等服务承诺，并在规定时间内向省级邮政管理部门备案。

1.3.3 中国快递产业的竞争状况

1. 快递业务量高速增长带来的配送压力

近20年来，随着我国社会经济的发展和消费方式的转变，中国快递产业迅猛发展。根据统计数据，十二五期间，国内快递业务量连续5年保持50%左右的高速增长，短时期内完成从小到大的历史性跨越。2014年，全国快递业务总量达到139.6亿件，已跃居世界第一。2017年，业务总量达到400.6亿件，业务收入达到4957亿元。国家邮政局发布的《邮政业发展"十三五"规划》预计，2020年快递业务量将达到 700 亿，业务收入接近 8000 亿元。具体数据见图 1-1。

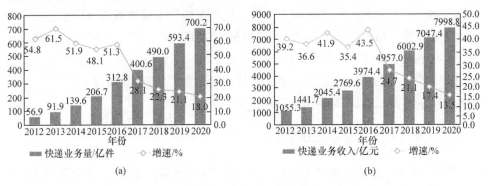

图 1-1　2012～2020 年中国快递业务量和快递业务收入

不断增长的业务量给末端带来了极大的配送压力。2017 年，快递员日均配送量为 60～100 件，如图 1-2 所示。快递员的配送量直接与其收入挂钩，每日配送压力大。超过 80% 的快递员平均工作时长在 8h 以上，该数据在电商促销旺季通常超过 12h，快递员工作已处于较为饱和状态。

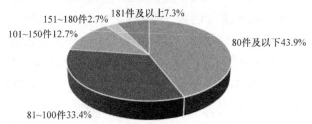

图 1-2　2017 年中国快递员日均配送量分布图

2. 快递平均单价迅速下降

在快递业务量高速增长的同时，2010～2017 年全国快递平均单价由 24.6 元/件降至 12.4 元/件，下降幅度较快，具体如图 1-3 所示。目前，大部分快递企业的配送费

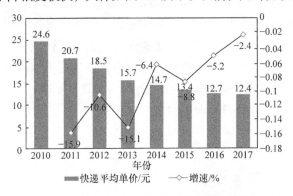

图 1-3　2010～2017 年全国快递平均单价

为每单 1.0～1.5 元。快递单价持续走低，而配送费用升高，配送成本增加，企业利润空间进一步被压缩，如何降本增效、提高配送效率成为各大快递企业提高竞争优势的关键。数据显示，40.2%的快递员的快递工作年限在 1 年以内，年限超过三年的仅占 15%。"双十一"期间，部分城市快递员业务量呈几何级增长，达平时的 3 倍。尽管部分企业开出 2.5 元/件的配送费，但只能临时招到约为原人数 30%的新快递员，电商高峰期配送压力巨大。

3. 大型快递企业纷纷上市

2017 年共 7 家快递企业上市，巩固传统业务的同时，快递企业纷纷加码新业务来加持高增长。2017 年 12 月 26 日，德邦物流正式发布了首次公开发行 A 股意向书。这是继圆通、申通、韵达、顺丰、中通和百世上市之后又一快递公司将登陆资本市场，至此，上市快递企业数增至 7 家。

从快递上市公司的经营状况来看，韵达、圆通、申通及中通在 2017 年第三季度的营收分别为 25.29 亿元、46.56 亿元、30.03 亿元和 31.43 亿元，同比增速分别为 35.89%、17.31%、26.2%和 33.5%；同期顺丰控股的营收就高达 176.65 亿元，同比增长 23.18%。2017 年第三季度，快递龙头股顺丰控股凭借高达 17.62 亿元的净利润(接近其他四家盈利总额)，成为五大快递股中的"盈利王"。百世集团上市后发出的首份财报也表现不俗，截至 2017 年 9 月 30 日，百世集团第三季度总收入为人民币 53.54 亿元(8.05 亿美元)，同比增长 133.9%；毛利为人民币 2.02 亿元，毛利率达 3.8%。具体来看，百世集团供应链收入为 3.86 亿元，同比增长 28.3%；百世快递收入为 32.66 亿元，同比增长 147.6%；百世快运收入为 8.74 亿元，同比增长 100%；百世店收入为 7.68 亿元，同比增长 244%。

在巩固传统业务的同时，快递公司已经不满足于单一的快递业务，纷纷加码新业务来加持高增长。例如，顺丰联合湖北交通集团出资 50 亿元成立湖北国际物流机场有限公司；韵达非公开发行股票募集 39.2 亿元资金投入智能仓配一体化转运中心建设和自动化升级、快递网络运能提升及供应链智能信息化系统建设，并正式启动快运网络；申通与上海快捷快递股份有限公司(简称快捷)共同出资 5000万元成立上海申通岑达供应链管理有限公司；申通、圆通、中通等企业出资 10 亿元成立中邦物流保险股份有限公司。

4. 快递企业竞争格局与布局

1) 快递服务品牌竞争激烈

由于电商加快发展、消费升级、网上购物认可度提升等因素的拉动，近年来，我国快递业务不断发展，并且形成了"多领域渗透、全方位布局"的发展局面。国内快递物流企业的竞争也愈发激烈，商家和个体在选择快递时也会根据其成本、服务质量、口碑等多种因素进行考虑。2018 年 1 月 29 日，国家邮政局网站发布了 2017 年快递服务满意度调查结果，如图 1-4 所示。被测试的 10 家全网型快递服务品牌依次为：顺丰、邮政 EMS、中通、韵达、圆通、申通、百世、宅急送、天天和快捷。从快递企业总体满意度排名和得分来看，顺丰(83.4 分)、邮政 EMS(79.9 分)、中通(76.8 分)72 小时准时率排名前三甲，韵达和百世总体满意度上升较为明显。

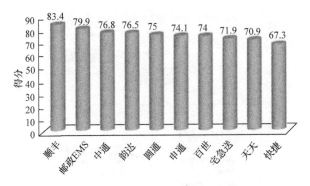

图 1-4　2017 年快递服务满意度得分情况分析

　　在不同性质物流业务的促进下，我国国内市场基本形成了对快递企业性质的明确区分，包含外资性质、国家性质、民用快递、电商自营快递和同城快递五大类，如表 1-1 所示。在互联网经济及电商业务发展的促进下，以中通、圆通、申通、韵达和顺丰等服务于电子商务的民用快递企业发展迅速，竞争相对激烈。

表 1-1　我国快递企业分类及企业代表

分类	快递企业性质	企业代表
第一类	外资性质	FedEx、DHL、TNT、UPS、高保物流
第二类	国家性质	中国邮政、民航快递、中铁快运
第三类	民用快递	圆通、汇通、申通、中通、韵达、顺丰、宅急送
第四类	电商自营快递	京东物流、苏宁快递、唯品会
第五类	同城快递	饿了么、闪送、人人快递

2) 快递企业整体竞争结构

依据不同的服务平台、服务方向和服务质量对国内快递企业进行对比分析，形成了以顺丰和 EMS 高端服务为商务件运输的快递企业，为客户提供安全、快速、高质量的物流运输服务，在快递行业竞争优势明显。而现阶段在我国电商业务快速发展的促进下，"三通一达"民营快递公司以低成本、高流通量的模式在电商快递运输领域占有重要的行业地位。此外，依托本公司电商企业自营快递运输的京东物流和苏宁快递，在前期高投入的积累下已经逐渐向着盈利的方向转变，具体如图 1-5 所示。

图 1-5　快递企业整体竞争结构

1.4　快递产业政府监管

1.4.1　快递产业政府监管的内涵及必要性

1. 快递产业政府监管的内涵

政府监管也称为政府规制或管制，是市场经济条件下政府为实现某些公共政策目标，对微观经济主体进行的规范、制约与支持。每一个产业的健康发展均离不开政府的监管，快递产业作为一个迅速发展的新兴产业更需要政府的监管。

快递产业政府监管就是政府监管部门根据快递产业发展过程出现的各种普遍问题，发现快递企业主体经营过程中存在的需要规范制约的行为，制定宏观的政策法规并提供相关支持保障，以实现规范和促进快递产业健康发展的宏观目标。

2. 快递产业政府监管的必要性

有效的快递产业政府监管能够保障快递产业的良性快速发展，规避企业间的恶性竞争以及垄断趋势，完善快递市场运行机制与体系，促进快递产业标准化、流程化、科技化，帮助企业逐渐建立自律性、加大内部管理的合规性，把控运营环节，从而实现企业的稳步提升，带动整个行业的健康发展。

此外，有效的快递产业政府监管能够保障消费者的合法权益，通过建立健全快递行业消费投诉解决机制，引导快递企业畅通内部消费纠纷处理快速通道，建立政府、消费者及企业之间的沟通平台，提升消费者对于快递企业的满意度。

1.4.2　我国快递产业政府监管状况

我国快递产业的政府监管部门为国家邮政局、省级邮政管理部门和省级以下邮政监管机构，目前形成的法律法规及政策监管制度体系主要包括《快递业务经营许可管理办法》《寄递服务企业收寄物品安全管理规定》《快递业务经营许可注销管理规定》《快递市场管理办法》《禁止寄递物品管理规定》《快递安全生产操作规范》《邮件快件实名收寄管理办法》《快递暂行条例》《快递业信用管理暂行办法》《快递业信用体系建设工作方案》等。这些监管制度是随着我国快递产业的发展，根据现实情况和发现的问题，逐步建立起来的，它们相互包含，互为补充，形成了对快递企业准入和退出、服务质量、安全及信用等方面的全面监管。下面简要介绍如下。

1. 快递业务经营准入和退出监管

快递业务经营准入是指快递企业进入快递产业需要获得监管部门的许可，受到快递业务经营许可监管。快递业务经营许可监管是在国家相关规章制度的基础上，结合快递产业的发展特性，遵循公开、公平、公正以及便利高效的原则，制定相应的快递业务经营许可的申请、审批和监督管理办法。尤其是在快递产业发展尚不成熟时，更需要政府对于快递产业的进入设定严格的门槛，保证进入企业的合法合规性，从源头上把关，保证快递企业的质量。与此同时，根据快递企业经营过程中的具体情况，取缔非法或不符合标准的快递企业，构建退出机制，是对整体快递产业的健康发展提供的必要支撑。

1) 快递业务准入监管

为规范快递业务经营许可管理，促进快递行业健康发展，根据《中华人民共和国邮政法》《中华人民共和国行政许可法》及其他有关法律、行政法规的规定，我国第一部《快递业务经营许可管理办法》于 2009 年 9 月 1 日发布。《快递业务经营许可管理办法》分总则、许可条件、审批程序、许可证管理、监督检查、法律责任、附则，共 7 章 37 条，自 2009 年 10 月 1 日起施行。此后，2013 年 4 月 12 日、2015 年 6 月 24 日对《快递业务经营许可管理办法》进行了两次修正。2018 年 10 月 22 日，修订后的《快递业务经营许可管理办法》正式发布。

最新修订的《快递业务经营许可管理办法》分总则、申请与受理、审查与决定、许可管理、监督检查、法律责任、附则，共 7 章 36 条，自 2019 年 1 月 1 日起施行。《快递业务经营许可管理办法》的修订集中体现在三方面。第一，细化了快递业务经营许可条件；细化了实名收寄、安全检查、从业人员安全等安全管理条件要求；适当放宽了人员资质条件、比例等方面的要求；对申请经营国际快递业务的申请人，在其未实际具备报关数据、处理场地等条件的情况下，允许给予一定的宽限期。第二，优化了快递业务经营许可程序，对许可的申请与受理、审查与决定、变更与延续、注销与作废等程序作了细致规定。第三，规范了事中事后监督管理行为，由企业在每年 4 月 30 日前自主提交年度报告；对经营快递业务的企业吸收合并，分立后仍然存续，设立分支机构，开办末端网点，均实施备案管理；明确了快递业务经营许可注销、许可证公告作废等相应退出机制；对不诚信行为，还规定了记入快递业信用记录、实施联合惩戒等措施。

除了《快递业务经营许可管理办法》对许可管理进行了专项规定，《快递市场监管》也对快递经营许可的准入制度进行了规定，形成了比较全面的监管框架。

2) 快递业务退出监管

与快递市场全面的准入制度相比，快递业务经营许可注销管理的制定时间相对滞后。2014 年 6 月，国家邮政局出台《快递业务经营许可注销管理规定》(以下简称《规定》)，对快递企业退出快递市场进行了详细规定，以构建实现优胜劣汰的竞争体系。

《规定》明确有下列情形之一的，管理部门可依法注销快递业务经营许可证：快递业务经营许可证有效期届满未延续；企业法人资格依法终止；连续六个月未营业；快递业务经营许可证有效期内停止经营；快递业务经营许可证依法被撤销、撤回，或被依法吊销；法律、行政法规规定的其他情形。

《规定》明确了国家邮政局、省级邮政管理部门和省级以下邮政监管机构在办理许可证注销工作中的不同权限，并对具体注销管理工作中需要涉及多个邮政管理部门的情形进行了制度安排。注销程序中，邮政管理部门注销和企业主动申请注销的程序也各有不同。

2. 服务质量监管

快递服务质量监管的重点体现在揽投过程中的服务质量监管，以及申诉投诉服务质量监管。在我国的监管体系中，很多法规政策都对快递服务质量进行了规定。《快递市场管理办法》是较早对快递服务质量进行较为全面规定的法规办法。

我国第一部《快递市场管理办法》于 2008 年 7 月 12 日发布,执行至 2013 年 2 月 28 日。第二版《快递市场管理办法》于 2012 年 12 月 31 日发布。该办法分总则、经营主体、快递服务、快递安全、监督管理、法律责任、附则,共 7 章 52 条,自 2013 年 3 月 1 日起施行。

3. 安全监管

(1) 快递企业提供快递服务应当遵守公开的服务承诺,符合《快递服务》邮政行业标准。

(2) 快递从业人员不得实施下列行为:①私自开拆、隐匿、毁弃、扣留、倒卖、盗窃快件;②违法泄露在从事快递服务过程中知悉的用户信息;③法律法规禁止的其他行为。

(3) 快递企业应当建立与用户沟通的渠道和制度,向用户提供业务咨询、查询等业务,并采取公布服务监督电话等形式认真受理用户投诉。

(4) 快递企业对邮政管理部门转办的用户申诉,应当妥善处理,并按要求给予回复。

快递寄递的安全监管是维护国家安全和利益,保障人民生命财产安全的基础。任何单位或者个人不得利用信件、包裹、印刷品以及其他寄递物品(以下统称快件)从事危害国家安全、社会公共利益或者他人合法权益的活动。

在我国快递产业的监管制度体系中,尤其重视安全监管,相关法律法规包括《寄递服务企业收寄物品安全管理规定》《禁止寄递物品管理规定》《邮件快件实名收寄管理办法》《快递安全生产操作规范》等专项规定。除此之外,最新发布的中华人民共和国国务院令第 697 号《快递暂行条例》在第五章专门对快递安全进行了规定。

《快递暂行条例》要求:①寄件人交寄快件和经营快递业务的企业收寄快件应当遵守《中华人民共和国邮政法》第二十四条关于禁止寄递或者限制寄递物品的规定;②经营快递业务的企业收寄快件,应当依照《中华人民共和国邮政法》的规定验视内件,并作出验视标识,寄件人拒绝验视的,经营快递业务的企业不得收寄;③经营快递业务的企业可以自行或者委托第三方企业对快件进行安全检查,并对经过安全检查的快件作出安全检查标识;企业发现寄件人交寄禁止寄递物品的,应当拒绝收寄;发现已经收寄的快件中有疑似禁止寄递物品的,应当立即停止分拣、运输、投递;对快件中依法应当没收、销毁或者可能涉及违法犯罪的物品,经营快递业务的企业应当立即向有关部门报告并配合调查处理;对其他禁止寄递物品以及限制寄递物品,经营快递业务的企业应当按照法律、行政法规或者国务院和国务院有关主管部门的规定处理；④经营快递业务的企业应当建立快递运单及电子数据管理制度，妥善保管用户信息等电子数据，定期销毁快递运单，采取有效技术手段保证用户信息安全；⑤经营快递业务的企业应当依法建立健全安全生产责任制，确保快递服务安全；应当依法制定突发事件应急预案，定期开展突发事件应急演练；发生突发事件的，应当按照应急预案及时、妥善处理，并立即向所在地邮政管理部门报告。

4. 信用监管

市场经济是信用经济，信用体系是市场经济体制中的重要制度安排。开展快递业信用体系建设，是快递市场健康发展的应有之义。依法推进快递业信用体系建设，是整顿和规范快递市场秩序的治本之策，是完善邮政市场监管工作机制、加强事中事后监管的重要举措，也是维护消费者合法权益、营造和谐消费关系的有力手段。

为贯彻落实《社会信用体系建设规划纲要(2014—2020 年)》和《国务院关于建立完善守信联合激励和失信联合惩戒制度加快推进社会诚信建设的指导意见》，加强快递业信用体系建设，促进快递业健康发展，根据《中华人民共和国邮政法》以及《快递市场管理办法》等有关规定，国家邮政局制定了《快递业信用管理暂行办法》，于 2017 年 12 月 27 日印发施行。

《快递业信用管理暂行办法》共六章五十二条，对快递业信用信息的采集、评定、应用和监督管理等进行了规定，明确提出快递业信用管理以经营快递业务的企业为主要对象，建立唯一电子化信用档案进行信用评定和管理。对以加盟方式经营快递业务的，在信用建设方面实行统一管理，强化落实企业总部在信用管理方面的主体责任。

《快递业信用管理暂行办法》规定，快递业信用信息是指经营快递业务的企业从事快递业务经营过程中形成的信息，以及邮政管理部门在依法履行职责过程中产生的能够反映企业信用状况的信息，主要包括基本信息、许可管理信息、快递服务质量信息、寄递安全信息、社会责任信息等。邮政管理部门将按照行业共治的原则，牵头设立快递业信用评定委员会，开展辖区内快递业信用评定工作。信用信息通过公开、共享和查询等方式披露。公民、法人和其他组织可以查询公开的经营快递业务的企业的信用信息。被列入年度守信名单、失信名单或者信用异常名单的企业，邮政管理部门均有不同的监管措施。此外，《快递业信用管理暂行办法》对信用建设的监督管理、信用信息的异议和审查、信用修复、诚信文化建设和部门协同工作机制进行了规定。

1.5　本　章　小　结

本章对快递及快递产业进行概述。首先介绍快递的基本概念，包括快递的定义及特点、快递的分类、快递与邮政和物流的区别、快递与电子商务的关系以及我国快递业务的经营主体。然后，总结了快递的历史与发展进程，对快递产业的含义和特征进行提炼，阐述快递产业的形成标志与发展动力，并简要介绍中国快递产业的竞争状况。最后，说明了快递产业政府监管的内涵和必要性，并对我国快递产业政府监管状况进行了总结。

第2章 快递产业竞争关系网络研究现状分析

2.1 研究背景及意义

由第1章关于快递和快递产业的概述可以看出，在电子商务急速发展的带动下，我国快递产业的业务量飞速增加，吸引了大量中小型企业进入快递市场。与此同时，各个快递企业为了占有市场份额，主要采取了价格战的竞争策略，使得整个快递产业的快递平均单价在7年时间里下降了1/2。加上各个大型快递企业纷纷上市，开展新业务，形成了"多领域渗透、全方位布局"的发展局面，竞争也愈发激烈。2013~2014年，新华网、中央人民政府门户网站、中国新闻网、人民政协网多次刊登国家邮政局的会议纪要和采访纪要，明确指出："我国快递服务低价低质、恶性竞争现象突出，快件延误、损毁、丢失等问题还比较严重。"国家邮政局下一步将注重培养、壮大骨干企业，进一步提高产业集中度。

快递产业在我国是近年来迅速发展起来的新兴产业，理论界对快递产业的竞争发展问题的研究和探索非常匮乏，根本无法为快递企业发展和政府监管政策提供有益的指导建议。快递企业在实践中虽然感受到强大的竞争压力，但对自己的竞争对手是谁并不完全明确，对如何应对激烈的竞争环境并成长发展缺乏基本的认识。因此，深入分析我国快递产业中众多企业间的竞争关系及竞争行为，进而研究它们对快递企业成长的影响是一项非常重要的研究课题。

2.2 研究现状及分析总结

本节从复杂网络和社会网络的理论视角出发，开展对中国快递产业竞争问题的研究，所涉及的研究领域包括产业竞争关系网络及竞争行为扩散研究、企业社会关系网络对企业成长的影响研究、企业竞争行为与企业成长的关系研究三个方面。目前，这三个方面已有一定的研究基础，介绍如下。

2.2.1 研究现状

1. 产业竞争关系网络及竞争行为扩散研究

以小世界(small-world)网络(Watts et al，1998)和无标度(scale-free)网络(Barabási et al，1999)为标志，复杂网络理论在近十几年里迅速发展，并渗透到各个学科领域。产业竞争关系网络及竞争行为扩散研究正是复杂网络理论的应用研究之一。目前，该领域主要针对我国软件产业和汽车产业展开研究，尚未展开关于快递产业的探索。

1) 产业竞争关系网络结构特征研究

(1) 杨建梅等(2006)是国内外学术界首次将复杂网络理论应用到产业竞争关系研究的学者，并以广州市软件产业为对象展开研究。2004 年，广州市在工业和信息化部正式注册的企业共有 578 家。这些企业大多为中小型的软件应用企业，其业务领域主要为网络安全、系统集成、办公自动化、通信等。根据软件领域专家的建议，以产品的同质化程度为依据，将广州市软件产品进行了分类，共 51 类不同类别的产品。

在此基础上，以 578 家企业作为网络节点，若两个企业之间生产或开发同类产品,定义二者之间具有竞争关系,形成的广州市软件产业竞争关系网络如图 2-1 所示。

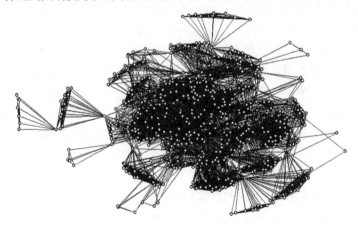

图 2-1 广州市软件产业竞争关系网络(杨建梅等，2006)

通过对图 2-1 所示的竞争关系网络进行复杂结构特征度量，包括度分布、最短路径和平均距离、接近性、中介性、集聚性以及密度。结果显示，578 家软件企业的竞争网络的度分布服从幂律，累计度分布幂指数等于 2.1475，如图 2-2 所示。平均距离约等于 2.998，说明网络具有小世界效应；整个网络的集聚系数为 0.918，加权集聚系数等于 0.718，说明网络具有很高的集聚性。因此，从宏观角度来看，该竞争网络属于复杂网络中的无标度网络。从微观角度来看，573 号公司的度值最大，为 144；573 号公司及 574 号公司是与其他顶点距离总和最小的点(地理中心)，是介数最高的点(控制中心)；去除 573 号公司顶点后，网络的平均密度变动了 1.52%，所以 573 号公司及 574 号公司的顶点是网络的 hub 节点与中枢顶点。

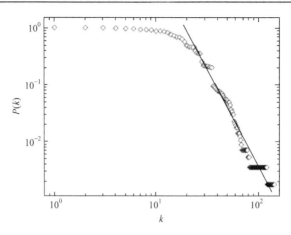

图 2-2　广州市软件产业竞争关系网络的累积度分布(2004 年)

(2) 胡鲜等(2008)根据 2002～2006 年每年度广东省软件产业内企业及产品的数据，分年度构建了企业竞争关系复杂网络模型；然后用各种静态几何量分析了每年度网络的结构属性，比较了不同静态几何量之间的关系。通过分析发现，每年度网络的顶点度都服从幂律尾部分布，且幂指数都靠近 3，近似为无标度网络。此外，在历年的竞争关系网络中，任意两个企业之间，平均经过竞争关系定义的2 条边就可到达，网络的平均集聚系数均高于 0.82。按照 Watts 等(1998)关于小世界网络的定义，历年的网络都同时具有高平均集聚系数与小平均最短路长，都具有小世界效应。最后，讨论了软件企业竞争关系复杂网络，分析在宏观、微观和动态演变方面的产业组织学意义与启示。

(3) 李得荣等(2010)以中国汽车零部件产业为例，首先建立了零部件企业与产品的二分网络模型和根据产品销售量加权的加权二分网络模型，然后分别把布尔二分网络模型和加权二分网络模型投影到企业节点上，根据不同的投影规则得到汽车零部件企业间布尔竞争关系网络模型和有向竞争压力网络模型。

通过对 4 个模型的拓扑指标和模型群拓扑指标的对比分析，发现在汽车零部件产业竞争关系网络中，节点度服从指数分布，说明节点的度值呈现明显的随机性和同质性；除 5 个孤立节点和 2 个互相连接的节点外，节点之间的距离最短为1，距离最长为 6，网络平均最短路径长度为 2.493。这个平均距离数值说明任意两个企业之间，平均经过竞争关系定义的 3 条边就可到达。与此同时，平均集聚系数为 0.842，可以判断拓扑网络具有小世界效应。在此基础上，通过对产业组织意义的分析，发现少数产品有很多的企业在生产，而大多数产品只有较少企业在生产。少数企业生产的产品种类较多，而大多数企业只生产较少品种的产品。少数产品的市场总量(销售总额)很大，而大多数产品的市场总量(销售总额)相对较小。少数企业的销售总额很大，而大多数企业的销售总额相对较小。大部分企业面临相近数量的竞争对手。大量企业承受的总的竞争压力都很大，而只有少量企业承受的总的竞争压力较小。大量企业总的竞争压力都很小，而只有少量企业总的竞争压力很大。少量企业对两两之间的竞争压力较大，而大量企业对两两之间的竞争压力较小。后桥总成、前桥总成、钢制车轮等产品是"中枢"产品，若该类产品出现更新换代等产品演化，则涉及的影响面最广，对产业的波及影响也大，可能造成整个汽车零部件产业结构的调整。万向集团公司、中国重型汽车集团济南商用车有限公司、上海汽车集团股份有限公司等企业是"中枢企业"，这些企业的发展壮大、重组兼并或衰退倒闭都会对产业造成较大的影响，甚至影响产业结构的重新分布。

(4) 欧瑞秋等(2010)从《中国汽车工业年鉴》(2001～2007 年)收集汽车整车制造企业和改装汽车制造企业在 2000～2006 年各种汽车产品产量数据，然后在中国汽车工业信息网上查找并补充《中国汽车工业年鉴》里缺失的数据。根据国家的分类标准 GB/T 15089—2001，将所有汽车分成乘用车、商用车和改装汽车三大类，共有 39 种产品。乘用车有 8 种产品，商用车有 18 种产品，以及厢式汽车等 6 种专用车。所考察的企业是具有独立法人资格的汽车整车和改装汽车制造企业。因此，将集团公司的子公司视作独立的汽车制造企业，不考虑不直接生产汽车产品的集团公司总部。2000～2006 年各年的汽车企业数量分别为 418 家、387 家、399 家、379 家、347 家、373 家和 380 家，这 7 年间出现过的汽车企业共有 733 家。

研究发现，各年度中国汽车产业竞争关系网络的社团结构特征均非常显著，但清晰度在下降。不仅社团内企业与产品间的连边越来越紧密，社团之间的连边也越来越紧密，体现了中国汽车产业的多市场接触程度越来越高。社团的演变体现出企业市场扩张的特点，表明了原来以生产微型轿车为主的企业和原来以生产普通型轿车为主的企业互相渗透到对方的市场里。

(5) 杨建梅等(2013)基于社团结构，提出了产业竞争关系与企业对抗行动分析的双层复杂网络模型，并应用于中国的汽车产业与轿车社团企业，由此发现中国汽车产业竞争关系网络具有拓扑结构的特点，以及镶嵌在这个网络上的轿车社团企业的对抗行动与其各层网络拓扑位置的关系，得出了企业对抗行动主要是受其所在社团网络位置影响的结论。

2) 产业竞争关系网络上的竞争行为扩散研究

Zhuang 等(2008)和姚灿中等(2011)基于中国汽车工业协会主编的《全国汽车零部件工业经营概况及产销统计》(2005 年版)，使用企业基本情况统计表和产品按企业产销情况统计表，共收集了 754 家汽车零部件企业、229 种汽车零部件产品，基本包含了我国汽车零部件制造业的重点企业和主要产品。在此基础上，进行拓扑竞争关系和加权竞争关系定义。拓扑竞争关系的定义为：当企业之间存在一种以上的共同产品时，企业之间存在一定的竞争关系。加权竞争关系的定义为：

在两个企业间存在竞争关系的基础上，由于每个企业的产品结构和销售额等的不同，不同企业在该产品的细分市场上感受到的竞争压力不同，从而表明企业之间竞争关系强度存在较大的异质性。在此基础上，通过计算机仿真对产业竞争关系网络上的企业竞争扩散行为特征进行分析，重点对网络竞争扩散与社团结构之间的关系进行研究。划分社团后发现其中最大的社团包括 204 个企业，而最小的社团包括两个企业，这两个企业之间只有 1 条边连接。

基于此网络对竞争扩散效应进行仿真研究，发现强度越大的节点发起的竞争行为导致的扩散效应越大；选择边权越大的相连节点发起竞争行为导致的扩散效应越大；由不同企业通过不同产品发起的竞争行为，其最终扩散的范围都是有限的，而且扩散的范围与发起企业所在的社团边界密切相关。

2. 企业社会关系网络对企业成长的影响研究

企业成长不是简单的规模增大，而是伴随着销售额的增长、盈利能力的提高和组织结构的扩展。销售增长率、利润增长率和员工人数增长率是非常具有代表性的衡量企业成长的指标(Delmar et al，2003；钱锡红等，2009)。在众多影响企业成长的因素中，一个非常重要的变量是企业的社会关系网络。现有研究主要从企业间社会关系、企业与政府间社会关系两个方面展开研究。

1) 企业间社会关系网络研究

强调企业间社会关系的研究(Lee et al，2001；王庆喜等，2007；窦红宾等，2012；McEvily et al，2012；彭伟等，2014)表明，企业间的社会关系网络可以帮助企业获取互补性资源，提供有竞争力的产品或服务，从而吸引和留住顾客，进而有助于企业开发自身的竞争优势，提高企业绩效和促进企业成长。具体内容如下。

(1) Lee 等(2001)利用 137 家韩国科技创业公司的数据，研究了企业内部能力和外部社会关系网络(社会资本)对公司业绩的影响。结果表明，在开发期间投入的技术能力和财政资源与初创企业的绩效正相关;创业导向对绩效有积极的影响;企业的内部能力和社会资本互动地影响着初创公司的业绩。该研究引用了两个公司层面的理论：基于资源的企业观和社会资本理论。这两个理论被认为是解释公司业绩的核心理论。基于资源的企业观强调公司特质资源，而社会资本理论认为企业外部社会关系网络是其绩效的主要贡献者。该研究将二者结合起来，结果表明，当内部能力的创造者或所有者能够识别和发展新的创业机会并通过社会资本获得互补的外部资源时，内部能力能够更有利于创造财富，并且社会资本只有在公司拥有内部能力时才有价值。

(2) 王庆喜等(2007)以浙江省义乌市为问卷调查收集样本数据的对象，对小企业主社会网络、企业资源获取和企业成长绩效三者的关系进行了经验检验。研究结果支持了三者之间存在递进式的正向关系，即小企业主的社会关系网络越强，小企业从外部获取企业成长所需资源的可能性就越大；小企业越有可能从外部获取成长所需资源，则其成长的绩效就越好。但是，研究没有发现社会网络与行政资源获取之间有显著的关系存在。同时，通过比较资源获取变量对成长绩效变量的回归系数可以发现，在影响企业成长绩效的资源中，业务资源的影响最大，物质资源其次，行政资源对成长绩效的影响最微弱，且不显著。

该项对行政资源的研究发现了与前人研究根本不同的结论。前人研究认为，拥有充足的行政资源是我国私营小企业成长的关键因素。但该研究并没有发现这种影响关系的存在。这与该研究调查的地区有关。义乌市历来重视民营经济发展。在国家还没有明令发展民营经济的时候，当地政府就已经在暗中鼓励民营经济的发展了，政府部门对私营小企业的干预很少。再加之当地国有经济基础薄弱，私营小企业发展的空间相对较大，其发展受到的行政束缚相对较弱。调查中还发现，小企业主的社会关系都比较简单，这说明在一个行政束缚较弱、市场化程度较高的环境里，行政资源并不是小企业成长的关键因素，解除行政关系之累将大大解放小企业的生产力。另外，该研究还发现，在小企业主通过其社会网络从外部获取的资源中，业界资源是小企业成长最为关键的资源。

(3) 窦红宾等(2012)通过对西安光电子产业集群 106 家企业进行问卷调查，对所获数据运用回归模型和结构方程进行实证研究。结果表明，产业集群中企业的网络结构变量可以影响企业的成长绩效。但是中心度、联结强度、网络规模并不直接对企业成长绩效产生影响，而是以利用性学习和探索性学习为中介变量，透过学习的递推对企业成长绩效发生作用。

企业的学习方式分为利用性学习和探索性学习两种。两种学习方式互补，对企业都很重要。企业应设计合适的网络架构，平衡这两种学习方式，使得企业能够一方面通过少数核心合作伙伴建立关系，进行长期合作，开展利用性学习，充分利用现有知识；另一方面通过众多异质性弱联结合作伙伴来进行探索性学习，及时了解市场信息，吸收多样化的知识。企业应根据自己的企业生命周期发展阶段、企业战略，选择企业在某个时期学习方式的侧重点。

如果企业的经营环境、战略等发生变化，企业有必要适时地调整学习方式和网络结构。如果企业在某个时期，侧重于利用性学习，应该尽量争取网络的中心位置，加强与供应商、客户、互补企业、竞争企业、中介机构等网络成员之间的关系往来，扩大合作伙伴的范围，这样就有利于从网络成员那里获得更多的产品、服务、知识资源和商业机会，促进企业成长绩效的提高。如果企业在某个时期，侧重于探索性学习，不应该把过多的时间和精力浪费在与价值不大的网络成员的联系上，因为过强的联结往往会给企业带来特定领域的冗余知识，弱联结通常有利于企业搜寻宽领域的多样化的知识，企业还应扩大网络规模，扩大与供应商、顾客、政府、中介机构等的联系。

(4) McEvily 等(2012)以纳什维尔法律行业为研究对象，通过律师的就业历史，构建和对比了行业中大企业合作伙伴之间当前和过去的社会关系网络，重点研究了桥接关系对企业成长的影响。研究将具有快速衰减效应的桥接关系与表示"累积"和"印记"效应的两种替代网络动态地进行对比研究，发现桥接关系表现出一种印记效应，即围绕一些社会关系形成的企业优势会产生持久的网络效益。在以往研究中，绝大多数没有考虑网络的时间和历史动态；少数已经开始探索网络随时间演变的研究发现，时间动态在解释桥接关系产生的企业利益的时间方面发挥了重要作用。该研究则表明桥接关系所产生的企业利益不仅局限于短期内及时获取信息，还可能包括对企业学习和知识重新部署的持续影响。

(5) 彭伟等(2014)基于权变视角，以 189 家中国新创企业的调研数据为基础开展了联盟网络对新创企业成长的影响实证检验。研究发现，新创企业联盟网络关系强度以及占据联盟网络的中心性位置对其成长绩效都具有显著的正向影响。由此，对我国新创企业而言，在构建联盟网络过程中：第一，要积极与联盟伙伴建立以相互信任、高承诺为特征的强关系联盟；第二，要设法占据联盟网络的关键性位置，以便从联盟网络中获取更多的私人利益，促进自身成长绩效的提升；此外，新创企业联盟网络的关系嵌入性及结构嵌入性与外部行业环境之间存在匹配关系，因此我国新创企业在构建联盟网络时，要密切监测外部环境的动态变化，设法使其联盟网络的关系嵌入性与结构嵌入性取得动态的平衡，以便联盟网络发挥出最大的功效；第三，制度环境完善性对新创企业联盟网络的作用发挥显著的调节效应。由此，对于新创企业而言，依据当地的制度环境构建适宜的联盟网络是更明智的选择；对当地相关政府部门而言，要尽可能地完善本地的制度环境，为新创企业的成长提供良好的环境，促进新创企业更好地存活与成长，推动当地创业活动取得良好成效。

2) 企业与政府间社会关系网络研究

强调企业与政府间社会关系的研究(Peng et al，1996；Li et al，2007；褚庆鑫等，2014)表明，对于处在转型经济中的国家，"制度缺失"是企业成长必须面对的外在环境，人与人之间的社会关系将扮演一个相当重要的角色。企业家经常需要与政府官员建立个人社会关系去履行一些基本功能，使得他们的企业获得更高的绩效，进而促进企业成长。

(1) Peng 等(1996)通过对以往文献的对比和总结，打破国家界限，对背景相似的国家统一进行分析，讨论了基于企业和政府间网络增长战略的边界条件、局限性、适用性和意义。研究表明，基于企业和政府间网络的边界模糊增长已被确定为这些公司的独特增长优势。在一系列独特的正式和非正式制度力量约束下，这些公司能够通过汇集政府资源和协调网络成员之间的活动来实现增长，同时避免政治上困难的所有权转移任务。这些企业和政府间的网络既不代表市场也不代表层级组织形式，使得公司能够在迅速变化且极不确定的时期找到可持续增长的途径。

(2) Li 等(2007)通过使用中国高科技行业新企业的调查数据，研究管理者的政治关系网络和职能经验与新企业的绩效间的关系。研究发现，管理者的政治关系网络和企业绩效之间呈现正相关关系，且二者间的关系受到企业所有权和不良竞争的影响；管理者的职能经验与企业绩效也呈现出正相关关系，且这种正相关关系在国有企业中比非国有企业中表现得更强烈，当不良竞争情形较低时表现得更强烈。

(3) 褚庆鑫等(2014)研究竞争的不完备性、企业外部关系与企业成长的关系，对河北、河南、陕西、广州等省市随机选取的 500 家制造业中的创业企业进行问卷调研，由每个企业中两名高管独立完成。研究表明，当创业企业与政府和商业利益相关者具有良好关系时，因市场恶性竞争、市场不规范等因素而对创业企业成长带来的负面效应会明显减少。中国处于转型经济时期，制度政策、市场规范等正式制度因素尚不完善，创业企业在成长过程中需要面对较大的风险和阻碍。在建立优质的创业团队、实施正确的市场战略之外，创业企业将资源投入企业外部关系的建设和维护中会产生明显的价值。

3. 企业竞争行为与企业成长的关系研究

按照研究方法的不同，企业竞争行为与企业成长的关系研究可分为两类：一类是理论模型研究，另一类是实证研究。

1) 理论模型研究

企业间竞争的理论模型通常认为，一个企业的增长与其竞争对手的增长呈负相关。竞争对手通常被认为是在为客户、资源和其他奖励而进行一场持续的零和斗争。例如，"孤岛"模型(Sutton，2001；Bottazzi et al，2006)就指出，企业竞争的增长机会是有限的，企业之间为了有限数量的成长机会必然产生相互竞争。此外，将博弈论引入企业组织研究的文献进一步强调了企业间竞争互动的重要性。例如，博弈论模型(Dixit，1980；Geroski，1995)将产业中现有企业对于新进入企业的反应描述为一对一策略博弈，现有企业会在抵御潜在企业进入方面进行能力投资，进而影响新进入企业的成长。在这种情况下，新进入企业会从现有在位者中夺取市场份额，而在位者则在能力方面进行战略性投资，以阻止潜在的新企业进入。但也有理论模型研究(Bengtsson et al，2000)强调，当竞争企业的产品具有互补性质，或者存在广告和宣传活动的溢出效应时，一个企业可以从其竞争对手的成长中获得好处。一家公司可以通过许多方式从竞争对手公司的增长中受益。例如，如果通过广告或游说的一般方面存在溢出效应，且产品具有一些互补性，则可能会出现这种情况，或者公司从与供应商和分销商的谈判地位中受益等。竞争对手也可以通过相互模仿来从彼此的成功中获益。

2) 实证研究

早期关于企业间竞争的实证研究将竞争作为一种全行业的压力来衡量，主要根据行业集中度进行度量，而不是来自任何一个竞争对手的竞争压力。逐渐地，研究者认识到行业集中度所代表的竞争压力很难真实衡量企业间实际的竞争关系。Geroski 等(2004)使用涉及欧洲 14 个国家数千家大公司的数据库展开研究，但并没有发现竞争对手的成长对公司成长有任何显著影响。但是，在特定行业(即差异化良好的产业和广告密集型产业)，二者间存在显著的负面影响。Sutton(2009)分析了日本领导型企业的市场份额变化，发现在许多产业内第一和第二大企业的市场份额变化是不相关的。但是，Robson 等(2008)在不同行业的调查报告发现，49.3%的企业家认为"太多相互竞争的企业"是企业实现其目标的关键制约因素。Coad 等(2013)研究了西班牙不同产业中第一和第二大企业之间，以及规模达到一定水平的大企业之间的竞争关系，通过回归分析发现竞争对手的成长对于企业自身成长存在显著的负面影响。在航空产业，Goolsbee 等(2008)发现进入者对现任者价格水平存在显著威胁，影响着企业的利润，进而对企业成长产生影响。Fosfuri 等(2009)关注可口可乐和百事之间的竞争，发现竞争对手的产品创新行为对企业金融市场价值产生负面影响，而对手的新广告反而会产生积极的作用，竞争行为表现出对企业成长的双向作用效果。

2.2.2　分析总结

本书通过文献分析后发现，现有的研究思路为开展本书研究奠定了坚实的基础，但也存在不足和进一步改进的空间，总结如下。

首先，从研究对象来看，现有研究主要针对我国软件产业和汽车产业展开，尚未发现关于中国快递产业的研究。从研究内容来看，现有研究主要关注于分析产业竞争关系网络的无标度特性、小世界特性和社团结构特征，对于其他宏观网络结构特征如集聚性、匹配性的分析较少，更加缺乏的是关于网络中节点企业自我网络特征的度量分析，如局部中心性、小团体、结构同构等。因此，现有研究尚未形成关于产业竞争关系网络结构特征全面的理论度量体系。此外，在对产业竞争关系网络进行结构特征度量的基础上，缺少关于产业竞争关系网络生成机理的研究，无法解释产业竞争网络结构特征的产生原因。从研究视角来看，现有研究仅从复杂网络传播理论出发，展开产业竞争关系网络中竞争行为的探索，研究视角较为单一。复杂网络博弈理论是复杂网络理论和博弈论的交叉理论，与复杂网络传播理论一样，属于复杂网络动力学理论。通过将产业竞争关系网络研究和复杂网络博弈理论进行比较分析后发现，产业竞争关系网络所表现出的无标度特性、小世界特性、社团特性正是复杂网络博弈理论研究中特别关注的网络结构特征，加上博弈论一直都是研究企业竞争行为最强有力的学科工具，由此看来，复杂网络博弈理论非常适合于研究产业竞争关系网络上竞争行为的动态发展规律，从这个新的理论视角出发展开相关研究，具有很大的理论创新空间。

其次，企业社会关系网络对企业成长的影响研究是从企业资源获取的关系角度探讨企业成长问题，主要关注企业间社会关系和企业与政府间社会关系的影响作用，对于体现资源划分的企业竞争关系对企业成长的影响研究还处于空白状态。本书将研究企业竞争网络对企业成长的影响，揭示新的影响企业成长的网络因素。

最后，企业竞争行为与企业成长关系的实证研究普遍关注大企业的竞争成长问题，缺乏关于中小型企业的研究，其症结在于中小型企业的数量较多，确定企业间竞争关系、竞争行为以及企业成长的客观证据是研究的难题。本书采用实证和仿真研究相结合的方法，基于收集的快递企业经营地域信息，准确定义快递企业间的竞争关系，在此基础上以博弈模型描述竞争行为，结合快递产业竞争关系网络形成和竞争行为产生的共演机制，研究快递企业竞争行为与企业成长的关系，从而将各类企业的竞争成长问题纳入研究范畴。

2.3　研究内容及框架

2.3.1　研究内容

研究从省级和全国两个层面展开。根据从陕西省邮政管理局和国家邮政局收集的快递企业经营地域分支机构资料，展开研究内容如下。

(1) 快递产业竞争关系网络拓扑描述及结构特征度量。根据从陕西省邮政管理局和国家邮政局收集的快递企业名录、业务范围、分支机构、经营地域范围等信息，挖掘快递企业之间的竞争关系数据，形成中国快递产业竞争关系网络的抽象描述，对其强度分布、加权集聚性、加权匹配性、强度-度相关性等宏观结构特性进行度量，对其隐含的经济意义进行分析和解释。

(2) 快递产业竞争关系网络生成演化机理。从快递产业竞争关系网络的宏观结构特征入手，结合快递企业实际调研，分析快递企业竞争关系产生的微观机制，进而构建快递产业竞争关系网络演化模型，研究快递产业竞争关系网络宏观结构特征的生成机制和演变趋势，分析不同演化条件下宏观结构特征的变化特点。

(3) 快递产业竞争关系网络中价格竞争行为的动态发展规律。针对快递企业间最为激烈的价格竞争行为，调研其产生动机和行为特点，形成快递企业竞争行为的博弈抽象。在此基础上，以快递产业竞争关系网络描述快递产业中众多企业间复杂的竞争关系，结合快递企业价格竞争行为的博弈抽象，构建快递产业竞争关系网络上的竞争博弈模型，研究快递产业竞争关系网络中企业价格竞争行为的动态发展规律，揭示避免大规模恶性竞争的网络特征和竞争行为特点。

(4) 快递产业竞争关系网络中节点企业自我网络对价格竞争行为的影响。根据研究内容(1)中获得的快递企业之间的竞争关系数据，对节点企业的中心性、clique集合、结构同构等自我网络特征进行度量。依据研究内容(3)所构建的快递产业竞争关系网络上的竞争博弈模型，分析快递企业个体竞争行为的差异性。将自我网络特征和其采取的竞争行为结合起来，分析二者之间的关系，发现快递产业竞争关系网络中节点企业自我网络特征对其竞争行为的影响规律。

(5) 快递产业竞争关系网络及价格竞争行为对企业成长的影响。通过调研发现快递产业竞争关系网络、价格竞争行为以及企业成长之间的内在联系，构建体现三者内在逻辑关系的理论模型。基于所构建的理论模型，研究快递企业竞争关系网络生成要素对企业成长的影响，研究企业竞争行为要素对企业成长的影响。

(6) 根据理论结论，提出决策支持和政策建议。基于前五部分理论研究的结果，总结快递产业竞争关系网络的整体及局部竞争关系特征、价格竞争行为的动态变化规律以及企业成长的发展状态，剖析影响企业成长的网络和行为要素，为政府监管部门提供快递产业监管政策建议，为快递企业提供发展决策建议。

2.3.2 本书的内容框架

与 2.3.1 节研究内容中的(1)～(6)部分相对应，本书研究总体框架如图 2-3 所示。

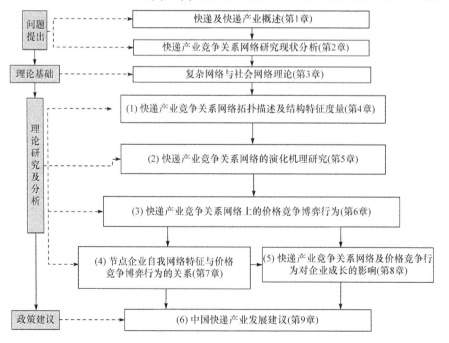

图 2-3 本书研究总体框架

2.4　学术价值及应用价值

2.4.1　学术价值

(1) 本书客观描述中国快递产业中快递企业间的复杂竞争关系，揭示其宏观网络结构特征和节点企业自我网络特征，形成产业竞争关系网络结构特征全面的理论度量体系，为今后研究其他产业的竞争关系奠定基础。

(2) 本书借鉴复杂网络博弈理论研究快递产业竞争关系网络中竞争行为的动态发展规律。这打破了现有文献从复杂网络传播理论出发探讨产业竞争关系网络中竞争行为的现状，是首次尝试将复杂网络博弈理论应用到产业竞争行为研究中，有利于为复杂网络理论和产业竞争理论的交叉研究提供新的理论基础。

(3) 本书关注企业竞争网络环境对其成长的影响，是从资源划分的关系角度出发揭示新的影响企业成长的网络因素。这打破了现有文献从资源获取的关系角度出发探讨企业社会关系网络对企业成长影响的现状，拓展了研究范围和研究内容，有利于形成竞争网络环境下的企业成长理论研究体系。

2.4.2　应用价值

(1) 从企业层面来说，本书研究将有助于我国快递企业深入了解自身的竞争关系，认识企业竞争关系及竞争行为对企业成长的影响作用机理，理解企业要发展成为产业中的核心企业应该注重的主要问题，对处于竞争环境中的快递企业成长具有实践指导意义。

(2) 从国家层面来讲，本书研究将有助于国家政府监管部门根据快递产业竞争状况制定相关产业政策，引导快递企业的竞争行为，避免出现大规模的恶性竞争现象，同时对培育我国快递产业迅速健康成长起到促进作用。

2.5　本　章　小　结

本章给出本书的研究背景及意义，通过对研究现状的综述分析，形成研究内容及研究框架。本书以复杂网络理论为基础，研究快递产业竞争关系网络的复杂结构特征及生成演化机理，探讨发生在快递产业竞争关系网络上的竞争行为；借鉴社会网络理论中节点自我网络的度量方法，分析快递产业竞争关系网络中节点企业自我网络特征，研究其自我网络特征与其竞争行为之间的内在关系；并探讨快递产业竞争关系网络生成要素及企业竞争行为要素对企业成长的影响。

第3章　复杂网络与社会网络理论

3.1　复杂网络及其结构度量

3.1.1　现实世界中的复杂网络

客观世界的许多复杂系统都可以描述为复杂网络。在不同的学科领域，如生物学、免疫学、社会学、技术学和经济学，都有着大量的复杂网络实例。

1. 技术网络

在我们赖以生存的现实世界中，存在一些由人类科学技术所构建的基础设施，如航空交通网、电力网、万维网、互联网等。在航空交通网中，节点代表机场，边代表机场之间的直达航线；在电力网中，节点代表电站，边代表输电电线；在万维网中，节点代表网页，边代表网页之间的超链接；在互联网中，节点代表主机，边代表主机之间的物理连接。这些基础设施网络对现代人类的生活有着非常重要的影响。对这些基础设施网络的结构特性进行分析，进而掌握甚至控制发生在它们之上的动力学行为对于我们的生活至关重要。图 3-1 所示为航空交通网。

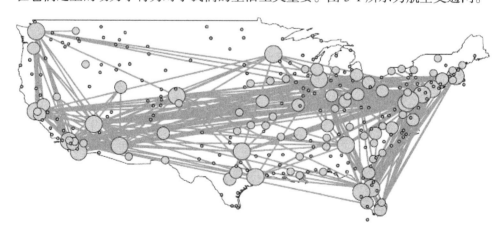

图 3-1　航空交通网(Xu et al, 2008)

资料来源：http://www.opte.org

2. 生物网络

在生物领域，也有许多复杂网络的例子，如生态系统中的食物链网络、微观层面的细胞蛋白质网络等。在食物链网络里，节点代表不同的物种，如植物或动物，边代表物种之间的食物关系。在细胞蛋白质网络中，节点代表蛋白质，边代表蛋白质之间的相互作用。图 3-2 给出了食物链网络和细胞蛋白质网络(不同灰度的节点代表不同性质的蛋白质)的拓扑图。

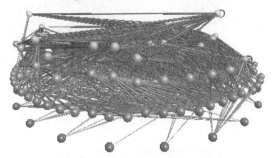

(a) 一个淡水湖的物种食物链网络(Newman，2003)

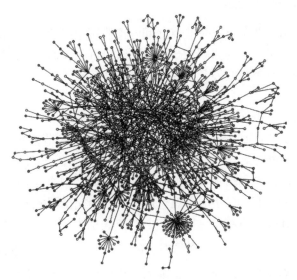

(b) 酵母菌体内的蛋白质交互作用网络(Barabási et al, 2003)

图 3-2　生物网络

3. 社会网络

除了技术网络和生物网络，人和人之间的各种交互作用关系也呈现出复杂的网络表现形式，如朋友网、演员合作网、科学家合作网。在这些网络中，每个节点都表示一个人，而边则表示人和人之间存在的某种关系。图 3-3 给出了美国一所学校的朋友网络(不同灰度的节点代表不同的种族)。

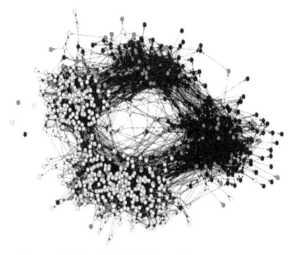

图 3-3　美国一所学校的朋友网络(Newman，2003)

3.1.2　复杂网络的图论描述

一个网络是由一些节点以及节点之间的连线所组成的。复杂网络依然如此。之所以称为复杂网络，主要原因在于其节点数量巨大，而且与规则网络如格子相比，其拓扑结构具有不规则性和复杂性，发生在其拓扑结构上的动力学行为也更加复杂。

在数学意义上，网络可以用图论的语言来进行描述。一个图是由节点和边共同组成的，记为 $G(V,L)$ ，其中，$V=\{v_1,v_2,\cdots,v_N\}$ 是节点的集合，$V\neq\varnothing$ ，$L=\{l_1,l_2,\cdots,l_K\}$ 是边的集合，l_i 必须与 V 中的节点相关联，即 l_i 的两个端点都在集合 V 中。很显然，N 是网络中节点的总数，K 是网络中边的总数。当一个网络中的任何两节点之间都有一条边时，这个网络是一个完全图(complete graph)，K 达到最大值 $N(N-1)/2$ 。网络中一个特定的节点表示为 v_i ，一条连接节点 v_i 和 v_j 的边表示为 l_{ij} 。当 v_i 和 v_j 之间有一条边时，它们被称为相邻点或邻居。在一个图中，由两两相邻的节点及其相关联的边构成的点边序列称为链。若链中的节点均不相同，则称为初等链。当一个图的任意两点之间至少有一条初等链时，这个图是一个连通图(connected graph)。在图论描述的基础上，网络可以用邻接矩阵的方法表示。对于图 $G(V,L)$ ，对应邻接矩阵 A_{ij} 是一个 $N\times N$ 的方阵。如果图中的点 v_i 和 v_j 之间至少有一条边 l_{ij} ，则矩阵元素 $a_{ij}=1$ ，否则 $a_{ij}=0$ 。

根据网络中的边所描述的节点之间的交互作用的本质含义，边可以是有权重的或者是有向的，对应的网络也就成为加权网络或者有向网络。一方面，如果在一个网络中，所有节点之间的交互作用都是一样的或者相似的，或者说节点之间的连接仅仅表示交互作用是否存在，网络是无权网络，对应的邻接矩阵的所有元素为 1 或者 0。否则，如果网络中存在不同类型的交互作用，例如，某些交互作用更加重要或者更加频繁，那么网络中的边是有权重的。为了描述加权网络，需要在无权图 $G(V,L)$ 的定义基础上引入关于边的权重信息，即加权图 $G(V,L,W)$，其中，$W=\{w_1,w_2,\cdots,w_K\}$ 表示权重的集合，对应着 L 集合中的每一条边。大多数情况下，权重是一个正数，其值越大表示交互作用越重要或越频繁或越强烈，但在有的情况下也会出现负数，例如，描述一种互相排斥的作用(Gómez et al, 2009)。另一方面，如果一条边 l_{ij} 表示节点 i 对节点 j 有作用，而节点 j 对节点 i 没有作用，例如，节点 i 认为节点 j 是自己的朋友，而节点 j 不认为节点 i 是自己的朋友，边 l_{ij} 就是有方向的。相应地，邻接矩阵将不再是对称的。

3.1.3　复杂网络结构特性度量方法

通过 3.1.1 节对现实世界中的复杂网络的简要介绍可以看出，与规则网络相比，复杂网络的突出特点之一是其拓扑结构的不规则性和复杂性。复杂网络的结构特性度量方法很多，这里主要介绍几种重要的加权结构特性度量方法。这些度量方法是本书第 4 章研究内容的理论基础。

1. 度、强度及其分布

1) 度和强度

节点的度(degree)或连接度(connectivity)是一个网络中与该节点相连接的其他节点的数目。使用邻接矩阵，网络中一个节点的度可以定义为 $k_i=\sum\limits_{j\in V}a_{ij}$，其中，$a_{ij}=1$ 表示节点 i 和 j 之间有一条边，否则 $a_{ij}=0$。如果是有向网络，一个节点 i 的度 k_i 包括两个部分：出度和入度。节点的出度是指从该节点出发连向其他节点的边数，即 $k_i^{\mathrm{out}}=\sum\limits_{j\in V}a_{ij}$；节点的入度是指从其他节点出发连向该节点的边数，即 $k_i^{\mathrm{in}}=\sum\limits_{j\in V}a_{ji}$；节点 i 的度定义为 $k_i=k_i^{\mathrm{out}}+k_i^{\mathrm{in}}$。

当网络具有加权特征时，节点度的概念扩展为强度(strength)。一个节点的强度为其连接边的权重加和，即 $S_i=\sum\limits_{j\in V}s_{ij}$，其中，$s_{ij}$ 表示节点 i 和 j 之间连接边的权重。如果是有向网络中，强度进一步扩展为出强度 $S_i^{\mathrm{out}}=\sum\limits_{j\in V}s_{ij}$ 和入强度 $S_i^{\mathrm{in}}=\sum\limits_{j\in V}s_{ji}$。

2) 度分布和强度分布

网络中节点的度分布情况用节点度的分布函数 $P(k)$ 或累积分布函数 $P(>k)$ 来描述。$P(k)$ 表示在网络中随机选择一个节点，该节点的度恰好为 k 的概率，或者网络中具有度为 k 的节点的比例。$P(>k)$ 则表示度量网络中大于度为 k 的节点的比例。对于有向网络，一般需要计算出度分布 $P(k^{out})$ 和入度分布 $P(k^{in})$，分别度量网络中出度和入度大于度为 k 的节点的比例。

当网络具有加权特征时，度分布的概念扩展为强度分布 $P(S)$ 和累积强度分布 $P(>S)$。对于有向网络，一般需要度量网络中出强度和入强度大于 S 的节点的比例，即计算出强度分布 $P(S_i^{out})$ 和入强度分布 $P(S_i^{in})$。

在现实世界中，各种不同性质的复杂网络表现出的度(强度)分布特性和累积度(强度)分布特性主要包括无标度分布(scale-free distribution)、单标度分布(single-scale distribution)和宽标度分布(broad-scale distribution)，对应着不同的分布曲线特征，有着不同的经济含义。下面简要介绍这几种重要的分布特性。

(1) 无标度分布。

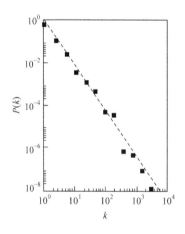

图 3-4 给出万维网的度分布特征。用于度量的万维网涉及 80 亿个网页(节点)以及它们之间的链接关系。分布图的横轴代表网络中节点的度 k，纵轴代表具有该度的节点数量占网络节点总数的比例 $P(k)$，图形使用双对数(log-log)坐标显示结果。可以看出，万维网的节点度在双对数坐标下呈现出一条直线，即服从幂律分布(power-law distribution) $P(k) = k^{-\gamma}$，其中，$\gamma = 2.1 \pm 0.1$。相对于指数分布，幂律分布的图形没有峰值，大多数节点仅有少量链接，而少数节点拥有大量链接，不存在随机网络中的特

图 3-4　万维网的度分布(Barabási et al，1999)

征标度，于是人们称这种表现出幂律的度分布为无标度分布。

(2) 单标度分布。

图 3-5 给出加利福尼亚州南部电力网(Watts，2001)的累积度分布特征，图 3-5(a)是线性-对数坐标下的累积度分布函数，图 3-5(b)是双对数坐标下的累积度分布函数。可以看出，该电力网的累积度分布函数在线性-对数坐标下呈现出一条直线，在双对数坐标下呈现出快速衰减的尾部，图中的实线为关于数据的指数拟合，表明该电力网的节点度服从单标度分布，这与无标度网络所表现出的幂律分布完全不同。

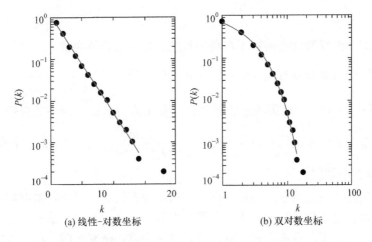

图 3-5　加利福尼亚州南部电力网的累积度分布(Watts, 2001)

(3) 宽标度分布。

图 3-6 给出电影演员合作网的累积度分布特征, 图 3-6(a)是线性-对数坐标下的分布函数, 图 3-6(b)是双对数坐标下的分布函数。图中实线为关于数据的指数拟合。在线性-对数坐标下, 可以明显看出该合作网的累积度分布函数的衰减速度比指数函数显得更快, 这表明该合作网的节点度服从高斯分布函数。在双对数坐标下, 可以看出节点度为 30~300, 数据与幂律衰减相一致, 但在度高于 300 的区间, 度数据表现出比幂律衰减快得多的衰减特性。这样的分布特性称为宽标度分布(broad-scale distribution), 也称为截断的幂律分布(truncated scale-free distribution)。

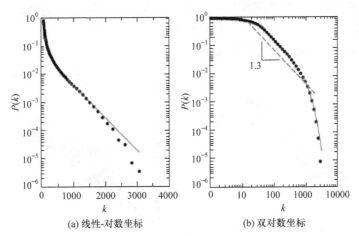

图 3-6　电影演员合作网的累积度分布(Amaral et al, 2000)

2. 小世界特性

网络的小世界特性由网络平均路径长度和集聚系数所决定。网络的平均路径长度是网络中所有节点对之间最短路径长度的均值，即 $L = \dfrac{2}{N(N-1)}\sum_{i \neq j} d_{ij}$，其中，$d_{ij}$ 是节点 i 到节点 j 所经历的边的数目，N 是节点的数量。网络的集聚系数是网络中所有节点集聚系数的均值，即 $C = \dfrac{1}{N}\sum_i \dfrac{N_i(\text{real})}{k_i(k_i-1)/2}$，其中，$k_i$ 是节点 i 的度，$N_i(\text{real})$ 是 k_i 个邻居之间实际存在的边数。

对于规则网络，其平均路径长度长，但集聚系数高。对于随机网络，其平均路径长度短，但集聚系数低。而小世界网络的特点是，其平均路径长度小，接近随机网络，而集聚系数依旧相当高，接近规则网络。研究表明，许多现实世界的复杂网络表现出小世界特性，即与相同规模的随机网络相比，该网络有着相同水平的平均路径长度和更高水平的集聚系数。例如，航空交通网、科学家合作网、电力网、电影演员合作网等，均具有小世界特性。

3. 强度-度相关性

强度-度相关性刻画网络中节点的强度与度之间的相关性，反映节点度与节点功能之间的关系，其数学表达关系为 $S(k) = \dfrac{\sum_{k_i=k} S(i)}{N_k}$。其中，$N_k$ 表示连接度为 k 的个体的数量，$S_i = S_i^{\text{in}} + S_i^{\text{out}}$ 为节点 i 的总强度。图 3-7 给出英文语言网和中文语言网的强度-度分布，进而说明在英文和中文中都存在一些词语，这些词语在文本中出现的频率很高，它们之间构成短语或习惯用法的频率也很高。故它们在有着很高的度的同时，其连接边的强度也非常大。

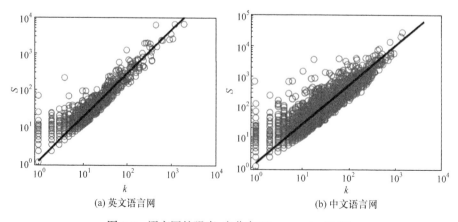

(a) 英文语言网　　　　　　　(b) 中文语言网

图 3-7　语言网的强度-度分布(Sheng et al，2009)

4. 拓扑集聚性和加权集聚性

1) 拓扑集聚性

在复杂网络中，节点 i 的拓扑集聚系数定义为其邻居之间实际存在的边数占最大可能存在边数的比重，即 $C(i) = \dfrac{N_i(\text{real})}{k_i(k_i-1)/2}$，其中，$N_i(\text{real})$ 为节点 i 的邻居之间实际存在的边数，$k_i(k_i-1)/2$ 为节点 i 的邻居之间最大可能存在的边数。节点 i 的拓扑集聚系数也可表达为 $C(i) = \dfrac{\sum\limits_{j,h} a_{ij}a_{ih}a_{hj}}{k_i(k_i-1)/2}$，其中，$\sum\limits_{j,h} a_{ij}a_{ih}a_{hj}$ 是节点 i 的邻居之间实际存在边数的另一种表达。在节点拓扑集聚系数的基础上，度为 k 的节点的平均拓扑集聚系数定义为 $C(k) = \dfrac{\sum\limits_{k_i=k} C(i)}{N_k}$，它描述了网络中相同连接度节点与节点集结成团的趋势。

2) 加权集聚性

当复杂网络的边具有权重时，加权集聚性是研究者广泛使用的度量集聚结构特性的方法。目前，加权集聚性的度量方法主要有四种，分别由 Barrat 等(2004)、Onnela 等(2005)、Zhang 等(2005)和 Holme 等(2007)提出，具体如下。

Barrat 等(2004)给出节点 i 的加权集聚系数 $C^{\text{w}}(i) = \dfrac{1}{S_i(k_i-1)} \sum\limits_{j,h} \dfrac{w_{ij}+w_{ih}}{2}$，其中，$S_i$ 为节点 i 的强度，k_i 为节点 i 的度，w_{ij} 为节点 i 和 j 之间的权重。

Onnela 等(2005)给出节点 i 的加权集聚系数 $C^{\text{w}}(i) = \dfrac{1}{k_i(k_i-1)} \sum\limits_{j,h} (\hat{w}_{ij} \cdot \hat{w}_{ih} \cdot \hat{w}_{jh})^{1/3}$，其中，$k_i$ 为节点 i 的度，$\hat{w}_{ij}$ 为标准化后节点 i 和 j 之间的权重，即 $\hat{w}_{ij} = w_{ij}/\max(w_{ij})$。

Zhang 等(2005)给出节点 i 的加权集聚系数 $C^{\text{w}}(i) = \dfrac{\sum\limits_{j,h} \hat{w}_{ij} \cdot \hat{w}_{ih} \cdot \hat{w}_{jh}}{\sum\limits_{j \neq h} \hat{w}_{ij} \cdot \hat{w}_{ih}}$，其中，$\hat{w}_{ij}$ 的定义与 Onnela 等度量方法中的定义一致。

Holme 等(2007)给出节点 i 的加权集聚系数 $C^{\text{w}}(i) = \dfrac{\sum\limits_{j,h} w_{ij} \cdot w_{ih} \cdot w_{jh}}{\max(w)\sum\limits_{j,h} w_{ij} \cdot w_{ih}}$，其中，$w_{ij}$ 为节点 i 和 j 之间的权重。

在节点加权集聚系数的基础上，度为 k 的节点的平均加权集聚系数定义为

$$C^{w}(k) = \frac{\sum_{k_i=k} C^{w}(i)}{N_k}$$ 。它描述了网络中相同连接度节点与节点集结成团的功能强弱。

通过详细的文献查阅，发现被其他学者采纳最多的为 Barrat 等提出的度量方法 (Soh et al，2010；Han et al，2009；Bagler，2008；Xu et al，2008)。该方法的突出优势是，能够通过与拓扑集聚系数比较，发现网络结构与功能的组织特点。图 3-8 给出新加坡公交车网络的加权集聚性度量结果。从图中可以看出，最高连接度的公交车站的加权集聚性 $C^{w}(k)$ 违反常规地出现低于 $C(k)$ 的情况。其原因在于，这些高连接度的公交车站是中转车站，它们的邻居车站与更低层级的小车站相连，而相互之间的连接很少，形成了一个顶层完全连接、二层以下星形连接的公交车系统。本书第 4 章对快递产业竞争关系网络结构特征的度量分析中，也将采用 Barrat 等提出的度量方法。

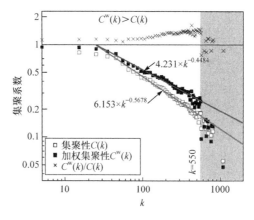

图 3-8　新加坡公交车网络的加权集聚性(Han et al，2009)

5. 拓扑匹配性和加权匹配性

1) 拓扑匹配性

除了度分布函数，还有一个重要的与节点的度紧密相关的概念，即度的匹配性。在一个网络里，如果每个节点的度与其邻居节点的度是完全无关的，这个网络是一个无关联图(uncorrelated graph)。那么，对于描述其节点的度的性质来说，度分布函数就足够了。但是，如果这个网络中节点的度是相关联的，一个度为 k 的节点有一个度为 k' 的邻居节点的可能性就与这个节点的度 k 有着紧密关系。在这种情况下，条件概率 $P(k'|k)$ 可以准确地描述节点度之间的关联关系，即一个度为

k 的节点有一个度为 k' 的邻居节点的概率。

虽然度相关性在数学形式上由 $P(k'|k)$ 刻画，但由于实际度量时网络规模的有限性，直接计算 $P(k'|k)$ 的噪声会较大。这个问题通常通过定义节点 i 的邻居平均度来解决，$k_{nn}(i)=\dfrac{1}{k_i}\sum_{j\in\Omega_i}k_j$。其中，$\Omega_i$ 是节点 i 的邻居集合。有了网络中每个节点的邻居平均度，就可以计算度为 k 的节点的邻居的平均度为 $k_{nn}(k)=\dfrac{1}{N_k}\sum_{k_i=k}k_{nn}(i)$，其中，$N_k$ 是网络中度为 k 的节点的数量。

2) 加权匹配性

在加权网络中，节点 i 的最近邻节点平均度 $k_{nn}(i)$ 进一步拓展为加权最近邻节点平均度，即 $k_{nn}^{\mathrm{w}}(i)=\dfrac{1}{s_i}\sum_{j\in N_i}w_{ij}k_j$。如果 $k_{nn}^{\mathrm{w}}(i)\approx k_{nn}(i)$，节点 i 的边权与其邻居的连接度没有相关性。如果 $k_{nn}^{\mathrm{w}}(i)>k_{nn}(i)$，节点 i 的更大边权连接到了连接度更高的邻居节点上；反之，节点 i 的更大边权连接到了连接度更低的邻居节点上。图 3-9 给出美国航空交通网的加权匹配性，其权重涉及旅客权重、距离权重和费用权重。通过和拓扑匹配性的比较，得到了非常有意义的研究结果。

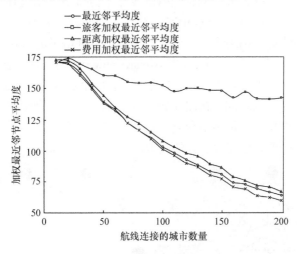

图 3-9　美国航空交通网的加权匹配性(Xu et al，2008)

3.2　复杂网络模型

人们通过网络实证研究发现，尽管现实世界中不同类型的网络各有差异，但却展现出许多相似的网络结构特性，进而激发了复杂网络理论模型的研究。学者通过构建复杂网络模型来理解现实世界复杂网络的各种结构特性的产生机理及生成方法。其中，最著名的是《Nature》的 WS 小世界网络模型(Watts et al, 1998)和《Science》的 BA 无标度网络模型(Barabási et al, 1999)。本节内容围绕这两个模型展开，首先简要介绍规则网络模型和随机网络模型，这两个模型与 WS 小世界网络模型有着紧密的关系。然后详细介绍 WS 小世界网络模型和 BA 无标度网络模型的产生机理及生成方法，最后介绍一些以 WS 小世界网络模型和 BA 无标度网络模型为基础产生的其他复杂网络模型。

3.2.1 规则网络模型

规则网络的普遍特征包括：每个节点的连接度基本一致；网络的平均路径长度与网络的规模成正比；整个网络可以看成由结构相同的许多"子网络"组合而成。下面介绍三种典型的规则网络：全局耦合网络(globally coupled network)、最近邻耦合网络(nearest-neighbor coupled network)、规则格子。

全局耦合网络就是图论里所说的完全图，即网络中任意两个节点之间都存在一条连接，如图 3-10(a)所示。

最近邻耦合网络的特征是网络中每一个节点只和它周围的邻居节点相连。一维具有周期边界条件的最近邻耦合网络由 N 个节点围成一个圆环，其中，每个节点都与它左右各 $K/2$ 个邻居节点相连，K 为一个偶数，如图 3-10(b)所示。

规则格子的特征是网络中节点的位置形成了某种格子的形状且相邻节点之间的欧几里得距离保持一致。其中，方格(square lattice)是使用最为普遍的规则格子，如图 3-10(c)所示。在方格网中，每个节点周围有四个邻居，其位置形成了方格状，且相邻节点之间的距离相同。在图 3-10(d)中，每个节点周围也有四个邻居，且相邻节点之间的距离相同，但节点所处的位置与方格网中的位置不同。这种规则格子称为 Kagome 格子。还有很多其他类型的网络格子，在此不一一详述。

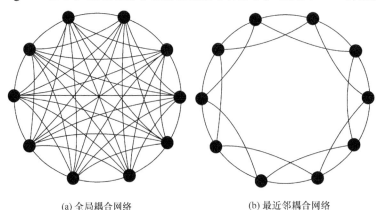

(a) 全局耦合网络　　　　　　　　　　(b) 最近邻耦合网络

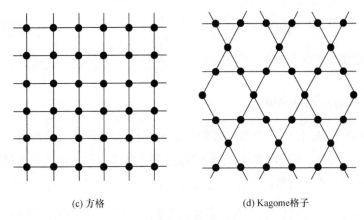

(c) 方格　　　　　　　　　　　　(d) Kagome格子

图 3-10　规则网络模型

3.2.2　随机网络模型

现实网络具有复杂的结构特性和未知的生成机制,进而表现出一定的随机性。1959 年,匈牙利数学家 Erdös 和 Rényi 提出随机网路 ER 模型(Erdös et al, 1959; 1960), 解释现实网络的生成机制。下面介绍两种生成随机网络的方法。

方法一:给定规模为 N 的网络(网络中有 N 个节点),那么在这 N 个节点之间总共可以存在 $N(N-1)/2$ 条可能的连接。以概率 p 选择这些连接,则最后网络中会存在 $pN(N-1)/2$ 条连接,网络的平均度为 $p(N-1)$ 。

方法二:在随机网络中, 实际连接数是一个随机变量, 其期望值为 $E(n)=m=pN(N-1)/2$ 。那么, 从 N 个节点中任意选择两个节点, 若这两个节点之间没有连接则连之, 反之重新选择两点, 重复这一过程, 直到 m 条连接全部用完, 可得到一个有 N 个点和 m 条边的随机图, 网络的平均度为 $2m/N$ 。

当节点数量足够大时, 这两种方法产生的随机网络的结构特性是一致的。图 3-11 给出在不同概率 p 下, 按照方法一产生的有 20 个节点的随机网络。

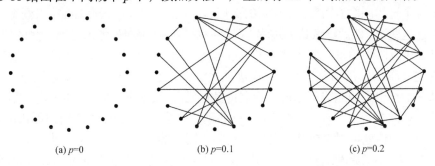

(a) p=0　　　　　　　　(b) p=0.1　　　　　　　　(c) p=0.2

图 3-11　由 ER 模型(方法一)产生的有 20 个节点的随机网络

在有 N 个节点的随机网络里面, 某一节点 i 的度为 k 的概率分布服从伯努利二项式分布，即 $P(k_i = k) = C_{N-1}^k p^k (1-p)^{N-1-k}$。当 N 足够大时，随机网络的度分布则可以用泊松分布来描述，即 $P(k) = e^{-\langle k \rangle} \dfrac{\langle k \rangle^k}{k!}$。

3.2.3　WS 小世界网络模型

在一个网络中，任何两个节点之间的最短路径 d_{ij} 在网络交通和通信方面起着重要作用。在无向、无权网络中，两个节点 i 到 j 之间的最短路径长度(距离) d_{ij} 定义为连通这两个节点的最短路径上的边数。对网络中任意两节点之间的最短路径长度进行平均，即可得整个网络的平均最短路径长度，其表达式为 $L = \dfrac{2}{N(N+1)}$ $\displaystyle\sum_{i,j \in N, i \neq j} d_{ij}$，其中，$N$ 为网络中的节点总数。

尽管许多实际的复杂网络的节点数巨大，但其平均路径长度却小得惊人。例如，具有 153127 个节点的万维网的平均最短距离为 3.1，代谢网络的平均最短距离为 2.46。对于固定的网络节点平均度 $<k>$，如果平均路径长度 L 的增加速度与网络规模 N 的对数成正比，则称这个网络具有小世界效应。

现实世界的复杂网络大多具有小的平均路径长度和大的拓扑集聚性。前面介绍的规则网络模型和随机网络模型都不能很好地体现这两个特点。Watts 和 Steven 于 1998 年在《Nature》上发表开创性论文，提出 WS 小世界网络模型(Watts et al，1998)。该模型产生的网络可以较好地体现现实世界中复杂网络所表现出来的较小的平均路径长度和较大的集聚系数，具体方法如下。

从 N 个节点的最近邻耦合网络开始，每个节点与它的 K 个邻居相连。顺时针选择节点和它的最近邻的一条边，以概率 p 从整个网络中随机选择另一个节点，并且重新连接这条边到所选择的节点。顺时针遍历这个网络中所有的节点，同时重复这个过程。接着考虑节点与它的次近邻节点之间的边，规则如前，以概率 p 随机重连这些边，然后继续这一过程，在每一圈结束后都向外考虑更远一些的邻居，直到原来点阵中的每一条边都被考虑过。整个图有 $NK/2$ 条边，所以重连过程将在绕这个环 $K/2$ 圈后结束。重新连接过程中，不能进行自我连接和重复连接，即从某一个点出去的连线不能再回到它自身；已经有连接的两点不能再进行第二次连接。在此模型中，$p=0$ 对应于最近邻耦合网络，$p=1$ 则对应于随机网络，通过调节 p 的值就可以控制从规则网络到随机网络的过渡，如图 3-12 所示。

在 WS 小世界网络模型中，随机重新连接产生的边被称为捷径(short-cut)或长程连接(long-range link)，长程连接对网络的平均最短路径长度的影响是非线性的，因为每条捷径不仅影响被此条边连接的两个节点，还影响这两个节点的最近邻、次近邻以及次次近邻。图 3-13 给出了随着 p 值的改变，WS 小世界网络模型产生的小世界网络所对应的平均路径长度和集聚系数。可以看出，当 p 值从 0.001 向 0.1 增大时，WS 小世界网络模型产生的网络在保持了高水平的集聚系数的同时，平均最短路径长度迅速减小，很好地刻画了现实世界复杂网络的结构特征。

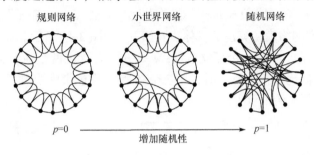

图 3-12　WS 小世界网络模型的随机重连机制(Watts et al，1998)

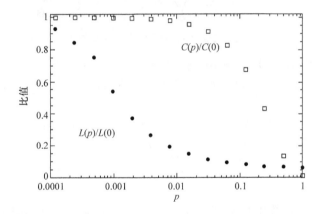

图 3-13　WS 小世界网络模型产生的小世界网络的平均路径长度 L 和集聚系数

C(Watts et al，1998)

3.2.4　BA 无标度网络模型

尽管 WS 小世界网络模型能很好地刻画现实世界的小世界性和高集聚性，但 Barrat 等(2000)对 WS 小世界网络模型的理论分析表明其节点的度分布为指数分布形式。实证结果表明，现实世界中许多网络的度分布服从幂律分布。为解释幂律度分布特性的形成机制，Barabási 和 Albert 于 1999 年在《Science》上发表论文，提出了著名的 BA 无标度网络模型(Barabási et al，1999)。

BA 无标度网络模型的构造基于如下两个内在机制：增长(growth)和优先连接(preferential attachment)。增长机制为：大多数真实网络是一个开放系统，即随着时间的推移，网络的规模不断增大，如互联网和学术论文的引用网络等。优先连接机制为：新的节点进入网络后优先选择网络中度大的节点进行连接。例如，当建立一个自己的主页时，你所参考的连接往往是那些访问量大、被人们所熟悉的网站；一个人进入一个新的组织，更希望与组织中的领导或人脉广泛的人建立关系；新发表的学术文章更倾向于引用一些已被广泛引用的重要文献等。这种现象也称为"富者更富(rich get richer)"或"马太效应(Matthew effect)"。

BA 无标度网络模型算法的具体步骤如下，如图 3-14 所示。$m_0 = 3, m = 2$，从初始时刻 $t = 0$ 开始，有 m_0 个孤立节点；$t = 2$ 时，已加入两个新节点(黑色)，与网络中已有节点择优连接；$t = 3$ 时，第三个新节点(黑色带虚线)加入网络，优先连接到网络中度更大的节点上。

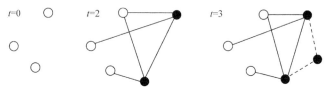

图 3-14　BA 无标度网络模型的演化图示

(1) 初始条件($t = 0$)：网络由 m_0 个孤立节点组成。

(2) 增长：每一个时间步骤 t，增加一个新的节点进入网络，该节点带有 $m(m \leqslant m_0)$ 条边。

(3) 择优连接：新加入的节点与网络中现有节点 i 进行连接的概率为

$$\prod_i = \frac{k_i}{\sum_{j=1}^{N_0} k_j}$$

其中，N_0 为当前系统中总的节点数。经过 t 时间间隔后，该算法产生一个具有 $N = m_0 + mt$ 个节点、mt 条边的网络，其度分布为幂律分布。

BA 无标度网络模型的度分布与网络规模 N 和初始节点数 m_0 无关，遵从负指数幂律分布，即 $P(k) \sim Ak^{-\gamma}$，指数 $\gamma = -3$。这样的度分布特性在双对数坐标下则呈现出斜率为-3 的直线。图 3-15 给出参数 $m_0 = 3, m = 1$ 条件下加入 5000 个新节点时，BA 无标度网络模型产生的网络度分布。

3.2.5　其他复杂网络模型

WS 小世界网络模型和 BA 无标度网络模型的提出是开创性的，激发了学术界对复杂网络模型的研究。在 WS 小世界网络模型的基础上，为了避免网络中出现"断边重连"机制可能产生的孤立集团，Newman 和 Watts 于 1999 年用"随机加边"取代 WS 小世界网络模型中的"随机断边重连"机制，提出改进后的 NW 小世界网络模型(Newman et al，1999)。

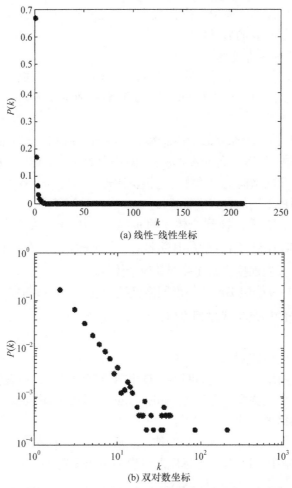

图 3-15 参数 $m_0 = 3, m = 1$ 条件下，BA 无标度网络模型产生的网络度分布

  BA 无标度网络模型把大多数实际复杂网络的无标度特性归结为增长和优先连接两个简单明了的机制。然而，BA 无标度网络模型和真实网络相比仍然存在一些限制与不足。例如，真实网络中有些网络的度分布是带有指数截断的幂律分布。Dorogovtsev 等(2000)认为这种现象的出现是由于节点老龄化或者节点的容量、成本有限等约束条件的限制，即当节点的边数达到一定值之后，节点无法接受新的连接。将这些因素引入网络模型中，数值模拟能够得到带有指数截断的幂律度分布。此外，BA 无标度网络模型的度指数是常数 3，而大多数实际网络的度指数为 1~4。学者通过修改 BA 无标度网络模型中的优先连接方式，如考虑初始吸引度、非线性优先连接、动态重连、适应度、层次性等，可以获得更加灵活的度指数。详细的内容请参考 Boccaletti 等(2006)的论文。

  本节主要介绍三个基于 BA 无标度网络模型扩展的无标度网络模型。这些网络模型中 BA 无标度网络模型的扩展思路对本书第 5 章构建快递产业竞争关系网络演化模型起到了重要的启发作用。

1) 无标度集聚网络模型

BA 无标度网络模型生成的网络表现出非常低的集聚系数，这与现实复杂网络不一致。鉴于此，Holme 等(2002)提出了集聚系数可变的无标度网络模型。网络的生成方法如下。

初始网络中有 m_0 个孤立的个体。然后，在每个时刻，一个带有 m 条边的新个体 i 加入网络中，并连接到 $m(m \leqslant m_0)$ 个网络中的现有个体上。m 条边中的第一条边以 BA 无标度网络模型中的优先连接机制连接到现有个体 j 上。剩下的 $m-1$ 条边通过以下两种不同的方式进行连接。

(1) 以概率 q 随机连接到个体 j 的 $m-1$ 个邻居上。如果个体 j 的邻居数 $k_j < m-1$，个体 i 在连接了 j 的所有邻居后，剩下的 $m-1-k_j$ 条连接以 BA 无标度网络模型中的优先连接机制连接到其他个体上。

(2) 以概率 $1-q$ 按照 BA 无标度网络模型中的优先连接机制连接到其他 $m-1$ 个个体上。这样的网络生成过程可以产生度分布为 $P(k) \sim k^{-3}$ 而集聚性可变的无标度网络。

2) 无标度同配网络模型

BA 无标度网络模型生成的网络表现出节点度的异配，而现实中的许多社会网络表现出节点度的同配。鉴于此，Xulvi-Brunet 等(2004)提出匹配性可变的无标度网络模型。网络的生成方法如下。

(1) 初始网络中有 m_0 个孤立的个体。然后，每一个时刻，一个带有 m 条边的新个体 i 加入网络中，以 BA 无标度网络模型中的优先连接机制连接到现有节点上，即新节点以概率 $p(k_i) = \dfrac{k_i}{\sum\limits_j k_j}$ 优先连接到现有节点 j 上，产生标准的 BA 无标度网络。

(2) 基于步骤(1)所产生的无标度网络，进行边的重连机制。每次重连时，从现有无标度网络中随机选择两条边。将这两条边的四个端点的连接度进行排序。删除现有的两条边，将四个端点中高连接度的两个端点连接起来，同时将四个端点中低连接度的两个端点连接起来。

基于重连的次数不同，以上网络生成过程可以产生度分布为 $P(k) \sim k^{-3}$ 而匹配水平可变的无标度网络。

3) 无标度社区网络模型

BA 无标度网络模型生成的网络没有明显的社区结构，而现实中的许多复杂网络表现出明显的社区划分。鉴于此，Li 等(2005)提出无标度社区网络模型。网络的生成方法如下。

初始网络中有 M 个社区。每个初始社区中有 m_0 个节点，形成完全连接。在每个社区中随机选择出一个节点，共 M 个节点，形成完全连接，从而使得每两个社区之间都有一条初始连接。在每个时间步骤，一个新节点加入网络，并随机进入一个社区 j。然后，该节点与本社区中的 m ($m \leqslant m_0$) 个不同个体建立连接，并且以概率 a ($1 > a > 0$) 与外社区中的 n ($n \leqslant m$) 个不同节点建立连接。建立连接的规则如下。

(1) 社区内部连接规则。新节点以概率 $p(s_{ij}) = \dfrac{s_{ij}}{\sum\limits_{k} s_{kj}}$ 连接到内部社区中的节点 i 上，其中，s_{ij} 为个体 i 与社区 j 内部其他个体之间的连接度，即个体 i 的社区内部连接度；k 为社区 j 中的所有个体。

(2) 社区外部连接规则。新节点以概率 $p(l_{ih}) = \dfrac{l_{ih}}{\sum\limits_{m,n,n \neq j} l_{m,n}}$ 连接到外部社区 h 中的节点 i 上，其中，l_{ih} 为个体 i 与社区 h 外部其他社区中个体之间的连接度，即个体 i 的社区外部连接度；n 表示新加入节点的外部社区，m 表示外部社区 n 中有外部连接的个体。

那么，经过 t 时间步骤后，网络中共有 $Mm_0 + t$ 个节点，共有 $[Mm_0(m_0-1) + M(M-1)]/2 + mt + nt$ 条边。当 t 足够大时，网络的平均连接度近似为 $2(m+n)$。m/n 和 a 表示网络中社区结构的显著程度，m/n 越大，a 越小，社区结构越显著。图 3-16 给出模型所生成的一个网络的拓扑结构。

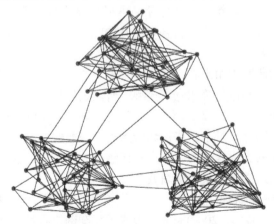

图 3-16　无标度社区网络模型(Li et al，2005)

3.3 复杂网络的动力学行为

3.1 节和 3.2 节重点讲述了现实世界中不同类型复杂网络的结构特性和一些重要的与本书研究紧密相关的复杂网络模型。这些研究的最终目的是理解、模拟和预测发生在复杂网络上的动力学行为。复杂网络上的动力学行为研究的范围非常广泛，涉及各个学科领域，如疾病扩散、同步、博弈、交通拥塞、文化传播、网络导航等。本节首先对复杂网络上疾病传播和同步作简要介绍，然后对复杂网络上的博弈研究进行较为详细的介绍，后者是本书第 6～8 章研究的理论基础。

3.3.1 复杂网络上的疾病扩散

疾病扩散是一个非常重要的研究课题，其目的不仅仅是要理解疾病在人群中扩散传播的机制，而且要设计控制疾病的策略，进而预防大规模的流行病。确定性的传染病模型是 1911 年 Ross 博士利用微分方程模型研究了疟疾在蚊子与人群之间的传播行为，表明只需将蚊子的数量减少到一个临界值(阈值)以下就可以控制疟疾的流行。1927 年 Kermack 等(1927)把前人的工作进一步数学化，构造了仓室模型，建立了传染病传播规律的"阈值定理"，至今仍然被广泛使用和不断发展。

仓室模型是针对某种传染病将研究对象进行分类，即分成若干个仓室，一般包括：易感类(S)，由未染病者但有可能被传的个体所组成的仓室；潜伏类(E)，由已被感染但可能不具备传染力的个体组成的仓室；染病类(I)，由已染病并具有传染力的个体所组成的仓室；移除类(R)，由未染病并且具有免疫力的个体组成的仓室。当易感者与染病者接触后若被传染即成为潜伏者或者是染病者，染病者恢复后若不具备免疫力则重新变为易感者，否则转入移除者。根据不同的传播过程，相应地可以建立很多种仓室模型，基本的有 SI、SIS、SIR、SIRS、SEI、SEIS、SEIR、SEIRS 等模型。

从复杂网络的研究视角来看，传染病是需要通过个体之间的接触而传播的，而个体之间的接触并不像传统的仓室模型中所假定的均匀混合，即每个个体都有相同的可能与染病者接触。那么，个体之间的接触网络实际上能够更真实地描绘疾病的传播过程。因此，复杂网络疾病传播模型一般假设网络上一个节点表示一个个体，节点之间的连边表示两个节点有接触，一个节点的连边数量即这个节点的度，疾病通过连边接触传染而逐渐波及整个网络。

复杂网络疾病传播理论的开创性工作由两位物理学家 Pastor-Satorras 和 Vespignani(2001a，2001b，2002)完成，形成了复杂网络疾病传播的平均场理论。其基本思想总结为，先根据传统的仓室模型，把网络上的所有节点按疾病状态进行分类，在此基础上，再按照节点的度进行细分，度相同的是一类，具有一致的动力学形态。最核心的理论是所有度相同的节点，其动力学行为可用其平均情况代替。设 $\rho_k(t)$ 表示度为 k 的染病节点在 t 时刻的感染密度，λ 表示通过一条边与染病节点相连时的感染概率。那么在 t 时刻度为 k 的节点有一条边指向染病节点的概率是

$$\Theta_k(t) = \sum_i P(i|k)\rho_i(t) \tag{3-1}$$

其中，$P(i|k)$ 表示度为 k 的节点连接一个度为 i 的节点的概率，在度不相关网络上(即任一节点的度不依赖于它的邻居的连接)，有 $P(i|k) = jP(j)/k$。那么一个度为 k 的节点有 $s(s \leqslant k)$ 条边指向染病邻居的概率由下面的二项式分布给出：

$$B(k,s) = C_k^s \Theta_k^s (1-\Theta_k)^{k-s} \tag{3-2}$$

因此，一个度为 k 的易感节点被感染的概率是

$$P(\text{S} \to \text{I}) = 1 - \sum_s B(k,s)(1-\lambda)^2 = 1 - (1-\lambda\Theta)^k \approx \lambda k\Theta_k \tag{3-3}$$

最后一个约等号是因为忽略了高阶项。如果设恢复率是 1，则可建立 SIS 模型：

$$\frac{\mathrm{d}\rho_k(t)}{\mathrm{d}t} = -\rho_k(t) + \lambda(k)[1-\rho_k(t)]\Theta(t) \tag{3-4}$$

与以上的理论分析相类似，也可以建立 SIR、SIRS 等不同的疾病模型。

Pastor-Satorras 和 Vespignani 利用所建立的平均场理论发现小世界网络与规则网络、随机网络上的传播行为类似，都存在非零的传染率临界值。此后 Kuperman 等(2001)研究了 WS 小世界网络上的 SIRS 传播模型，发现随着重连概率 p 的增加，感染个体数量的时间序列将逐步从在一个不动点上下波动变成明显的周期振荡，并且当重连概率 p 较大时，存在明显的同步相变现象。进一步，Agiza 等(2003)考察了 WS 小世界网络上不同的传染病模型，并讨论了传播的相变行为。

除了 WS 小世界网络上的疾病传播，学者对无标度网络上的疾病传播也非常关注。Pastor-Satorras 和 Vespignani 通过平均场理论建立 SIS 及 SIR 模型，发现在度不相关的网络上，疾病传播的阈值为 $\lambda_0 = \lambda <k>/<k^2>$，而度的二阶矩 $<k^2>$ 可以刻画网络的异质性，从而发现网络的异质性对疾病传播有着关键的影响，特别是在规模很大的无标度网络上，$<k^2>$ 取值非常大，故 $\lambda_c \to 0$，因此无论传播强度多么小，疾病都会持续存在，这很好地符合了实证结果。对于度关联网络，Boguná 等(2002, 2003)和 Moreno 等(2003)给出了 SIS 及 SIR 模型的传播阈值 $\lambda_0 = 1/\Lambda$，其中，Λ 是连接矩阵的最大特征值，并且证明了当有 $<k^2>$ 发散时，$\Lambda \to \infty$，因此规模无穷大的无标度网络，不管关联还是非关联，都不存在正的临界值。除了度分布特性，无标度网络的其他拓扑结构对疾病传播也有着重要的影

响。Eguiluz 和 Klemm(2002)提出了一个具有很大的集聚系数和度关联性的无标度网络模型，针对 SIS 传染病模型，他们研究发现，即使度分布的二阶矩发散，也存在非零的传播阈值，进而指出高度的集聚性和度关联可以保护无标度网络，阻止病毒在网络上传播。Huang 和 Li(2007)提出一个带有社团结构的无标度网络模型，基于 SI 传播模型研究发现，疾病的波及范围会大大低于一般的无标度网络。Zhou 等(2007)研究了带有网络社区结构的疾病传播 SIS 和 SIRS 模型，发现随着传播速率的增加，感染密度会表现出稳定于一个平衡点、不稳定振荡或周期振荡等不同特性。

权重可以表示两个节点之间的亲密程度或接触时间的长度，因此能用来衡量疾病传播概率，权重越大，连接的两个节点越亲密，从而被感染的概率越大。Gang 等(2005)通过利用边权重来衡量节点的亲密程度，发现权重大的节点更容易被感染，而在整个网络上，权重越分散，传播就越慢。Eames 等(2009)通过接触权重来衡量个体行为对传播过程的影响，由此估计个体的感染风险，从而使得有目标干预能更有效地执行。

现实生活中许多实际系统中的健康节点出于自我保护的意识，可能会自发地减少和感染个体的连接，如采取断边重连或者减少和周围节点的接触等。因此网络与传播动力学的共同演化也被很多学者研究。最初 Gross 等(2008a，2008b)利用简单的 SIS 模型研究网络和传染病动力学的共同演化，发现随着网络结构的变化，动力学行为受重连概率和感染率等参数的影响出现不同的相态，如稳定态、周期态以及双稳态等。

从以上关于复杂网络疾病传播的简要介绍可以看出，其研究思路是将传统的仓室模型和复杂网络模型相结合，重点分析 WS 小世界网络、无标度网络、加权网络上的疾病传播，以及网络与疾病的协同演化。

3.3.2　复杂网络上的同步

同步是自然界中广泛存在的一类非常重要的非线性现象。1665 年惠更斯观察到了单摆之间的同步摆动。1680 年荷兰旅行家 Kempfer 在泰国湄南河上发现了萤火虫同步闪光的有趣现象。Néda 等(2000)在《Nature》上发表的一篇文章从非线性动力学的角度分析了观众鼓掌产生同步掌声的机制。随后在物理、化学、生物、工程技术、经济以及社会科学等领域内也观察到了各种各样的同步现象。同步现象可能是有益的，如保密通信、语言涌现及其发展、组织管理的协调及高效运行等；也可能是有害的，如同步的脚步使得大桥震颤，Internet 或通信网络中的信息传播同步导致拥塞等。因此，对同步现象的研究可以帮助我们理解其产生的内在机制，进而针对具体问题趋利避害。

　　复杂网络上的同步研究最早吸引研究者探讨网络在什么条件下达到全局同步(global synchronization)。网络能否达到全局同步依赖于网络完全同步状态的稳定性分析。如果同步状态是稳定的，那么系统从任意初始状态出发，都能达到全局的完全同步。目前，复杂网络同步中常用的模型包括完全同步(complete synchronization)、相同步(phase synchronization)、局域同步模型。下面介绍完全同步模型的建模思路。

　　考虑一个由 N 个全同耦合振子构成的连续时间耗散系统，其中，节点 i 的状态方程为

$$\dot{x}_i = f(x_i) - \sigma \sum_{j=1}^{N} l_{ij} H(x_j), \quad i = 1, 2, \cdots, N \tag{3-5}$$

其中，$x_i = (x(1)_i, x(2)_i, \cdots, x(n)_i) \in \mathbf{R}^n$ 为节点 i 的状态变量；常数 $\sigma > 0$ 为网络的耦合强度；$H : \mathbf{R}^n \to \mathbf{R}^n$ 为各个节点之间的耦合函数，也称为节点的输出函数，假定各节点的输出函数是相同的；耦合矩阵 $\boldsymbol{L} = (l_{ij}) \in \mathbf{R}^{N \times N}$ 表示网络的拓扑结构，满足耗耦合条件 $\sum_j a_{ij} = 0$。在图论中，耦合矩阵 $\boldsymbol{L}$ 称为图的拉普拉斯矩阵。假设网络是连通的，$\boldsymbol{L}$ 是一个不可约矩阵。当 $t \to \infty$ 时，如果有 $x_1(t) \to x_2(t) \to \cdots \to x_N(t) \to s(t)$，则称网络达到完全同步。

　　Pecora 等(1998)对随机耦合网络上完全同步稳定性问题进行了开创性的研究，提出了主稳函数(master stability function)方法，得到的结论是网络完全同步状态是否稳定与耦合强度有关。由主稳函数可以得到使得网络可以达到完全同步的耦合强度区间，这个区间越大，说明网络越容易达到完全同步，网络的同步化能力越强。此外，Barahona 等(2002)通过摄动理论(perturbation analysis)分析了在规则网络中添加长程边形成的 WS 小世界网络上的同步现象，发现 WS 小世界网络的同步性能主要受到加入的长程边的数量影响。Nishikawa 等(2003)研究了无标度网络同步化能力与幂律度分布的幂指数 γ 之间的关系。幂律度分布在度非常大的时候收敛比泊松分布和正态分布慢，网络表现出异质性(heterogeneous)。异质性的强弱可以通过幂指数 γ 衡量，γ 越小，分布在度增大的时候收敛越慢，可能出现的最大度也越大，网络的异质性越强。Nishikawa 等(2003)的研究结果表明，随着无标度网络异质性的减弱，同步化能力反而增强了。这是因为对于度很大的振子，过多的与其余节点的耦合反而削弱了节点相互作用的强度，使得网络很难达到完全同步状态。与复杂网络完全同步的研究一样，WS 小世界网络和无标度网络上的相同步(Hong et al, 2002; Moreno et al, 2004; Ichinomiya, 2004)和局域同步(Gómez-Gardenes et al, 2007)也是研究者关注的重点。

3.3.3　复杂网络上的博弈

1. 复杂网络上演化博弈研究的基本思路

复杂网络上的演化博弈研究开始于对规则网络上博弈行为的探讨。第一篇论文 *Evolutionary games and spatial chaos* 于 1992 年发表于《Nature》。Nowak 和 May(1992) 研究了囚徒困境博弈在方格网上的动态演化。研究发现，合作者在方格网上可以通过结成紧凑的集聚(clusters)来抵御背叛策略的入侵。Nowak 和 May 的工作是开创性的。一方面，他们发现了网络结构所形成的个体之间的局部交互作用对合作行为的积极作用；另一方面，他们为后续的研究提供了研究思路和研究方法。

1998 年 Watts 和 Strogatz 在《Nature》上发表 WS 小世界网络模型及 1999 年 Barabási 和 Albert 在《Science》上发表 BA 无标度网络模型，进一步促进了复杂网络上演化博弈行为的研究。研究内容逐渐从关注规则网络上的演化博弈行为，发展为研究 WS 小世界网络、BA 无标度网络和社区网络上的博弈行为，产生了非常多的研究成果。

无论规则网络、WS 小世界网络、BA 无标度网络还是社区网络，其研究基本是假定博弈个体位于静态网络的节点上，基于网络结构所定义的博弈关系进行博弈，个体只能调整自己的博弈策略，不能改变自己的博弈关系。然而，现实生活中个体的社会关系必然是处于不断调整的状态中。此外，Kossinets 等(2006)有关社会关系的实证研究表明，虽然作为一个整体而言，社会网络的结构属性在很长一段时间内会保持不变，但个体的社会关系却一直在发生变化。因此，动态网络上的博弈行为，即网络结构与博弈行为的协同演化在近几年受到了研究者的广泛关注。

图 3-17 给出了复杂网络上演化博弈行为研究的内容框架。

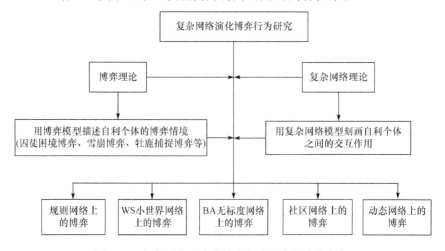

图 3-17　复杂网络上演化博弈行为研究的内容框架

复杂网络上演化博弈行为研究的基本思路是：①用博弈模型(如囚徒困境博弈、雪崩博弈、牡鹿捕捉博弈)描述个体的博弈情境；②用复杂网络模型(如规则网络、WS 小世界网络、BA 无标度网络、社区网络、动态网络)刻画个体之间的交互作用关系，个体位于网络节点上，节点之间的边表示博弈关系；③有限理性的个体在初始状态随机选择一个博弈策略，然后在博弈的过程中采取某种策略调整的动力学规则不断地调整或改变自己的博弈策略，整个群体最终达到一种动态均衡的合作状态，即群体中存在一定密度或比例的合作者(谢逢洁，2016)。下面将介绍几种最普遍采用的策略调整动力学规则。

2. 复杂网络上博弈个体策略调整的规则

复杂网络上博弈个体策略调整的动力学规则主要包括模仿最优(imitate the best)、复制动力学(replicator dynamics)、Femi 过程(Femi process)、Moran 过程(Moran process)等，具体如下。

1) 模仿最优

模仿最优规则是一个确定性的策略更新规则，其策略调整的动力学机制为：博弈个体通过和所有的邻居(有直接连边关系)进行博弈获得博弈收益。当博弈个体要更新自身的博弈策略时，会比较自己和所有邻居的收益大小，选择产生最高收益的博弈策略，作为自己下一次博弈的策略。如果不同的策略产生了相同的博弈收益，则随机选择一个策略作为下一次博弈的策略。

2) 复制动力学

复制动力学规则在策略调整中引入了随机因素，即根据博弈收益差以概率模仿更优者的博弈策略，其动力学机制为：博弈个体通过和所有的邻居进行博弈获得博弈收益。当某个博弈个体 i 要更新自身的博弈策略时，其随机地选择一个自己的邻居 j 进行收益比较，如果邻居 j 的博弈收益 U_j 大于自身的博弈收益 U_i，即 $U_j > U_i$，个体 i 在下次博弈中以概率 p_j 模仿个体 j 的策略：

$$p_i(s_i \leftarrow s_j) = \frac{U_j - U_i}{D \cdot \max(k_i, k_j)} \tag{3-6}$$

其中，U_i 和 U_j 分别代表个体 i 和个体 j 的博弈收益；$\max(k_i, k_j)$ 表示个体 i 和个体 j 的度中的较大值；D 为博弈矩阵中最大参数与最小参数的差，其作用是使得概率 p_j 保持在 0~1 范围内。

3) Femi 过程

考虑到有限理性的博弈个体在进行策略调整的时候也会犯一定程度的错误，Femi 更新规则允许非理性的概率模仿，即在策略调整中引入噪声参数刻画博弈个体的非理性选择，其动力学机制为：博弈个体通过和所有的邻居进行博弈获得博弈收益。当某个博弈个体 i 要更新自身的博弈策略时，其随机地选择一个自己的邻居 j 进行收益比较，个体 i 在下次博弈中采取邻居 j 的策略的概率为

$$P_{(i \leftarrow j)} = \frac{1}{1 + e^{(U_i - U_j)/k}} \tag{3-7}$$

其中，U_i 和 U_j 分别表示个体 i 和 j 在本次博弈中所获得的收益。$k\ (k \geqslant 0)$ 刻画的是噪声效应，表示允许个体进行非理性的选择，即那些收益较低的个体的策略仍有一个小的概率被比其收益高的个体所采用。当 k 的值趋于 0 时，上面的规则变为确定性的选择规则，即进行非理性选择的概率变为零；而当 k 的值比较大时，则此规则变为随机选择规则，个体的收益信息变得完全没有作用，博弈个体以一种丢硬币的方式采取参考邻居的策略。

4) Moran 过程

Moran 过程主要来自生物学领域对生物生存演化的描述，其动力学机制为：每个时刻，一个个体被选择出来繁殖后代。个体被选择出来的概率 P_i 正比于其适应度(fitness)。个体 i 产生的后代与其有着相同的策略，其后代将随机替代个体 i 的一个邻居。

$$P_i = \frac{U_i}{\sum U_j} \tag{3-8}$$

其中，U_i 表示个体 i 的适应度，即在博弈中所获得的收益。可以看出，Moran 过程体现了生物界优胜劣汰的机制，即更优的基因或策略有更大的可能性被遗传到下一代。

基于以上策略调整的动力学规则，网络中众多的参与者可以以同步更新或异步更新两种不同的形式更新自身的策略。同步更新是指在每次博弈后，所有的参与者都尝试进行策略调整。异步更新是指每次博弈完成后在网络中随机地选出一个或一部分参与者进行策略的更新。有研究指出，同步更新和异步更新得到的结果可能会有所不同，而在大多数情况下，这两种更新方式对博弈的结果并没有明显的影响。

3. 各类复杂网络上的博弈研究

1) 规则网络上的博弈

(1) 规制网络上的囚徒困境博弈。

在开创性的论文 *Evolutionary games and spatial chaos* 中，Nowak 和 May(1992) 用囚徒困境博弈描述个体之间的相互作用，并将参与博弈的个体置于方格网的节点上，每个个体与直接相邻的四个邻居进行博弈，获得博弈收益。然后，个体以模仿最优规则调整自己的博弈策略，即个体比较自己和所有邻居的收益大小，模仿收益最高者的策略作为自己下一轮博弈的策略。研究发现，合作者在方格网上

可以通过结成紧凑的集聚来抵御背叛策略的入侵。这项研究开启了网络合作理论的研究。

　　考虑到个体的有限理性，Szabó 和 Toke(1998)修正了 Nowak 和 May 提出的模仿最优学习规则，认为个体的有限理性不仅表现在个体无法一下子找到最优策略，而且个体在进行策略学习时也有可能作出非理性的选择，即模仿一个收益不如自己的邻居策略。他们用一个噪声参数刻画个体进行非理性选择的程度，并构建了 Femi 更优规则，即本章给出的式(3-7)。基于方格网上的研究发现，与确定性的模仿最优规则相比，允许非理性的概率模仿更优规则使得方格网对合作行为的促进效果减弱。随后，Szabó 等(2005)对比了三种规则格子(方格网、四点派系格子、Kagome 格子)对合作演化的影响，后两种格子的拓扑结构如图 3-18 所示。这三种格子中的每个节点都有四个连接个体，但节点之间的连接形成了不同的拓扑结构。研究发现具有重叠三角形结构的 Kagome 格子相对于其他两种规则格子结构更有利于合作行为的涌现。这说明合作行为不仅会受到个体局部交互作用数量的影响，对于个体之间的局部连接细节也非常敏感。

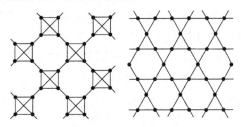

图 3-18　四点派系格子和 Kagome 格子的拓扑结构

　　同样是采用 Femi 更优规则，Vukov 等(2006)进一步讨论了两种规则网络对合作演化的影响。这两种规则网络中的每个节点都有四个连接关系，但第一种规则网络中不存在任何圈结构(即表现为树状结构)；第二种规则网络则由有重叠节点的三角形组成整个网络，如图 3-19 所示。研究发现，在个体非理性决策程度高的

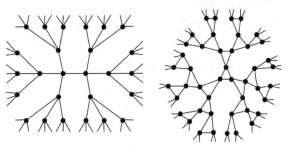

图 3-19　两种随机规则网络的拓扑结构

情形下，第一种规则网络更有利于合作行为的维持；而在非理性决策程度低的情形下，第二种随机规则网络更有利于合作行为的维持。这说明网络结构对合作演化的影响与个体所采取的策略学习规则有非常紧密的关系。

借鉴互惠合作理论中个体进行重复博弈时的策略复杂性，Szabó 等(2000)在维数为 $d = 1, 2, 3$ 的立方格子上研究囚徒困境博弈的演化。个体可以采取三种策略：合作、背叛、针锋相对。在策略更新中，引入强制合作策略的因素，即个体在调整策略时以概率 p 采取合作策略；以概率 $1-p$ 随机选择一个邻居进行收益比较，然后采取收益更高者的策略作为自己下一次的博弈策略。研究发现，当 $p = 0$(没有强制因素)时，针锋相对策略的引入有效地促进了合作的演化；当 $1 > p > 0$ 时，在一维规则格子上，只有合作策略和背叛策略能够生存下来；在二维和三维格子上，较小的强制合作因素会减弱针锋相对策略所带来的合作效果，只有当强制合作因素 p 足够大时，才会对合作演化起到正面作用。研究结果说明，针锋相对策略在空间结构上能够有效地抵御背叛行为的入侵，但局部的强制合作措施并不一定有助于合作的演化。

考虑到个体属性的差异，Szolnoki 等(2007)在方格网上研究了囚徒困境博弈的演化。博弈群体被划分为两类不同的个体，一类个体比另一类个体有着更强的传播自身策略的能力。研究表明，在引入个体属性差异后，群体的合作水平得到了明显提高。此外，Perc 等(2008a，2008b)在方格网上研究了个体策略传播能力差异对合作行为演化的影响，并假定传播能力更强的个体能在同类个体之间建立临时连接。研究表明，传播能力更强的个体之间所建立的临时连接能在所有的囚徒困境博弈参数范围内有效地维持合作行为的演化。

鉴于社会经济系统中的税收机制，Lugo 等(2007)在方格网上探讨了税收机制对合作行为的影响。该研究假定了一种税收机制，即每个个体在每次博弈后获得的收益以一个税收比率被抽取，然后平均分配给采取合作策略的个体。研究结果表明，很小的税收比率就显著地提高了群体的合作水平。

(2) 规则网络上的雪崩博弈。

沿着 Nowak 和 May 的研究思路，学者都将研究的焦点放在了探讨不同网络拓扑结构对囚徒困境博弈的影响，空间结构总是能够使合作行为得以演化，表现出对群体合作的促进作用。直到 Hauert 和 Doebeli(2004)在《Nature》上发表论文 *Spatial structure often inhibits the evolution of cooperation in the snowdrift game* 研究雪崩博弈模型在四种不同的规则格子上的演化，并发现空间结构并不总是对博弈合作行为起到促进作用，在雪崩博弈的参数范围内，很大一部分情况下空间结构抑制了合作行为的演化。一直以来，学术界都认为空间结构对合作行为的作用是正面的，即会不同程度地促进合作行为的演化。Hauert 和 Doebeli 的研究结果改变了学术界对网络合作理论的认识，学者开始利用雪崩博弈模型探讨不同空间结构对合作行为演化的影响。

Sysi-Aho 等(2005)在二维空间格子上研究雪崩博弈的行为演化。在 Hauert 和 Doebeli 的研究基础上，他们修正了博弈个体的策略调整规则，认为个体有着比模仿行为更高理性的近视最优反应行为，即个体在假定其博弈邻居的策略不改变的前提下，选择一个使自己获得最大博弈收益的策略。研究结果发现，在不同的策略调整规则下，均衡状态中合作者的密度有着很大的区别。在近视最优反应策略调整规则下，合作者始终在均衡状态中存在。

Li 等(2012)在三种规则格子上研究雪崩博弈的行为演化。在 Hauert 和 Doebeli 的研究基础上，他们修正了博弈个体的复制动力学策略调整规则，采用 Nowak 和 May 的研究中所使用的模仿最优策略调整原则。研究发现，在模仿最优策略调整规则下，那些在复制动力学策略调整规则表现出抑制合作行为的参数区间，表现出了对合作行为的促进作用。这进一步说明对于合作行为的演化发展，博弈策略调整规则和空间结构有着同样重要的作用。

Xu 等(2007)在三种不同的规则格子上研究雪崩博弈的行为演化，探讨博弈个体的连接度以及集聚水平对合作行为的影响。研究发现，当规则个体的连接度较低时，非零的集聚系数对合作行为的演化起到抑制作用；但随着个体的连接度增大，合作行为对集聚系数的敏感性迅速降低。研究结果表明，空间网络中个体的连接度水平会影响其他网络结构特征对合作行为演化的作用。

Xia 等(2012)在方格网上探讨了不同策略更新规则下(模仿最优、复制动态和 Moran 过程)雪崩博弈的动力学演化过程。研究发现，相比于模仿最优和复制动态策略更新规则，Moran 过程对于合作行为的演化具有非常好的促进作用。通过分析比较，作者认为 Moran 过程与模仿最优规则的差异在于它是一个不确定性决策，与复制动态的差异在于它考虑了所有邻居的博弈收益信息。因此，随机性以及更加丰富的信息可能是合作行为演化的重要条件。此外，Xia 等(2011)在方格网上探讨了节点具有权重的雪崩博弈的行为演化。他们假定节点的权重具有三种不同形式的分布状态，包括均匀分布、指数分布和幂率分布。研究结果发现，与不具有节点权重的情形相比，三种形式的权重分布都对合作产生了积极的促进作用。

Zhang 等(2013)研究了随机规则网络上雪崩博弈的行为演化。与以往研究不同的是，博弈个体策略调整的规则基于收益不满意机制，即当博弈个体对自身的博弈收益不满意时，其将以一个与博弈收益相关的概率函数改变自己的博弈策略。研究发现，当雪崩博弈的成本收益比率较小时，系统演化为全面合作的状态；而当成本收益比率较大时，合作者和背叛者在系统中共存。

(3) 规则网络上的牡鹿捕捉博弈。

在规则网络对合作行为的影响研究中，囚徒困境博弈和雪崩博弈是研究者普遍使用的两个博弈模型。然而，现实社会中对于合作和背叛行为的两难选择常常有着不同的情境，囚徒困境博弈和雪崩博弈无法诠释所有的情况。人类社会中的许多重大问题，如国际关系、宏观经济、突发事件以及伊拉克问题等，并不适合用囚徒困境或雪崩博弈来描述。有研究表明，这些问题更适合用牡鹿捕捉博弈进行描述(Powers et al，2008；Goldthau，2008)。因此，许多研究者开始关注牡鹿捕捉博弈情境下的合作行为演化，得到了许多有意义的结果(Matthew，2006；Pacheco，2009；Christina et al，2002；Skyrms，2004)。其中，Christina 等(2002)用仿真实验研究了牡鹿捕捉博弈在方格网上的演化，假定每个个体与周围的 8 个邻居进行博弈，研究表明全面合作是牡鹿捕捉博弈演化经常出现的结果。然而，这样的研究结论是在一组给定的博弈收益下得到的。牡鹿捕捉博弈模型有着严格的定义，一组给定的博弈收益无法完全表现牡鹿捕捉博弈的特点(Michael et al，2006)。谢逢洁等(2011)进一步研究了格子网上的牡鹿捕捉博弈，发现空间结构对合作行为的影响依赖于博弈收益的具体取值。与个体随机作用相比较，当博弈收益产生的背叛诱惑较小时，空间结构能在更多的初始条件下使群体演化为全面合作，表现出对合作行为的促进作用；当背叛诱惑较大时，空间结构只能在更少的初始条件下使群体演化为全面合作，表现出对合作行为的抑制作用；当背叛诱惑为中等水平时，空间结构对合作的作用由促进转变为抑制。这种从促进向抑制的转变在维度越低的网络上出现得越早并且表现得越剧烈。

2) WS 小世界网络上的博弈

Abramson 和 Kuperman(2001)首次在 WS 小世界网络上对囚徒困境博弈的演化进行了研究。在他们的模型中，个体采取确定性的模仿最优策略更新规则，每轮博弈过后个体采取收益最高个体的策略。相互作用网络为一个由一维规则环打断重连后的小世界网络。研究发现，系统的演化行为与网络的拓扑结构参数存在紧密关系。在某些博弈收益参数条件下网络的小世界属性对于背叛策略有显著的促进作用，在另外一些收益参数条件下则又有明显的抑制作用，而还有的情况下则没有特别大的影响。

基于方格网络，Szabó 和 Vukov(2004)在保持节点度 $k = 4$ 不变的前提下以概率 $p(p = 0, 0.03, 1)$ 进行断边重连，分别生成方格网络、规则小世界网络和随机规则网络，进而对这些网络结构上的合作行为演化进行了研究。规则小世界网络和随机规则网络的生成方式如图 3-20 所示。研究结果表明，随机规则网络能使合作者在更多的背叛诱惑条件下生存下来，即合作者完全消亡的背叛诱惑值达到最大。除此之外，他们在博弈中引入自愿参与机制，假定博弈个体可以采取三种策略：合作、背叛和单干。研究表明在个体自愿参与的囚徒困境博弈中，三种策略能够通过循环入侵而得以稳定共存，这样就避免了整个群体陷入完全背叛的状态，从而对合作行为的演化起到了非常好的促进作用。

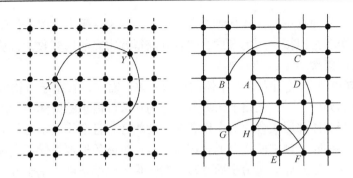

图 3-20　基于方格网的断边重连机制

与 Szabó 和 Vukov 的研究一样，Wu 等(2006b)在保持节点度 $k=4$ 不变的前提下，生成方格网络、规则小世界网络和随机规则网络，但在策略学习规则中引入基于个体属性差异的偏好选择机制，即连接度越高的个体被其邻居选择进行收益比较的可能性越大，进而研究这些网络结构上合作行为的演化。研究结果表明，在不同的偏好选择程度下，随机规则网络都能使合作者在更多的背叛诱惑条件下生存下来，从而进一步验证了 Szabó 和 Vukov 的研究结果。此外，研究发现在方格网络上，偏好选择的程度必须足够大才能有助于合作的演化；但在规则小世界网络上，很小程度的偏好选择就可以对合作演化起到促进作用。

在静态偏好选择机制的研究基础上，Wu 等(2006a)进一步探讨了动态偏好选择机制下的合作行为演化。研究假定博弈个体之间的偏好选择程度随着博弈过程的演化而改变。研究结果表明，策略更新结果与偏好选择程度的共同演化，使得博弈个体之间的偏好选择具有一个非常宽广的分布状态，这有利于相互之间具有强偏好选择的合作者形成稳定的集团结构，从而有效地抵御背叛者的入侵，有利于合作行为的演化。

此外，Wu 等(2005)在 NW 小世界网络上研究了个体自愿参与的囚徒困境博弈，并在博弈策略的调整中引入了策略突变规则。研究表明在较弱的背叛诱惑条件下，个体在 NW 小世界网络上都愿意参与到博弈中，且自愿参与机制的引入有利于合作行为的演化。Du 等(2009)在加权 NW 小世界网络上研究了囚徒困境博弈的演化。研究假定个体之间的交互作用强度 w_{ij} 依赖于博弈双方的连接度 k_i 和 k_j，即 $w_{ij}=(k_i,k_j)^{\beta}$。研究表明，在 β 的大部分取值范围内，合作水平都得到了很好的促进。此外，β 在 -1 左右存在一个最小的合作者密度。

与基于方格网的小世界网络和 NW 小世界网络不同，Wu 等(2008)研究了基于规则环图的同质小世界网络上的囚徒困境博弈演化。研究发现，对于不同的背叛诱惑都存在一个中等的集聚水平，使得合作行为在规则环图和同质小世界网络上的演化达到最优。这是因为，当网络的集聚水平太小时，合作者无法形成稳定的合作者集聚，从而很难抵挡背叛者的入侵；而当集聚水平太大时，位于合作者集聚周围的背叛者可以接触到更多的合作者并获得非常高的博弈收益，从而更容易入侵合作者的集聚。

谢逢洁(2010)通过引入社会个体的行为一致性需求，在基于方格网络的规则小世界网络和异质小世界网络上研究具有行为一致性需求的博弈行为演化。理论分析表明，当个体邻居集合中的合作者多于背叛者，且合作成本与行为一致性需求的比率足够小时，规则网络上的合作行为能在个体的近视最优反应规则下得以演化，但存在导致群体演化为全面背叛均衡的临界比率条件。基于方格网络和规则小世界网络的仿真实验验证了理论分析的结果，并发现小世界特性对合作行为的促进作用。基于异质小世界网络的仿真实验表明，群体演化为全面背叛均衡的临界比率条件随小世界参数的增大而减小，合作水平随合作成本与行为一致性需求比率的减小而逐渐增大。

此外，谢逢洁等(2015)通过引入人类社会组织的激励机制，研究激励机制在小世界网络对博弈行为影响中的作用。首先从理论层面解析当方格网络上存在一个合作者时，合作行为演化形成合作者集聚结构的激励条件；然后采用仿真实验方法研究方格网络、规则小世界网络和异质小世界网络上随机分布少量合作者时，激励机制对合作行为演化的影响。研究发现，激励机制在不同的网络结构上总体表现出对合作行为演化的促进作用。但是在方格网络和规则小世界网络上，由于节点度的同质化效应，针对合作行为的激励有时不一定会产生更好的合作状态，甚至可能起到负面的作用。研究结果对管理实践工作有着重要启示。

3) 无标度网络上的博弈

基于规则网络上的囚徒困境博弈和雪崩博弈研究，Santos 和 Pacheco(2005)在 BA 无标度网络上研究了囚徒困境博弈和雪崩博弈的演化。研究发现，合作行为在两个博弈情景的所有参数范围中都有着很好的演化结果。这样的研究结果即使对于小规模的人口依然成立。而增长或偏好连接机制中的任何一个机制的缺失都会使得群体的合作水平有所减弱。这项研究激发了学者对无标度网络演化博弈研究的兴趣和关注。

随后，Santos 等(2006a)又在三种不同异质性水平的网络上(单标度网络、宽标度网络、无标度网络)研究了三种不同博弈情景(囚徒困境博弈、雪崩博弈、牡鹿捕捉博弈(协调博弈的特例))下合作行为的演化，进一步探讨结构异质性水平对合作行为的影响。研究结果表明，网络结构的异质性水平对合作行为的演化确实有着显著的促进作用。这是因为，在异质性高的网络中，节点之间的度差异大，从而有利于合作者占据网络中的高连接度节点(hub 节点)，并影响周围的邻居也采用合作策略，进而促进合作行为的演化。

在 Santos 等的研究中，个体的博弈收益计算沿用了规则网络研究中所使用的累积收益。异质网络中的 hub 节点具有资源优势(更多的连接关系)，累积收益的计算使得位于 hub 节点的博弈个体可能获得更多博弈收益。因此，合作者在无标度网络中偏好占据 hub 节点。然而，在现实社会中，不需要付出代价就能够稳定维持的社会关系是少之又少的，个体为了维持其资源优势必须付出一定的代价，这种代价可以被认为是一种社会关系成本。所以，一些研究者考虑个体维持关系所需付出成本，以平均收益度量个体的博弈收益，研究无标度网络上合作行为的演化。

Tomassini 等(2007)的研究发现，当以平均收益度量个体的博弈收益时，无标度网络上的合作者密度在囚徒困境博弈和雪崩博弈的情景下都显著下降。Wu 等(2007)用囚徒困境博弈描述个体之间的博弈情景，详细比较了以平均收益度量个体博弈收益时无标度网络、规则格子网络、随机规则网络上的合作行为演化。研究发现，在较小的背叛诱惑下，规则格子网络有着最高的合作者密度，其次是随机规则网络，最后是无标度网络。但随着背叛诱惑的增大，规则格子网络上的合作者最快消失，而随机规则网络上的合作者密度一直高于无标度网络上的合作者密度。这说明，无标度网络对合作行为演化的作用依赖于度量个体博弈收益的方式，当以平均收益度量个体的博弈收益时，无标度网络并没有表现出特别突出的对合作行为的促进作用。

由于在累计收益和平均收益的度量下，合作行为在无标度网络上表现出完全不同的演化规律，Szolnoki 等(2008)构造了度量个体博弈收益的加权效用函数，利用一个权重参数实现累积收益和平均收益之间的转换，并详细研究了囚徒困境博弈策略在无标度网络上的演化。研究发现，在加权效用函数实现从累积收益向平均收益转换的过程中，无标度网络对合作演化的促进作用逐渐恶化。

以上通过度量个体博弈收益的效用函数形式来刻画个体维持社会关系的"成本"。Masuda(2007)则保持 Santos 等以累计收益度量个体博弈收益的方式，直接在个体的博弈矩阵中引入"博弈参与成本"参数，进而研究无标度网络上合作行为的演化。研究发现，当考虑个体发生相互作用所需的"关系成本"因素时，高连接度的个体并不一定有更好的博弈收益，因此也就不再被合作者所青睐。相反，那些有更少连接度的个体赢得了相对更高的博弈收益并影响其他个体行为的选择。相应地，网络结构的异质性对合作演化的促进作用在引入成本参数后消失。以上所有这些研究表明，无标度网络对群体合作行为的作用依赖于是否考虑个体维持社会关系的"成本"因素，不能简单地得出促进或抑制的结论。

无标度网络很好地描述了许多复杂网络的度分布属性，但同时缺乏对现实生活中复杂社会网络其他结构属性的描述，如同配性、集聚性等。于是，一些研究者建立了相应的网络模型来理解这些社会网络结构特性的生成机制(Holme et al，2002；Michele et al，2004)。这些网络模型的特点是能够产生相同的无标度分布属性，但网络的其他结构属性的水平(如同配性、集聚性等)可以改变。借鉴这些网络模型，网络合作理论领域的研究者开始关注无标度网络的集聚性和同配性对群体合作行为的影响(Rong et al，2007；Assenza et al，2008)。研究表明，无标度网络的集聚性对合作行为的演化起到了非常好的促进作用，但同配性抑制了合作行为的演化。

　　考虑到无标度网络本身对合作行为的影响与博弈收益函数的度量方式有紧密的关系，谢逢洁等(2010，2012)讨论了在不同的博弈收益函数度量情况下，无标度网络集聚性和同配性对合作行为的影响。关于无标度网络的集聚性研究表明，当效用函数考虑关系成本并以平均收益计算个体的博弈收益时，无标度网络的集聚性抑制了群体的合作行为；但当效用函数同时考虑关系成本和 hub 节点所具有的资源优势并以平均收益和累积收益的加权平均值计算个体的博弈收益时，随着累积收益权重参数的增大，无标度网络的集聚性对群体合作行为的影响由抑制作用转变为促进作用。产生这种转变的主要原因是，在不同的累积收益权重参数下，无标度网络中拥有最高博弈收益的个体发生了变化，进而导致无标度网络的集聚性在不同的累积收益权重参数下表现出对群体合作行为的不同影响。关于无标度网络同配性的研究表明，参与成本的引入影响了合作者均衡密度以及较小背叛诱惑条件下无标度网络同配性对合作的作用。对于较大的背叛诱惑，无标度网络的同配性在不同的参与成本条件下始终表现出对合作行为的抑制作用，但其内在的影响机制完全不同。在没有参与成本的条件下，由于高连接度的合作者在同配性更高的无标度网络中很难影响到低连接度个体的行为，进而合作者均衡密度减少；而在有参与成本的条件下，由于高连接度个体在同配性更高的无标度网络中失去了"空点"效果，从而背叛行为很容易在低连接度个体中扩散，进而导致合作者均衡密度减少。

　　此外，谢逢洁等(2017)研究囚徒困境博弈和雪崩博弈在无标度网络上的动态演化，考察个体的博弈参与水平对无标度网络上合作行为演化的影响。在理论模型中，个体的博弈参与水平通过个体每次博弈的交互作用邻居数量来衡量。实验结果表明，个体的博弈参与水平表现出对无标度网络合作行为的正向影响作用，无标度网络上的群体合作水平随着个体博弈的交互作用邻居数量增多而提高。通过结果分析发现，不同连接度的个体在博弈参与水平提高的条件下，均表现出更强的抵御背叛的能力。其主要原因在于，高连接度个体在积极参与博弈的条件下更趋向于合作，进而影响低连接度个体对合作行为的选择。

　　4) 社区网络上的博弈

　　自然界中存在的大量系统都可以通过复杂网络加以描述。其中，小世界现象和无标度特性是两类最受瞩目的复杂网络特征。在社会网络中，还普遍呈现出一个共同的重要特征，即社区结构。例如，3.1 节中介绍的朋友网络、科学家合作网络均表现出明显的社区划分，即社区内个体之间的关系紧密，而社区间个体的关系稀疏。

　　基于无标度社区网络模型，Chen 等(2007)研究了无标度社区网络上的演化博弈。通过 Li 等(2005)所构建的无标度社区网络模型，Chen 等生成具有 3 个社区的无标度网络，分析不同的社区划分水平对囚徒困境博弈行为演化产生的影响，发现社区结构越明显，群体的合作水平越高。通过分析发现，无标度社区网络中高连通度的 hub 节点之间的紧密联系是产生高水平合作的主要原因。

　　Luthi 等(2008)在三种不同的网络上研究囚徒困境博弈、雪崩博弈和牡鹿捕捉博弈的演化。三种网络分别是 BA 无标度网络、TSN(theoretical social network)社会网络和真实科学家合作网络。结果表明，TSN 社会网络和真实科学家合作网络上的博弈行为有非常相似的演化结果，但二者与无标度网络上的博弈行为演化结果的差异较大。通过比较发现，TSN 社会网络和真实科学家合作网络都有比较明显的社区结构，而 BA 无标度网络没有明显的社区划分。此外，TSN 社会网络和真实科学家合作网络都呈现出节点度的同配属性，而 BA 无标度网络是典型的异配网络。研究结果表明，尽管大量复杂网络模型展开关于博弈演化的研究促进了我们对群体合作行为的理解，但复杂网络模型毕竟与真实的社会网络有所不同，在后续研究中应该特别注意这种差异。

　　O'Riordan 等(2008)在规则的加权社区网络上研究公共物品博弈的演化。公共物品博弈描述 N 人参与的囚徒困境博弈情境，这是二人囚徒困境博弈模型的扩展。规则的加权社区网络如图 3-21 所示。网络中每个个体有 4 条连接，加粗的黑线表示 4 个个体构成了一个小的社区，相互之间有着更加紧密的交互作用，细线表示社区间个体的相互连接，其交互作用较弱。个体通过模仿最优策略调整自身的策略，模仿机制中考虑个体间不同程度的交互作用。研究结果表明，当社区内的交互作用强度与社区间的交互作用强度的差异越大，也就是社区结构的效果越明显，群体的合作水平越高；此外，个体能够模仿的邻居集合越大，越有利于合作。

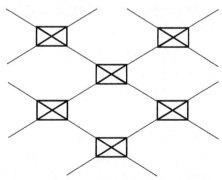

图 3-21　规则的加权社区网络(O'Riordan et al，2008)

Lozano 等(2008)在两个真实的社会网络上研究囚徒困境博弈的演化。两个真实的社会网络分别来自对 Email 关系数据和 PGP(pretty-good-privacy)关系数据的抽象，个体采用模仿最优的策略调整规则。仿真实验结果表明，囚徒困境博弈在两个社会网络上表现出完全不同的演化特征。在 Email 网络上，合作者均衡密度随着背叛诱惑的增大逐渐降低；而在 PGP 网络上，合作者均衡密度随着背叛诱惑的增大几乎没有太大的变化。通过详细分析发现，两个网络的社区结构特征有着明显差异。Email 网络的社区数量较少，社区之间的连接更加频繁，社区内部个体表现出连接度的同质化特征。相反，PGP 网络的社区数量较多，社区之间的连接相对稀疏，社区内部个体表现出连接度的异质化特征。基于这些社区结构特征，构造出对应的仿真网络，并在其上进行囚徒困境博弈的演化，得到了和真实网络一致的结果。由此说明，网络社区结构的特征对合作行为的演化有着非常重要的影响。

Wu 等(2015)在科学家合作网络上研究了囚徒困境博弈演化。科学家合作网络的数据取自 Newman(2006)的文献，根据所定义网络上节点之间的交互作用强度以及个体的强选择和弱选择条件研究发现，在强选择条件下，个体参与交互作用的异质性和众多的社区结构均对合作行为的演化起到促进作用。

Liu 等(2009)在高度集聚的社区网络上研究囚徒困境博弈的演化，分析集聚系数和社区规模(社区里包括的个体数量)对合作行为演化的影响。研究结果发现，集聚性在整个收益参数范围内都抑制了合作行为的产生，社区规模越大，合作水平越低。

Xie 等(2012)构建异质社区网络演化模型,研究囚徒困境博弈在异质社区网络上的行为演化，发现社区结构对合作行为的作用依赖网络的结构异质水平。在结构异质水平较低的网络上，社区结构在大部分囚徒困境博弈参数下对群体合作水平几乎没有什么影响，甚至在中等水平的囚徒困境博弈参数下表现出对合作行为的抑制作用。随着网络的结构异质水平逐渐升高，社区结构对合作行为的促进作用逐渐表现出来。这是因为，社区结构在不同结构异质性条件下对合作演化影响的变化与不同社区网络中节点的集聚水平紧密相关。无论社区网络的结构异质性水平高低，社区结构更加明显的网络总是有着更高的集聚水平。但在不同的网络结构异质性水平下，集聚性对合作行为的演化有着不同的影响，进而导致社区结构在不同的结构异质性水平下对合作演化表现出不同的影响。

5) 动态网络上的博弈

复杂网络上的演化博弈研究开始于规则网络上特别是各种规则格子上的博弈行为演化研究，逐渐发展到讨论小世界网络、无标度网络、社区网络上的博弈行为演化研究，乃至网络和博弈行为的协同演化研究，即动态网络上的演化博弈研究成为热点问题。

现实生活中的个体必然在不断地调整自己的社会关系。有关社会关系的实证研究表明，虽然作为一个整体而言，社会网络的结构属性在很长一段时间内会保持不变，但个体的社会关系却一直在发生变化(Kossinets et al, 2006)。因此，动态网络上博弈行为研究的基本假设是，个体之间的社会关系是进行博弈的基础，个体在博弈过程中不仅会调整自己的博弈策略，而且会改变自己的博弈关系，即改变自己的博弈对手。那么，个体的网络关系影响着博弈的结果，反过来博弈的结果影响着个体之间的网络关系。

Outkin(2003)首先使用博弈分析方法讨论了静态环结构上合作者和背叛者共存的均衡条件，并证明在二者共存的均衡状态中，合作者可以获得比背叛者更高的博弈收益。此外，作者用仿真实验研究个体调整自身博弈对手条件下囚徒困境博弈的演化，假定每个个体都愿意和合作者继续交往，而没有人喜欢和背叛自己的人多接触。仿真实验发现，在较小的背叛诱惑下，群体达到完全合作均衡；在较大的背叛诱惑下，群体达到完全背叛均衡；在中等的背叛诱惑下，合作者从最初的随机相互作用状态自组织为各种合作者集聚的结构(彗星结构、恒星结构等)，并和背叛者共存于均衡状态。

Zimmermann 等(2005)和 Eguiluz 等(2005)假定个体最初位于一个随机网络上，每轮博弈过后，个体以模仿最优规则调整自身策略。如果一个采取背叛策略的个体模仿了另一个采取背叛策略的邻居的策略，则其会以概率 p 打断与该背叛者之间的连接，再随机从网络中(或从邻居的邻居中)选择一个节点建立连接。研究发现只需要很小的 p 值，即每次博弈后只需要有少量背叛者调整自身关系，系统就可以演化到一个高合作水平的状态。此时，底层的相互作用网络具有明显的等级结构，那些具有高连接度的个体对整个系统的稳定性起着关键性作用。

Fu 等(2007)假定 N 个个体最初位于一个随机规则网络上，进行重复的囚徒困境博弈。个体每博弈一次后，以基于收益差的概率模仿规则调整自身策略，然后进行下一次博弈；个体博弈 n 次后，随机选择 m 个个体调整自身的博弈关系。这些个体删除这 n 次博弈中带给自己最低收益的个体关系并与该个体的一个邻居建立关系，然后进行下一轮 n 次博弈。研究结果表明，进行关系调整的个体数量越多(m 的值越大)，系统的合作者密度越高。此外，合作者密度对于背叛诱惑、网络的平均度、模仿规则中的噪声因素也非常敏感。这些因素的水平越高，系统达到完全合作均衡状态所要求的 m 值越大。

Santos 等(2006b)考虑网络拓扑结构与博弈策略的协同演化。他们假定 N 个个体最初位于一个随机规则网络上，每次博弈后个体以概率 $(1+W)^{-1}(W>0)$ 调整策略，否则调整关系。策略调整和关系调整都采取基于收益差的概率模仿规则。那么，当 $W \to 0$ 时，模型等价于静态网络上的博弈演化；随着 W 的增大，网络结构的演化速度增大。研究表明，随着 W 的增大，合作者在三种不同的博弈情景下(囚徒困境博弈、雪崩博弈、牡鹿捕捉博弈)的演化都得到了明显的改善。

Pacheco 等(2006)假定群体中有两种类型的博弈个体，A 类型和 B 类型的博弈个体有不同的建立新关系的偏好，导致网络中的边有不同的死亡率，基于此不同个体之间的相互作用关系得以演化。此外，个体以基于收益差的概率模仿规则调整自身的策略。网络结构演化和博弈策略演化的时间尺度分别为 T_a 和 T_s。研究表明，当网络结构的演化速度远远慢于个体进行策略更新的速度时($T_a \gg T_s$)，此博弈模型等价于在静态的网络结构上演化，而当网络结构的演化速度远远快于个体进行策略更新的速度时($T_a \ll T_s$)，协同演化机制导致博弈矩阵元的重整，使得原先的博弈类型发生了根本性的改变，所产生的博弈动力学相当于博弈个体在一个全连接图上进行另一种类型的博弈。这种博弈类型转变的直接结果就是使得原先处于弱势的策略，如囚徒困境博弈中的合作策略，有可能变成处于强势的策略，从而有利于合作策略的涌现与维持。

Hanaki 等(2007)在囚徒困境博弈演化中引入基于"成本-收益分析"的网络结构演化。假定个体以模仿最优规则调整自身的博弈策略，以"成本-收益分析"原则调整自己的博弈关系。此外，关系的删除由自己单方面决定，但关系的建立必须由双方面达成共识。研究发现，松散的网络结构和个体更新自身博弈关系有利于产生高水平的合作者密度，但个体形成的集聚却对合作的演化产生了抑制作用。研究成果发表在管理科学类最高等级的期刊《Management Science》上。

Xie 等(2013)引入博弈个体更高理性层次的思维方式，研究动态网络中基于有限预测机制的博弈行为。许多经济学实验表明，社会个体常常表现出行为的复杂性，基于自己对博弈对手行为的预测来选择自身的策略。以此为基础，在动态网络上囚徒困境博弈模型的研究框架下，假定博弈个体不仅调整自身的博弈关系，而且基于自己对博弈对手的行为预测用有预期的最优反应学习规则来选择自身的博弈策略。研究表明，在有预期的最优反应学习规则下，基于囚徒困境博弈的合作行为能够在动态的内生网络结构上得以演化。此外，内生网络结构中合作者的同配性对于合作行为的产生具有至关重要的作用。现实世界中的一些普遍现象，例如，对相互作用关系更加频繁的调整，以及建立新关系的困难，都对合作者的同配性起到帮助作用，进而有利于合作行为的演化。然而，社会个体只能维持一定数量的社会关系使得全面的合作很难实现。

3.4　社会网络分析方法

社会网络分析方法与复杂网络理论有着非常紧密的关系。由 3.1 节～3.3 节对复杂网络理论的介绍可以看出，复杂网络理论使用相同的方法对现实世界的各种网络进行研究。社会网络是复杂网络理论的研究对象之一。与复杂网络理论有所不同，社会网络分析方法是专门针对社会网络展开分析的方法。罗家德(2010)就社会网络分析方法的使用进行了较为详细的讲解和介绍。

关于复杂网络理论和社会网络分析方法的联系与区别，杨建梅(2010)专门从发生学及知识论体系的视角出发，对二者展开了比较研究，发现了它们研究范式的特点，总结了二者之间的异同，在此不一一赘述。这里需要明确的几个问题是：①图论不仅是复杂网络理论的基础，也是社会网络分析方法的理论渊源；②复杂网络偏向研究网络整体的结构特性，而社会网络不仅有关于网络整体的结构特性度量指标，还包括关于节点自我网络的结构特性，如节点的中心性、小团体、结构同构等；③复杂网络的研究重点是网络演化生成机理和动力学行为，而社会网络分析强调通过结构分析实现对社会规则、规范、习俗和文化的理解与阐释。

下面仅就本书最为相关的社会网络分析方法中节点自我网络结构特性的度量方法作简要介绍，为本书研究快递企业自我网络结构特性与其竞争行为的关系打下基础。

3.4.1　中心性

中心性是一个重要的节点结构位置指标，评价节点在网络中的重要性。中心性分为三种形式：程度中心性(degree centrality)、亲近中心性(closeness centrality)、中介中心性(betweenness centrality)。

程度中心性 C_i^c 是节点的关系数量总和，与复杂网络里度的概念表达了相同的含义。相似地，社会网络中节点具有外向程度中心性和内向程度中心性指标，分别对应于复杂网络里节点的出强度和入强度。

亲近中心性是以距离来计算一个节点的中心程度，即节点与其他节点越近者则中心性越高，与其他节点相距远者则中心性低，其计算公式为 $C_i^D = 1 / \left[\sum_{j=1}^{n} d(i, j) \right]$，其中，$d(i, j)$ 表示节点 i 与 j 之间的距离。C_i^D 的值越小，表示它与其他节点距离越大，越处于网络的边缘位置。

中介中心性衡量节点作为媒介者的能力，也就是在其他两个节点间接关系上占据重要位置的节点。一个节点占据这样的位置越多，其中介性越高，越多的其他节点需要通过它才能达成联系。中介中心性的公式为 $C_i^B = \sum_{j<k} g_{jk}(i) / g_{jk}$，其中，$g_{jk}$ 是节点 j 达到节点 k 的捷径数；$g_{jk}(i)$ 是节点 j 达到节点 k 的捷径方式上有行动者 i 的方式数。

3.4.2 小团体

小团体(subgroup 或 cliques)度量网络中一小群节点特别紧密的关系，以至于形成一个不同级别的团体。计算小团体的方法有两种：以节点程度计算和以距离计算，具体如下。

以节点程度计算的方法包括 K-plex、K-core 和 Lambda 集。K-plex 的定义是，在包含了 g_s 个节点的子图中，每个节点至少与 $g_s - k$ 个节点有相连关系。K-core 的定义是，对所有属于 g_s 集合的节点 i，都至少与其他节点保持 k 个关系。Lambda 集的定义是，g_s 是 G 的子集合，且对所有的 $i, j, k \in g_s, l \in G - g_s$ 来说，如果 Lambda(i, j)>Lambda(k, l)，则子图 g_s 是一个 Lambda 集。Lambda 集定义的内涵是，集合内部任意两个节点的连通性都要高于内部一点与外部一点的连通性。

以距离计算小团体的方法包括 N-clique、N-clan 和 N-club。N-clique 要求小团体内每两个节点之间的距离要小于某个值。N-clan 是一个所有捷径都包含在子图内的 N-clique。N-club 是直径小于或等于某个值的子图。

3.4.3 结构同型

结构同型的定义为：对于所有的节点 $k(k=1, 2, \cdots, g$，且 $k \neq i, j)$ 以及关系 $r(r=1, 2, \cdots, R)$ 而言，当且仅当节点 i 与 k 有关联时，节点 j 与 k 才有关联；当且仅当节点 j 与 k 有关联时，节点 i 与 k 才有关联，则节点 i 与 j 在结构上是同型的，也称角色相同。计算结构同型有两种方法：一种是阿基米德距离，另一种是以相关系数为基础的 Concor 法。

如果节点 i 与 j 是结构同型的，根据定义，$x_{ik} - x_{jk}$ 及 $x_{ki} - x_{kj}$ 应该都是 0，即 i 指向 k，j 指向 k，那么它们俩就都是 1，相减则为 0；如果 i 没有指向 k，j 也没有指向 k，那么它们俩就都是 0，相减还是 0；如果一个是 1，一个是 0，相减会得到 1 或–1。反过来，k 指向 i 和指向 j 的计算方式一样。节点 i 与 j 间对所有其他节点 k 的关系差额加总就是阿基米德距离公式，具体如下：

$$d_{ij} = \sqrt{\sum_{k=1}^{g}\left[\left(x_{ik} - x_{jk}\right)^2 + \left(x_{ki} - x_{kj}\right)^2\right]}, \quad i \neq k, j \neq k \tag{3-9}$$

Concor 法是以相关系数为基础发展出来的方法，两个节点之间的相关系数计算如下：

$$r_{ij} = \frac{\sum\left(x_{ki} - \overline{x}_{.i}\right)\left(x_{kj} - \overline{x}_{.j}\right) + \sum\left(x_{ik} - \overline{x}_{i.}\right)\left(x_{jk} - \overline{x}_{j.}\right)}{\sqrt{\sum\left(x_{ki} - \overline{x}_{.i}\right)^2 + \left(x_{ik} - \overline{x}_{i.}\right)^2} \cdot \sqrt{\sum\left(x_{kj} - \overline{x}_{.j}\right)^2 + \left(x_{jk} - \overline{x}_{j.}\right)^2}}, \quad i \neq k, j \neq k$$

$$\tag{3-10}$$

其中，$\bar{x}_i$ 是所有指向 i 的平均数；$x_{ki} - \bar{x}_i$ 表示节点 k 指向 i 的关系(值为 0 或 1)，减去指向 i 的关系的平均数。

以上三方面是最主要的度量社会网络中节点自我网络特征的分析方法。在第 7 章，将使用其中某些指标对快递产业竞争关系网络中节点企业的自我网络特征进行度量，进而分析自我网络特征与竞争行为之间的关系。

3.5 本 章 小 结

本章通过对现实世界中复杂网络的形象展示，引出其图论描述的方法及结构特性度量的方法。在此基础上，分类介绍了四种重要的复杂网络模型，包括规则网络、随机网络、WS 小世界网络、BA 无标度网络以及三种在 BA 无标度网络模型基础上拓展的复杂网络模型；并概要讲述了复杂网络上演化博弈研究的基本思路和博弈个体策略调整的规则。最后，着重介绍了社会网络分析方法中三种度量个体自我网络结构特征的指标，包括中心性、小团体和结构同型。这些内容将在后续章节的研究中得到应用。

第4章 快递产业竞争关系网络拓扑描述及结构特征度量

4.1 快递企业间竞争关系的定义及数据来源

4.1.1 快递企业间竞争关系的定义

竞争关系是产业组织市场结构理论和战略管理理论研究的核心内容。企业间是否存在竞争，通常与有限的市场资源、人力资源和指标资源紧密相关。当快递企业提供的服务类型相同时，其分支机构或服务网点的空间地域分布是快递企业间客观竞争关系形成的基本因素。例如，在同一个城市或在同一个城市的同一个区县，两个经营相同业务的快递企业都设有分支机构或服务网点，那么，该地域的顾客在需要进行快件投递服务时，必然会在它们之间进行选择。这正是对有限市场资源划分的必然结果，进而使得二者之间存在客观的竞争关系。鉴于空间地域对快递企业间竞争关系的重要性，对快递企业竞争关系进行定义如下。

当两个快递企业的经营业务相同时：①若两个快递企业的分支机构或服务网点所处地域没有任何重合，则二者的分支机构或服务网点服务对象完全不同，定义它们之间不存在竞争关系；②若两个快递企业 i 和 j 的分支机构或服务网点所处地域完全相同，则二者的服务对象完全相同，定义它们之间存在竞争关系，且竞争强度为 1，即 $w_{i \to j} = w_{j \to i} = 1$，其中，$w_{i \to j}$ 表示企业 j 感受到的来自企业 i 的竞争强度，$w_{j \to i}$ 表示企业 i 感受到的来自企业 j 的竞争强度；③若两个快递企业 i 和 j 的分支机构或服务网点所处地域有部分重叠，但不完全相同，则二者的服务对象有一部分相同，定义它们之间存在竞争关系，竞争强度为分支机构或服务网点地域重合部分占自身所有的分支机构或服务网点的比例。如果企业 i 的分支机构或服务网点数为 n_i，企业 j 的分支机构或服务网点数为 n_j，二者重复部分的分支机构或服务网点数为 n，则 $w_{i \to j} = n/n_j$，$w_{j \to i} = n/n_i$。

4.1.2 快递企业数据信息来源

目前，我国快递企业分布在全国各省、自治区、直辖市，共 2 万多家，其规模大小参差不齐。通过查阅国家邮政局和各省邮政管理局网站发现，公布在国家邮政局网站上的快递企业的经营许可证编号格式为"####*****"，其中，####表示许可证批准的年份,*****表示 5 位编号。公布在各省邮政管理局网站上的快递企业的经营许可证编号格式为"@邮####*****",其中,@邮表示省邮的简称。例如,陕西省邮政管理局监管的快递企业,其许可证编号格式为"陕邮####*****"。在省级层面,许多快递企业没有经营跨省业务和国际业务的资格。

本书从省级和国家级两个层面展开研究。在省级层面,以陕西省为研究对象,收集相关快递企业信息,共 82 家(按品牌划分)快递企业,涉及全省 107 个区县的服务网点。数据直接从陕西省邮政管理局获取,数据的收集时间截止到 2017 年 8 月。在国家级层面,以国家邮政局网站公布的跨省经营国内快递业务并经营国际快递业务的 10 家快递企业、跨省经营国内快递业务的 62 家快递企业以及经营国际业务的 634 家快递企业为研究对象。数据收集时间截止到 2017 年 4 月 30 日。

国家邮政局网站收集相关快递企业数据的方法如下。第一步,进入中华人民共和国国家邮政局网站(http://www.spb.gov.cn)。第二步,从首页的"服务"栏目中选择"快递企业名录"选项并进入,可见如图 4-1 所示的"获得《快递业务经营许可证》企业信息"页面,分为跨省(区、市)经营国内快递业务并经营国际快递业务的企业、跨省(区、市)经营国内快递业务的企业、经营国际快递业务的企业共三类,每个企业的信息包括企业名称、许可证号、有效期限。第三步,根据每个企业的名称和许可证号,进入"服务"栏目里的"快递业务经营许可",再进入"许可证和年报信息查询",可进入"快递业务经营许可证、年度报告信息查询(试运行)"页面,点击"高级查询",页面如图 4-2 所示,在查询栏输入企业名称后,可查询到该企业的分支机构经营地域。以民航快递有限责任公司为例进行查找,可得该企业详细的分支机构地址信息,结果如图 4-3 所示。

图 4-1 国家邮政局网站公布的获得《快递业务经营许可证》企业信息

图 4-2　快递业务经营许可信息查询系统的界面

图 4-3　民航快递有限责任公司分支机构经营地域相关信息

4.2　快递产业竞争关系网络拓扑描述

4.2.1　陕西省快递产业竞争关系网络拓扑描述

按照4.1节中快递企业间竞争关系的定义，以陕西省82家快递企业在全省107个区县的服务网点分布实际数据为基础，形成陕西省快递产业竞争关系的矩阵描述 $A(N_1,N_1)$。其中，$N_1=82$，代表 82 家企业，矩阵元素 A_{ij} 为快递企业竞争关系定义中的 $w_{i \to j}$。以竞争关系矩阵 $A(N_1,N_1)$ 为基础，使用 UCINET 网络软件

(Borgatti et al, 2002)进行分析,可得陕西省快递产业竞争关系网络的拓扑结构,如图 4-4 所示。

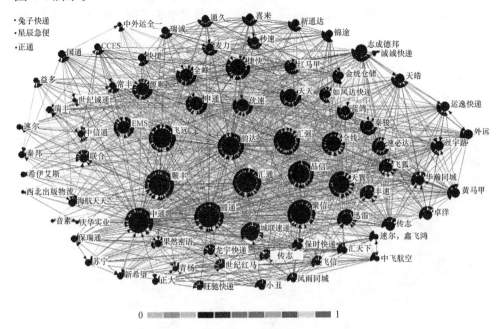

图 4-4　陕西省快递产业竞争关系网络拓扑结构图(见彩图)

图 4-4 中一个节点代表一个独立品牌的快递企业,一条边表示两个企业之间存在竞争关系。节点的大小表示该企业的度,即该快递企业与多少其他企业之间存在竞争关系。可以看出,少数快递企业如中通、圆通、汇通、顺丰、西安聚信快递有限公司等明显比大部分其他企业有着更多的竞争关系。在 82 家快递企业中,没有竞争关系的快递企业是兔子快递、星辰急便和正通,处于孤立点状态。竞争关系的强度由边的颜色表示,其值为 $\max(A_{ij}, A_{ji})$。从边的颜色可以看出,快递企业间的竞争强度非常大,大量企业间的竞争强度都达到了 1。

4.2.2　国内跨省业务竞争关系网络拓扑描述

在国家邮政局网站公布的统计信息中,选择跨省经营国内快递业务并经营国际快递业务的 10 家快递企业和跨省经营国内快递业务的 62 家快递企业作为研究对象集合。这些快递企业能够在全国范围内经营跨省快递业务,其业务类型相同。通过对网站公布的每个快递企业的经营地域进行进一步细化、统计、分析,结果共涉及 309 个城市的分支机构。

按照 4.1 节中快递企业间竞争关系的定义,以这 72 家快递企业在 309 个城市的实际分支机构分布数据为基础,形成国内跨省业务竞争关系的矩阵描述

$B(N_2, N_2)$。其中，$N_2 = 72$，代表 72 家企业，矩阵元素 B_{ij} 为快递企业竞争关系定义中的 $w_{i \to j}$。以竞争关系矩阵 $B(N_2, N_2)$ 为基础，使用 UCINET 网络软件 (Borgatti et al, 2002)进行分析，可得国内跨省业务竞争关系网络的拓扑结构，如图 4-5 所示。

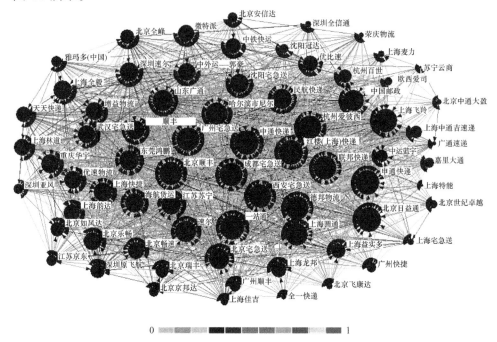

图 4-5　国内跨省业务竞争关系网络拓扑结构图(见彩图)

图 4-5 中一个节点代表一个快递企业，一条边表示两个企业之间存在跨省业务竞争关系。节点的大小表示该企业的度，即该快递企业与多少其他企业之间存在跨省业务竞争关系。竞争关系的强度由边的颜色表示，其值为 $\max(B_{i,j}, B_{j,i})$。从边的颜色可以看出，在国内跨省业务竞争关系网络中，有一部分企业间的竞争强度达到了 1，还较多企业间的竞争强度为 0.5 左右。

4.2.3　国际业务竞争关系网络拓扑结构描述

在国家邮政局网站公布的统计信息中，选择跨省经营国内快递业务并经营国际快递业务的 10 家快递企业和经营国际快递业务的 634 家快递企业作为研究对象集合。这些快递企业能够在全国范围内经营国际快递业务，具有相同的业务类型。通过对网站公布的每个快递企业的经营地域进行进一步细化、统计、分析，结果共涉及 320 个城市的分支机构。

按照 4.1 节中快递企业间竞争关系的定义，以这 644 家快递企业在 320 个城市的实际分支机构分布数据为基础，形成国内跨省业务竞争关系的矩阵描述 $C(N_3, N_3)$。其中，$N_3 = 644$，代表 644 家企业，矩阵元素 C_{ij} 为快递企业竞争关系定义中的 $w_{i \to j}$。以竞争关系矩阵 $C(N_3, N_3)$ 为基础，使用 UCINET 网络软件 (Borgatti et al, 2002) 进行分析，可得国内跨省业务竞争关系网络的拓扑结构，如图 4-6 所示。鉴于网络中节点数目大，若给出快递企业具体名称，无法清晰地展示拓扑结构。故此处隐去了节点所代表的快递企业具体名称。

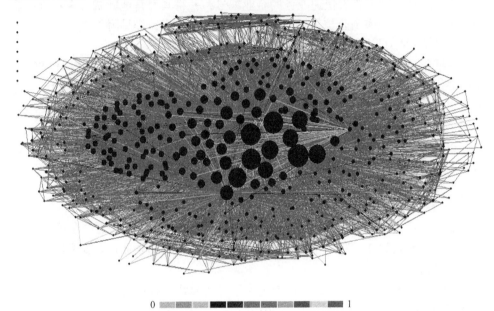

图 4-6　国际业务竞争关系网络拓扑结构图(见彩图)

图 4-6 中一个节点代表一个快递企业，一条边表示两个企业之间存在国际业务竞争关系。节点的大小表示该企业的度，即该快递企业与多少其他企业之间存在国际业务竞争关系。竞争关系的强度由边的颜色表示，其值为 $\max(C_{i,j}, C_{j,i})$。从边的颜色可以看出，在国际业务竞争关系网络中，大量企业间的竞争强度都达到了 1。

4.3　网络拓扑图绘制方法

本节以国内跨省业务竞争关系网络为例，详细说明 4.2 节中三个竞争关系拓扑结构图的绘制方法。过程中涉及以下几个步骤：①构建快递企业分支机构经营地域城市列表及编号；②构建快递企业与其经营地域城市编号对应列表；③根据 4.1 节中关于快递企业竞争关系的定义，利用 MATLAB 编程，生成竞争关系矩阵

$B(N_2,N_2)$；④基于关系矩阵 $B(N_2,N_2)$，利用 UCINET 软件绘制网络拓扑图。具体方法和步骤详细讲解如下。

1) 生成快递企业经营地域城市列表

对每个经营国内跨省业务的快递企业的经营地域进行进一步细化、统计、分析，结果共涉及 309 个城市的分支机构。对这些城市一一进行编号，结果见附录 1。

2) 生成快递企业与其经营地域城市编号对应表

给每个经营国内跨省快递业务的企业编号，并将其经营地域城市编号与企业一一对应，生成快递企业与其经营地域城市编号对应表，详见附录 2。

3) 利用 MATLAB 生成竞争关系矩阵

根据附录 2 中的核心部分数据，即经营城市编号矩阵部分数据,使用MATLAB软件进行编程，即可生成快递企业的竞争关系矩阵 $B(N_2,N_2)$，详见附录 3。矩阵第一列和第一行是企业编号。核心部分的每个数据对应相应行和列所代表的两个快递企业间的竞争强度。具体编程思路如下，MATLAB 程序代码见附录 4。

步骤一，将附录 1 中经营城市编号矩阵部分数据输入 MATLAB 软件，命名为 A。

步骤二，生成竞争关系矩阵 $B(N_2,N_2)$。

(1) 获得矩阵 A 的行列数。行为快递企业数量，列为城市数量。

(2) 利用 A 生成一个新的矩阵 D。矩阵 A 中不为 0 的元素位置，在矩阵 D 中对应位置的元素为 1。将矩阵 D 按行加和，即得每个快递企业在多少个城市设置了分支机构。

(3) 利用 A 生成一个行为快递企业编号，列为城市编号的矩阵 C。若矩阵 A 中 $A_{i,j}$ 不为 0，则矩阵 C 对应的 (i,j) 位置元素为 1，表示 i 公司在 j 城市设有分支机构。

(4) 基于矩阵 C，统计两个快递公司在哪些城市同时设有分支机构，统计在相同城市设有分支机构的城市数量，即得到 4.1 节关于快递企业竞争关系定义中的 n。

(5) 根据第(2)步和第(4)步所得结果，即可计算 $w_{i \to j} = n/n_j$，$w_{j \to i} = n/n_i$。生成一个行列数都等于快递企业数量的矩阵 B，$B_{i,j} = w_{i \to j} = n/n_j$。

4) 利用 UCINET 软件绘制网络拓扑图

UCINET 软件(Borgatti et al, 2002)是最常使用的社会网络分析软件，可便捷地绘制网络拓扑图。本章 4.2 节中图 4-4～图 4-6 所示的网络拓扑图是用 UCINET6.0 版绘制而成。

(1) 在安装 UCINET 软件后，打开软件主界面，单击主界面上的 Data 按钮，再选择 Spreadsheet Editor 里的 Matrix 选项，就会弹出如图 4-7 所示的数据输入界面。

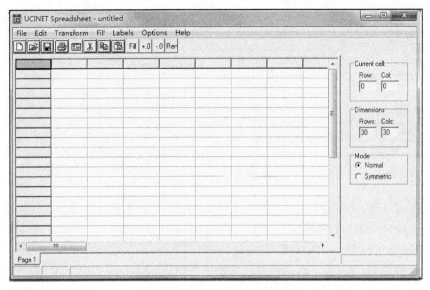

图 4-7　UCINET 数据输入界面

(2) 将附录 2 所示的矩阵数据复制到图 4-7 所示的数据输入界面，执行 File →Save as 命令，在对话窗口中键入文件名。例如，取名为 inter-provincial network，UCINET 会自动在预存取的档案夹中创造档案 inter-provincial network.##H.

(3) 在软件主界面，单击 NetDraw 按钮，弹出图形绘制主界面，如图 4-8 所示。

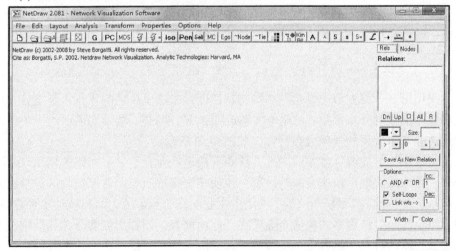

图 4-8　NetDraw 网络图形绘制主界面

(4) 在图 4-8 所示界面上执行 File→Open 命令，然后选择 UCINET dataset 选项，弹出界面如图 4-9 所示。

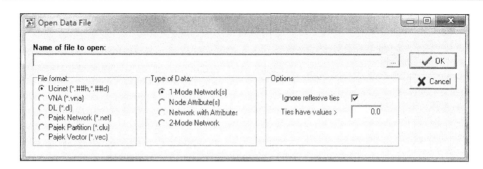

图 4-9　选择矩阵数据的 UCINET 界面

（5）单击图 4-9 界面中的按钮⬚，选择弹出档案夹中的文件 inter-provincial network.##H，单击按钮 ✓OK，即可在 NetDraw 主界面窗口自动绘制国内跨省竞争关系网络拓扑图。

（6）在自动绘制的网络拓扑图的基础上，使用 NetDraw 的内在集成功能，可根据每个快递企业竞争企业的多少调整对应节点的大小，还可根据边的权重大小绘制边的颜色。具体方法请参见 UCINET 用户手册。调整完成节点的大小和边的颜色，即可得图 4-5 所示的国内跨省业务竞争关系网络拓扑图。

4.4　快递产业竞争关系网络结构特征度量

4.4.1　陕西省快递产业竞争关系网络结构特征度量

1. 竞争强度的分布特性

采用第 3 章 3.1 节中复杂网络结构特性度量方法里讲述的累积入强度分布函数和累计出强度分布函数，对竞争关系矩阵 $A(N_1, N_1)$ 进行度量分析，给出陕西省快递产业竞争关系的强度分布特性，如图 4-10 所示。

可以看出，随着强度 S 的增大，陕西省快递产业竞争关系网络的累积入强度分布函数曲线表现出快速衰减的尾部，说明该网络的节点企业所面临的竞争压力具有单标度特性。其经济含义是，网络中企业面临的竞争压力的异质性水平较高，但没有竞争压力特别高的快递企业存在。相比而言，累积出强度分布函数则表现为指数截断的特点，具有宽标度特性。其经济含义是，快递企业给予其他企业的竞争压力不均衡，而且存在一些快递企业，对其他企业产生了普遍的竞争压力。

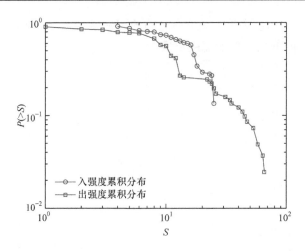

图 4-10　陕西省快递产业竞争关系网络的累积强度分布

通过对入强度和出强度进一步详细分析发现，感受到外界竞争压力最大的快递企业包括速必达、蓝鸽、外远、飞狐、卓洋、运逸快递、传志、丝宇路、秦骏、华瀚同城、天皓，共 11 家企业，其累积入强度达到了 30，这些企业应当适当调整自身的服务网点的布局，减少与自己有着竞争关系的快递企业在相同地域设置服务网点甚至可以适当撤销服务网点，进而选择在其他地域新建服务网点，减轻竞争压力，以谋求更好的发展。而给予其他快递企业普遍竞争压力的快递企业依次包括中通、圆通、顺丰、汇通、聚信、韵达、飞远、汇强、品信、天寰 10 家，其累积出强度均达到了 40 以上。快递企业监管部门应特别注意对这些快递企业的监管，采取各种方法努力引导其竞争行为，避免引发大规模的恶性竞争。

2. 强度-度相关性

根据第 3 章 3.1 节中复杂网络结构特性度量方法里给出的关于强度-度相关性的定义，对竞争关系矩阵 $A(N_1, N_1)$ 进行度量分析，给出陕西省快递产业竞争关系网络强度-度相关性分析结果，如图 4-11 所示。

由图 4-11 可以看出，在陕西省快递产业竞争关系网络中，节点强度与度呈现出正向线性关系。其数学含义是，度越高的节点企业有着更高的节点竞争强度，即节点企业的连接边数越多，每条边的竞争强度也越高。这意味着，连接边数最多的节点企业，是竞争关系网络中最重要的企业。它们在全省大部分区县都设有服务网点，经营范围远远高于其他快递企业。相应地，如果一些经营范围较小的小企业和它们的经营地域有所重叠，小企业必然感受到强大的竞争压力。

为进一步分析网络中"竞争的 hub"所表现的连接关系特点，图 4-12 给出网络中度大于 k 的节点之间的连接数量占最大可能数量的比重，即 $\phi(k) = 2E_{>k}/(N_{>k}(N_{>k}$

–1))，其中，$E_{>k}$ 表示度大于 k 的节点之间的实际连接数量，$N_{>k}(N_{>k}-1)/2$ 表示度大于 k 的节点之间的最大可能连接数量。

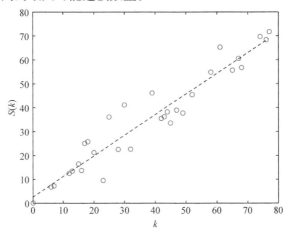

图 4-11　陕西省快递产业竞争关系网络的强度-度相关性

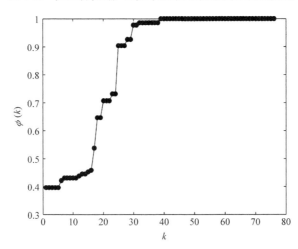

图 4-12　陕西省快递产业竞争关系网络的富人俱乐部现象

　　可以看出，$\phi(k)$ 随着节点度 k 的增大而增大，意味着陕西省快递产业竞争关系网络中的 hub 节点企业之间有着比其他外围节点更加紧密的连接。进一步分析数据发现，当快递企业的连接度 k 大于 39 时，$\phi(k)=1$，意味着企业之间均有竞争关系。经统计，连接度大于 39 的节点企业共有 20 个，占总企业数量的 24.4%，即大约 1/4 的企业之间形成了完全竞争关系。再加上图 4-11 给出的强度-度相关性分析结果，可知这些企业在整个竞争网络中起着举足轻重的作用。通过进一步删除一些竞争关系较少的快递企业，图 4-13 给出了竞争关系较多的节点企业之间的竞争关系。

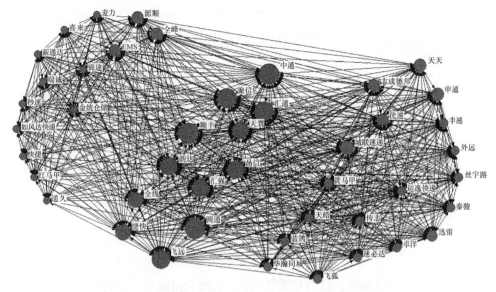

图 4-13　竞争关系数量较多的节点企业之间的连接关系(见彩图)

可以更加清晰地看出，在整个竞争网络中，竞争关系最多的节点企业之间形成了竞争的核心团体，用蓝色表示，包括中通、圆通、顺丰、汇通、聚信、韵达、飞远、天寰、汇强、品信、全线、捷快。这些企业连接着两个相互之间竞争关系并不特别密集的企业群体，用红色表示。这说明，对于整个陕西省快递产业而言，蓝色的快递企业发起的竞争行为非常容易引起连锁反应进而导致整个快递产业的恶性竞争，需要在今后的工作中加大监督力度并进行重点引导。

3. 拓扑集聚性和加权集聚性

采用第 3 章 3.1 节中复杂网络结构特性度量方法里介绍的节点拓扑集聚系数 $C(i) = \dfrac{\sum\limits_{j,h} a_{ij}a_{ih}a_{hj}}{k_i(k_i-1)/2}$ 和 Barrat 提出的节点加权集聚系数 $C^w(i) = \dfrac{1}{S_i(k_i-1)} \sum\limits_{j,h} \dfrac{(w_{ij}+w_{ih})}{2}$ 的度量方法，以竞争关系矩阵 $A(N_1, N_1)$ 为基础，对陕西省快递产业竞争关系网络中的节点企业进行拓扑集聚性和加权集聚性的度量。在此基础上，通过比较网络中度为 k 的节点的平均拓扑集聚系数 $C(k) = \dfrac{\sum\limits_{k_i=k} C(i)}{N_k}$ 和平均加权集聚系数 $C^w(k) = \dfrac{\sum\limits_{k_i=k} C^w(i)}{N_k}$ 的大小，进一步展开网络结构功能方面的分析。图 4-14 给出陕西省快递产业竞争关系网络集聚系数计算结果。

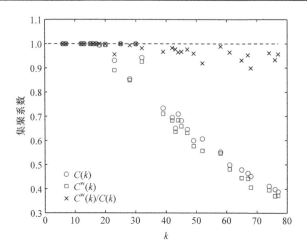

图 4-14　陕西省快递产业竞争关系网络的加权集聚性

由图 4-14 可以看出，$C(k)$ 随着连接度 k 的增大而减小。这意味着，较低连接度的快递企业普遍形成了大量的三角结构。进一步，通过观察 $C^w(k)$ 和 $C(k)$ 的关系可以发现，$C^w(k) < C(k)$ 的情况频频出现。这说明，整个网络中快递企业的三角集聚结构由其竞争强度偏低的竞争关系所构成，并不会给整个网络竞争状态带来很大影响。那些竞争强度偏高的竞争关系，并没有形成三角集聚结构。

4. 拓扑匹配性和加权匹配性

根据第 3 章 3.1 节中复杂网络结构特性度量方法里给出的关于加权匹配性的度量方法，对竞争关系矩阵 $A(N_1, N_1)$ 进行分析，给出陕西省快递产业竞争关系网络的加权匹配特性计算结果，如图 4-15 所示。

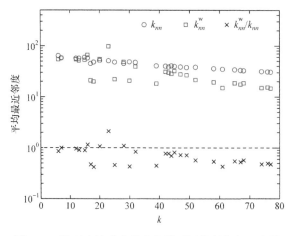

图 4-15　陕西省快递产业竞争关系网络的加权匹配性

由图 4-15 可以看出，随着连接度 k 的增大，$k_{nn}(k)$ 有轻微的降低，表明陕西省快递产业竞争关系网络的拓扑结构具有弱异配性。与此同时，$k_{nn}^{w}(k) < k_{nn}(k)$ 普遍存在，且 $k_{nn}^{w}(k)/k_{nn}(k)$ 随着连接度 k 的增大有轻微的降低，说明该网络主要表现为强度异配，即网络中更大的竞争强度主要出现在高连接度节点企业和低连接度节点企业之间。如果高连接度的企业发起竞争行为，更多会影响到低连接度企业的经营运行。

4.4.2　国内跨省业务竞争关系网络结构度量

1. 竞争强度的分布特性

采用 3.1 节中复杂网络结构特性度量方法里讲述的累积入强度分布函数和累积出强度分布函数，对竞争关系矩阵 $\boldsymbol{B}(N_2, N_2)$ 进行度量分析，给出快递产业竞争关系网络的入强度和出强度累积分布，如图 4-16 所示。

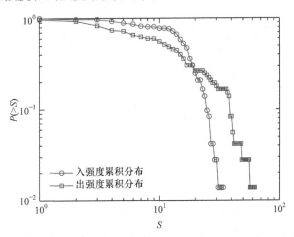

图 4-16　国内跨省业务竞争关系的累积强度分布

由图 4-16 可以看出，国内跨省业务累积入强度和出强度分布函数曲线均具有快速衰减的尾部，表现出指数函数的特性，也被称为单标度特性。其经济含义是，该网络中企业的竞争强度存在一定的异质性，大部分企业的竞争强度处于中等水平，但没有竞争压力特别高的快递企业存在。

通过对入强度和出强度进一步详细分析发现，感受到外界竞争压力最大的快递企业包括北京安信达、北京世纪卓越、微特派、北京日益通、上海龙邦、北京如风达、海航货运、北京飞康达、上海益实多，共 9 家企业。其累积入强度达到或超过了 25，这些企业应当适当调整自身的服务网点的布局，减少与自己有着竞争关系的快递企业在相同地域设置服务网点，甚至可以适当撤销服务网点，进而选择在其他地域新建服务网点，减轻竞争压力，以谋求更好的发展。而给予其他快递企业普遍竞争压力的快递企业包括中国邮政、顺丰、中外运-敦豪、民航快递、联邦快递、优比速、上海韵达、上海全毅、苏宁云商、江苏京东、北京京邦达、中通，共12家企业，其累积出强度均达到了35以上。快递企业监管部门应特别注意对这些快递企业的监管，采取各种方法努力引导其竞争行为，避免引发大规模的恶性竞争。

2. 强度-度相关性

根据3.1节中复杂网络结构特性度量方法里给出的关于强度-度相关性的定义，对竞争关系矩阵 $\boldsymbol{B}(N_2, N_2)$ 进行度量分析，给出跨省国内业务竞争关系网络强度-度相关性 $S(k)\text{-}k$ 分析结果，如图4-17所示。

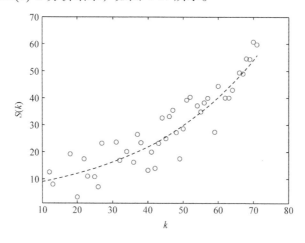

图4-17 国内跨省业务竞争关系网络的强度-度相关性

由图4-17可以看出，在国内跨省业务竞争关系网络中，节点强度与度均呈现出正向指数关系。其数学含义是，度越高的节点，企业有着更高的节点竞争强度，即节点企业的连接边数越多，每条边的竞争强度越高。这意味着，连接边数最多的节点企业，是国内跨省业务竞争关系网络中最重要的企业，可以被称为"竞争的 hub"。它们在全国大量城市都设有分公司，经营范围远远高于平均水平。相应地，如果一些经营范围较小的小企业和它们的经营地域有所重叠，小企业必然感受到强大的竞争压力。数据对比发现，这些"竞争的 hub"恰恰是给予其他快递企业普遍竞争压力的快递企业。

计算国内跨省业务竞争关系网络中度大于 k 的节点之间的连接数量占最大可能数量的比重，进行富人俱乐部现象的度量，结果如图4-18所示。绘制方法与图4-12的绘制方法相同。

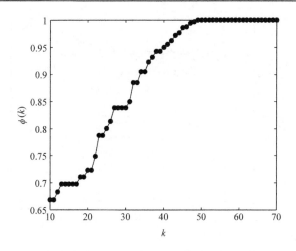

图 4-18　国内跨省业务竞争关系网络的富人俱乐部现象

可以看出，该系数随着节点度 k 的增大而增大，意味着国内跨省业务竞争关系网络中的 hub 企业之间有着比其他外围节点更加紧密的连接。通过进一步删除较低连接度的节点企业，发现整个高连接度节点企业形成了一个密集的竞争态势。进一步分析数据发现，当快递企业的连接度大于等于 48 时，系数 $\phi(k)=1$，意味着其相互之间均有竞争关系。经统计，连接度大于 48 的节点企业共有 39 个，占总企业数量的 54%。与陕西省快递产业竞争关系网络和国内跨省业务竞争关系网络相比，形成完全竞争关系的高连接度节点企业的比重更多。

3. 拓扑集聚性和加权集聚性

采用 3.1 节中复杂网络结构特性度量方法里给出的关于拓扑集聚性和加权集聚性的度量方法，对竞争关系矩阵 $B(N_2, N_2)$ 进行分析，给出国内跨省业务竞争关系网络和国际业务竞争关系网络的集聚性计算结果，如图 4-19 所示。

由图 4-19 可以看出，在国内跨省业务竞争关系网络中，$C(k)$ 随着连接度 k 的增大而减小。这意味着，较低连接度的快递企业普遍形成了大量的三角结构。进一步，通过观察 $C^w(k)$ 和 $C(k)$ 的关系可以发现，当连接度 k 较低时，$C^w(k) < C(k)$ 的情况频频出现。这说明，尽管较低连接度的快递企业形成了大量的三角结构，但这些三角结构上的竞争强度却普遍很低。相反，当 $k \geqslant 50$ 时，关系 $C^w(k) > C(k)$ 成立，且比值 $C^w(k)/C(k)$ 随着度 k 的增大表现出增大趋势，可由图中虚线框部分清晰地描述出来。这意味着，高连接度快递企业的三角集聚结构由其竞争强度更高的竞争关系所构成，对于整个网络竞争状态的影响会非常大。这与陕西省快递产业竞争关系网络的加权集聚性表现完全不同。

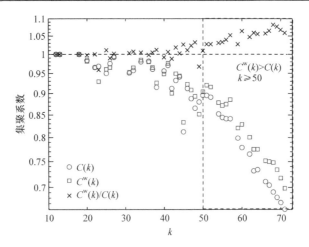

图 4-19　国内跨省业务竞争关系网络的加权集聚性

4. 拓扑匹配性和加权匹配性

采用 3.1 节中复杂网络结构特性度量方法里给出的关于加权匹配性的度量方法，对竞争关系矩阵 $B(N_2, N_2)$ 进行分析，给出国内跨省业务竞争关系网络的匹配特性计算结果，如图 4-20 所示。

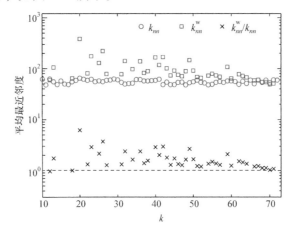

图 4-20　国内跨省业务竞争关系网络的加权匹配性

由图 4-20 可以看出，对于不同的连接度 k，$k_{nn}(k)$ 几乎不改变，表明国内跨省业务竞争关系网络的拓扑结构缺乏度相关性。但与此同时，$k_{nn}^{w}(k) > k_{nn}(k)$ 普遍存在，说明该网络为强度同配，即网络中更大的竞争强度出现在连接度更高的节点企业之间。这与陕西省快递产业竞争关系网络的加权匹配性表现完全不同。

由以上分析可知，国内跨省业务竞争关系网络中的高连接度节点企业之间，有着非常强的竞争强度，且形成了集聚状态(图 4-20)，非常容易在彼此之间爆发恶性竞争行为。

4.4.3 国际业务竞争关系网络结构度量

1. 竞争强度的分布特性

根据 3.1 节中复杂网络结构特性度量方法里给出的关于强度及强度分布的定义，对竞争关系矩阵 $C(N_3, N_3)$ 进行度量分析，给出国际业务竞争关系网络的入强度和出强度累积分布，如图 4-21 所示。

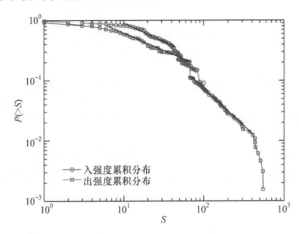

图 4-21 国际业务竞争关系网络的累积强度分布

可以看出，入强度和出强度累积分布曲线表现出较为明显的分段幂律特征，可用黑色直线清晰描述。其经济含义是，该网络中快递企业的竞争强度异质性水平较高，少数企业的竞争强度高，大量企业的竞争强度低，处于中等水平竞争强度的企业数量不突出。

2. 强度-度相关性

根据 3.1 节中复杂网络结构特性度量方法里给出的关于强度-度相关性的定义，对竞争关系矩阵 $C(N_3, N_3)$ 进行度量分析，给出国际业务竞争关系网络强度-度相关性 $S(k)\text{-}k$ 分析结果，如图 4-22 所示。

由图 4-22 可以看出，国际业务竞争关系网络与国内跨省业务竞争关系网络和陕西省快递产业竞争关系网络一样，节点强度与度呈正相关。度越高的节点企业有着更高的节点竞争强度，即节点企业的连接边数越多，每条边的竞争强度也越高，存在"竞争的 hub"。这些"竞争的 hub"是中国邮政、中外运-敦豪、嘉里大通、联邦快递、杭州百世、民航快递、中外运空运、优比速、TNT、欧西爱司、

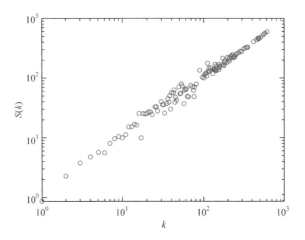

图 4-22 国际业务竞争关系网络的强度-度相关性

深圳原飞航、日通以及捷特亨达。这些快递企业的竞争强度均达到了 250 以上，其中前 4 位达到 500 以上。

计算国际业务竞争关系网络中度大于 k 的节点之间的连接数量占最大可能数量的比重，结果如图 4-23 所示。绘制方法与图 4-12 的绘制方法相同。

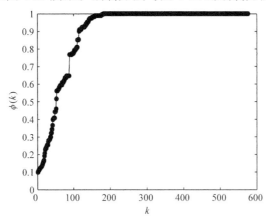

图 4-23 国际业务竞争关系网络的富人俱乐部现象

可以看出，该系数随着节点度 k 的增大而增大，意味着国际业务竞争关系网络中的 hub 企业之间有着比其他外围节点更加紧密的连接。通过进一步删除较低连接度的节点企业，发现整个高连接度节点企业形成了一个密集的竞争态势，与国内跨省业务竞争关系网络的表现一致。进一步分析数据发现，当快递企业的连接度大于等于 182 时，其富人俱乐部系数 $\phi(k)=1$，意味着其相互之间均有竞争关系。经统计，连接度大于 182 的节点企业共有 34 个，占总企业数量的 5.27%。与陕西省快递产业竞争关系网络和国内跨省业务竞争关系网络相比，形成完全竞争关系的高连接度节点企业比重较低。

3. 拓扑集聚性和加权集聚性

根据 3.1 节中复杂网络结构特性度量方法里给出的关于拓扑集聚性和加权集聚性的度量方法，对竞争关系矩阵 $C(N_3, N_3)$ 进行分析，给出国际业务竞争关系网络的加权集聚性计算结果，如图 4-24 所示。

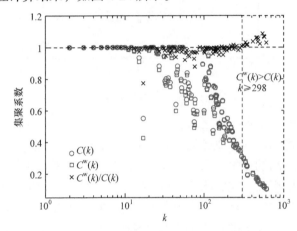

图 4-24　国际业务竞争关系网络的加权集聚性

由图 4-24 可以看出，国际业务竞争关系网络的加权集聚性和国内跨省业务竞争关系网络的加权集聚性特征非常相似。首先，$C(k)$ 随着连接度 k 的增大而减小，且当连接度 k 较低时，$C^w(k) < C(k)$ 的情况频频出现。说明较低连接度的快递企业普遍形成了大量的三角结构，但这些三角结构上的竞争强度却普遍很低。相反，当 $k \geqslant 298$ 时，关系 $C^w(k) > C(k)$ 成立，且比值 $C^w(k)/C(k)$ 随着度 k 的增大表现出增大趋势，可由图中虚线框部分清晰地描述出来。这意味着，高连接度快递企业的三角集聚结构由其竞争强度更高的竞争关系所构成，对于整个网络竞争状态的影响会非常大。

4. 拓扑匹配性和加权匹配性

根据 3.1 节中复杂网络结构特性度量方法里给出的关于加权匹配性的度量方法，对竞争关系矩阵 $C(N_3, N_3)$ 进行分析，给出国际业务竞争关系网络的加权匹配性计算结果，如图 4-25 所示。

由图 4-25 可以看出，随着连接度 k 的增大，$k_{nn}(k)$ 逐渐减小，表明国际业务竞争关系网络为异配网络，节点企业的连接度越高，其邻居节点企业的平均连接度越低。与此同时，$k_{nn}^w(k) < k_{nn}(k)$ 普遍存在，且 $k_{nn}^w(k)/k_{nn}(k)$ 随着连接度 k 的增大明显减小，说明该网络为强度异配，即网络中更大的竞争强度出现在高连接度

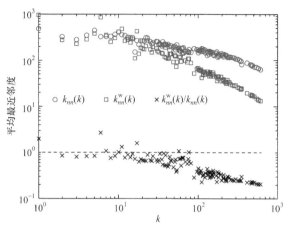

图 4-25　国际业务竞争关系网络的加权匹配性

节点企业和低连接度节点企业之间。

　　由以上分析可知，国际业务竞争关系网络中高连接度快递企业的三角集聚结构由其竞争强度更高的竞争关系所构成，且高连接度快递企业与低连接度节点企业之间的竞争强度很高。这意味着，高连接企业如果发起竞争行为，不仅容易在相互之间引发连锁效应，还会影响到大量的低连接度企业，非常容易产生大范围的恶性竞争状态。高连接度企业应认识到客观存在的竞争态势，不轻易采取不规范的竞争行为，营造良好的产业氛围。

4.5　本　章　小　结

　　本章给出基于分支机构地域重合程度的快递企业竞争关系的定义，在此基础上，通过从陕西省邮政管理局和国家邮政局收集的快递企业名录、分支机构和服务网点所在地域信息，形成对我国快递产业竞争关系网络的拓扑描述，包括陕西省快递产业竞争关系网络、国内跨省业务竞争关系网络和国际业务竞争关系网络。最后，以国内跨省业务竞争关系网络为例，详细讲解了利用 MATLAB 和 UCINET 软件绘制竞争关系网络的方法步骤，主要包括生成快递企业经营地域城市列表、生成快递企业经营地域城市编号对应表、利用 MATLAB 生成竞争关系矩阵以及利用 UCINET 绘制网络拓扑图，共四个步骤。

　　此外，在所得到的快递企业竞争关系矩阵的基础上，利用第 3 章 3.1 节中讲述的复杂网络结构特性度量方法，对陕西省快递产业竞争关系网络、国内跨省业务竞争关系网络和国际业务竞争关系网络的结构特征进行了详细度量，包括各自的竞争强度分布特性、强度-度相关性、加权集聚性和加权匹配性。依据不同的度量结果，对其隐含的经济意义进行了分析和解释。

第 5 章　快递产业竞争关系网络的演化机理研究

5.1　快递产业竞争关系网络演化模型构建思路

5.1.1　快递业务量统计分析

快递企业之间竞争关系的形成，关键在于其分支机构地域的重合程度，而分支机构的地域选择与该地域的快递业务需求有紧密关系。企业必然偏好在需求量更大的地区、省、市、区县设立分支机构和服务网点，这是其利润的保障。根据国家邮政局及各省邮政管理局网站公布的统计信息，收集关于快递行业运行情况的相关数据并进行分析，可得以下结果。

1. 全国快递业务量统计分析

1) 全国各省快递业务量统计分析

通过国家邮政局和各省邮政管理局网站统计信息，汇总除港、澳、台外，全国 31 个省、自治区、直辖市近 5 年的快递业务量，如表 5-1 所示。

表 5-1　全国 31 个省、自治区、直辖市 2013～2017 年快递业务总量　(单位：亿件)

地区	2013 年	2014 年	2015 年	2016 年	2017 年
湖北	2.2	3.31	5.08	7.73	10.13
新疆	0.51	0.59	0.71	0.87	0.9
云南	0.68	0.83	1.11	1.73	2.28
贵州	0.29	0.47	0.7	1.12	1.5781
福建	4.5	6.5	8.9	12.9	16.61
宁夏	0.098	0.152	0.223	0.32	0.37
西藏	0.38	0.48	0.57	1.21	0.0567
四川	2.44	3.79	4.87	8.01	11
重庆	1.06	2.39	2.65	2.84	3.28
内蒙古	0.28	0.44	0.54	0.85	1.1

续表

地区	2013 年	2014 年	2015 年	2016 年	2017 年
广西	0.7	0.9	1.25	2.28	3.17
海南	0.22	0.22	0.29	0.49	0.59
青海	0.04	0.059	0.07	0.11	0.15
甘肃	0.12	0.27	0.36	0.61	0.72
陕西	0.920.7	1.38	2.04	3.7	4.58
广东	21.07	33.56	50.13	76.72	101.3
河北	2.08	3.4	5.49	9.04	11.94
北京	8.18	11.1	14.14	19.6	22.75
天津	0.87	1.24	2.56	4.1	5.01
山东	3.14	4.47	7.343	12.054	15.14
山西	0.88	0.9	1.16	1.85	2.44
黑龙江	0.54	0.702	1.264	2.18	2.32
吉林	0.453	0.664	0.902	1.39	1.76
辽宁	1.14	1.67	2.47	3.98	5.14
浙江	14.2	24.6	38.3	59.9	79.32
江苏	9.8	14.8	22.9	28.4	35.96
上海	9.5	12.8	17.1	26	31.2
安徽	1.4	2.4	4	6.9	8.63
江西	0.98	1.6	2.35	3.83	4.38
湖南	1.55	2.272	3.18	4.86	5.92
河南	1.94	2.95	5.15	8.39	10.74

根据表 5-1 中的数据进行排序绘图，并对 5 年的快递业务量均值进行数值拟合，得到拟合函数表达式为 $y = 76.25\mathrm{e}^{-0.3218x}$，拟合判定值 $R^2 = 0.9721$，结果如图 5-1 所示。

2) 省会城市快递业务量统计分析

除港、澳、台及四个直辖市外，进一步查阅全国其他 27 个省、自治区的省会

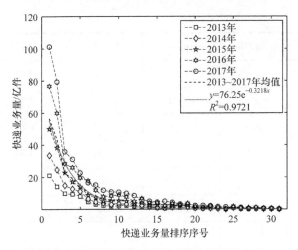

图 5-1 31 个省、自治区和直辖市快递业务量

城市的快递业务量，结果如表 5-2 所示。

表 5-2 省会城市 2013～2017 年快递业务总量   (单位：亿件)

地区	2013 年	2014 年	2015 年	2016 年	2017 年
武汉	1.6125	2.47	3.78	5.48	7.025
乌鲁木齐	0.4039	0.4641	0.532	0.554	0.608
昆明	0.53	0.63	0.7599	1.18	1.454
贵阳	0.1876	0.298	4.041	5.929	0.785
福州	1.165	1.432	1.704	2.643	3.4
银川	0.09313	0.1277	0.1898	0.2566	0.28156
拉萨	0.0253	0.0356	0.0468	0.0517	0.04292
成都	1.957	3.042	3.818	6.1463	8.26
呼和浩特	0.1195	0.2393	0.269	0.371	0.47
南宁	0.4054	0.4702	0.605	1.14	1.613
海口	0.185	0.1614	0.1983	0.3434	0.4192
西宁	0.0359	0.048	0.0601	0.0843	0.1153
兰州	0.08	0.17	0.213	0.33	0.37
西安	0.6896	1.0679	1.5927	2.7716	3.3956
广州	7.934	13.9	19.52	28.67	39.33
石家庄	0.6868	0.9989	1.6373	2.7642	3.6
济南	0.7718	1.1255	1.8781	2.6746	3.0216
太原	0.7795	0.6685	0.7725	1.14	1.34

续表

地区	2013 年	2014 年	2015 年	2016 年	2017 年
哈尔滨	0.3569	0.4624	0.9397	1.5528	1.68
长春	0.2741	0.4134	0.5233	0.79	0.99
沈阳	0.456	0.714	1.096	1.93	2.54
杭州	4.7	8.456	12.57	18.05	23.26
南京	2	2.9	5	4.7	6.34157
合肥	0.56	1.02	1.85	3.03	3.91
南昌	0.477	0.825	1.065	1.715	1.86
长沙	0.868	1.35	1.87	2.6	3.31
郑州	1.15	1.62	2.89	4.24	4.9139

根据表 5-1 和表 5-2 的数据，计算 2013～2017 年省会城市在所在省、自治区快递业务总量中的比重(简称占比)，结果如图 5-2 所示。在此基础上，对每年 27 个省会城市的占比进行平均，结果为 0.588(2013 年)、0.577(2014 年)、0.566(2015 年)、0.534(2016 年)、0.527(2017 年)。

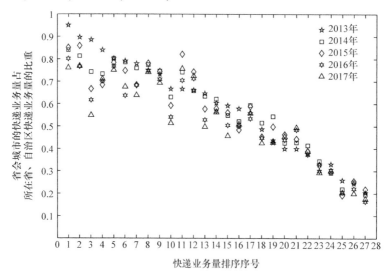

图 5-2　27 个省会城市的快递业务量占所在省、自治区快递业务量的比重

由以上数据分析结果可以看出，我国各省、自治区、直辖市的快递业务量有

着明显差异，并随着时间的演进越发显著；同一省、自治区内，省会城市的快递业务量极为突出，远远高于所在地域一般城市的快递业务量。这样的分布特点对快递企业分支机构的设置起到重要影响，进而影响快递产业竞争关系网络结构的演化。

2. 陕西省快递业务量统计分析

采用和全国快递业务量统计分析相同的方法，图 5-3 给出近 5 年陕西省内 10 个市的快递业务量及均值。图中实线为关于均值的拟合函数，其表达式为 $y=167000\mathrm{e}^{-2.173x}$，拟合判定值 $R^2=0.989$。

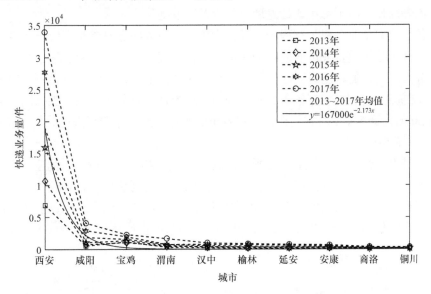

图 5-3　陕西省 10 个城市的快递业务量及均值

对 10 个城市下辖的区县进一步调查，共包括 107 个区县。大部分城市，包括宝鸡市、咸阳市、渭南市、延安市、汉中市、榆林市、安康市、商洛市，其快递服务网点在本市各区县分布均表现出"单一突出"的特点，突出区县分别为渭滨区、秦都区、临渭区、宝塔区、汉台区、榆阳区、汉滨区、商州区，均在所属城市的市辖区。西安市、铜川市网点呈 M 型分布，有多个网点数量突出的区县，具体为西安市的雁塔区和未央区，铜川市的王益区、印台区和耀州区。

由以上数据分析结果可以看出，陕西省各城市的快递业务量有着明显差异，并随着时间的演进越发显著；各城市内各区县的快递业务量有明显差异，主要表现为"单一突出"的特点。这样的分布特点与全国范围快递业务量的分布特点保持一致，对陕西省各城市各区县内分支机构和服务网点的设置起到重要影响，进而影响到省内竞争关系网络结构的演化。

5.1.2　快递企业分支机构差异性分析

我国快递产业很长一段时间处于粗放式发展状况，目前全国共有 2 万多家正式注册成立的快递企业，基本形成了三大市场主体，包括国有快递企业、民营快递企业和外资快递企业。国有快递企业以邮政 EMS 为代表；民营快递企业以顺丰和"四通一达"(圆通、申通、中通、汇通、韵达)为代表；外资快递企业以 DHL、FedEx、UPS、TNT 为代表。同时，由电子商务兴起的京东物流、阿里巴巴的菜鸟物流等均显现出不可小觑的发展态势以及行业地位。

各个快递企业在成长过程中，其分支机构或服务网点设置与其成长速度紧密相关。极少数快递企业迅速成长为快递巨头，其规模扩张的速度迅猛，分支机构或服务网点增长的数量远远超出了一般快递企业。下面，以陕西省为例，对全省 82 家快递企业 2018 年在各市的服务网络进行统计汇总分析，找出服务网点数排名前 20 的快递企业，对它们在陕西省各市的服务网点分布情况进行分析，结果见图 5-4～图 5-13。

西安市的快递网点数中韵达所占比例最大，为 25.14%；EMS、优速、全峰次之，比例分别为 8.14%、5.98%、5.72%；世阳所占比例最小，为 0.82%。

铜川市的快递网点数中 EMS 所占比例最大，为 15.97%；韵达、全峰、德邦次之，比例分别为 15.13%、9.24%、9.24%；喜来所占比例最小，为 0.84%。

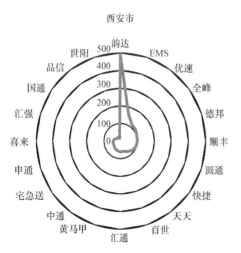

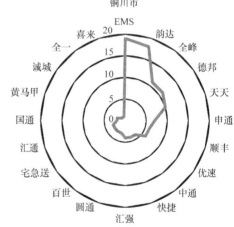

图 5-4　快递企业在西安市的网点分布　　　图 5-5　快递企业在铜川市的网点分布

　　宝鸡市的快递网点数中韵达所占比例最大，为 26.92%；EMS、圆通、申通次之，比例分别为 12.78%、8.69%、7.67%；正大所占比例最小，为 0.34%。

　　咸阳市的快递网点数中 EMS 所占比例最大，为 26.54%；韵达、宅急送、顺丰次之，比例分别为 12.62%、6.80%、5.66%；丝宇路所占比例最小，为 0.32%。

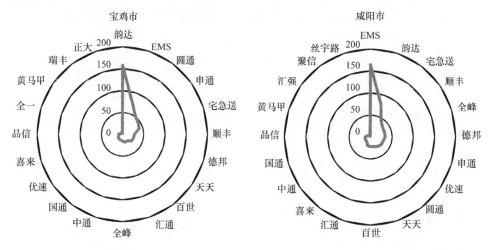

图 5-6　快递企业在宝鸡市的网点分布　　　　图 5-7　快递企业在咸阳市的网点分布

　　渭南市的快递网点数中韵达所占比例最大，为 19.91%；EMS、圆通、申通次之，比例分别为 17.08%、13.95%、9.72%；黄马甲所占比例最小，为 0.47%。

　　延安市的快递网点数中 EMS 所占比例最大，为 18.85%；圆通、德邦、韵达

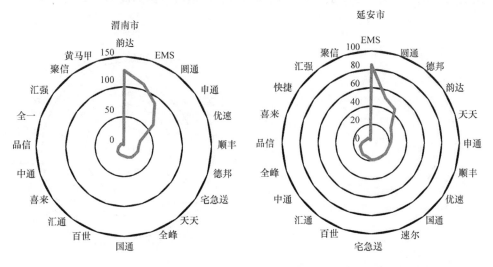

图 5-8　快递企业在渭南市的网点分布　　　　图 5-9　快递企业在延安市的网点分布

次之，比例分别为 11.31%、9.98%、5.99%；聚信所占比例最小，为 0.67%。

汉中市的快递网点数中 EMS 所占比例最大，为 19.37%；申通、圆通、韵达次之，比例分别为 16.60%、11.26%、9.09%；常丰所占比例最小，为 0.20%。

榆林市的快递网点数中韵达所占比例最大，为 16.20%；EMS、圆通、申通次之，比例分别为 8.10%、7.34%、7.09%；品信所占比例最小，为 0.51%。

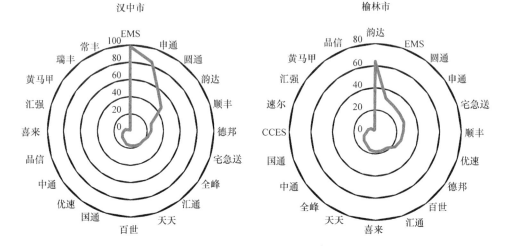

图 5-10　快递企业在汉中市的网点分布　　　图 5-11　快递企业在榆林市的网点分布

安康市的快递网点数中 EMS 所占比例最大，为 19.81%；圆通、韵达、申通次之，比例分别为 12.08%、11.59%、8.70%；汇强所占比例最小，为 0.48%。

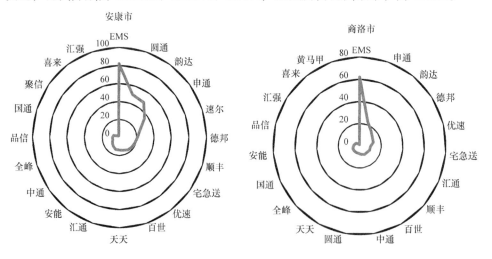

图 5-12　快递企业在安康市的网点分布　　　图 5-13　快递企业在商洛市的网点分布

商洛市的快递网点数中 EMS 所占比例最大，为 27.93%；申通、韵达、德邦次之，比例分别为 10.36%、7.66%、6.31%；黄马甲所占比例最小，为 0.45%。

综合图 5-4～图 5-13 可见，在绝大部分城市，快递网点数分布呈现"水滴型"，EMS 在 6 个城市处于"水滴型"的尖端，韵达在 4 个城市处于"水滴型"的尖端，具有最强的网点布局优势，圆通、申通次之。这些数据可以充分说明，在十几年的发展进程中，极少数快递企业迅速成长为快递巨头，如 EMS、顺丰、"四通一达"等，其规模扩张的速度迅猛，分支机构增长的数量远远超出了一般快递企业。这种分支机构增长数量的差异性，也是快递产业竞争关系网络结构演化模型构建中需要重点考虑的因素。

5.2　快递产业竞争关系网络演化模型

5.2.1　演化模型构建

基于 5.1 节的相关分析，构建快递产业竞争关系网络演化模型如下。

(1) 初始化。生成 w 个地域，代表省(或市)。每个地域的快递业务量为 $q_w(w=1,2,\cdots,n)$，其值服从一定的分布特征 $q_w=f(w)$。假定每个地域中有 m 个城市(或区县)，即仿真系统中共有 $n\times m$ 个城市(或区县)。每个地域中有 1 个省会城市(或市辖区)的快递业务量为 $\dfrac{q_w}{2}$；其他 $m-1$ 个城市(或区县)的快递业务量共为 $\dfrac{q_w}{2}$，每个城市的快递业务量为 $\dfrac{q_w}{2(m-1)}$。城市 j 的快递业务量记为 q_j。

以上关于初始化的设置中，城市 j 的快递业务量 q_j 用来刻画不同城市快递业务量的差异；快递业务量为 $\dfrac{q_w}{2}$ 和 $\dfrac{q_w}{2(m-1)}$ 用来刻画省会城市(经济发达区县)快递业务量尤为突出的差异性分布特点。

(2) 增长。每个时间步骤 t，一个新快递企业以概率 $P^{\wedge}$ 进入快递系统，选择 s 个城市(或区县)设立分支机构，使得整个产业中企业的数量增长；或一个已在快递系统中的现有企业以概率 $1-P^{\wedge}$ 选择 s 个城市(或区县)设立分支机构，使得经营地域扩张。现有企业 i 经营地域扩张的概率 P_i 依赖于其本身已有的分支机构数量 r_i，即分支机构数量越多的企业越有可能进行经营地域扩张：

$$P_i = \frac{r_i^b}{\sum_i r_i^b} \tag{5-1}$$

其中，$b(b \geqslant 1)$ 表示企业 i 现有分支机构数量 r_i 对其经营地域扩张的影响程度，用来描述快递企业分支机构增长数量的差异性，进而刻画我国快递产业中少数快递企业迅速成长为快递巨头的现象。

(3) 优先选择。新企业或现有企业选择城市 j(或区县 j)设立分支机构的概率 P_j 依赖于该城市(或区县)的快递业务量水平 q_j，即优先选择快递业务量高的城市 j(或区县 j)设置分支机构：

$$P_j = \frac{q_j}{\sum_j q_j} \tag{5-2}$$

在整个选择的过程中，同一个快递企业不允许对同一个城市(或区县)进行重复选择。如果两个快递企业选择了相同的城市(或区县)设立分支机构，二者之间建立竞争关系。

对比第 3 章 3.2 节所介绍的 BA 无标度网络模型(Barabási et al, 1999)，可以看出此网络演化模型借鉴了该模型的增长和偏好选择机制，但考虑了快递产业竞争关系网络产生的现实因素。首先，在原有的节点增长机制中，引入了分支机构的增长要素。此外，快递企业的持续成长过程，不仅要考虑新进入市场的快递企业的分支机构的建设，还将现有快递企业分支机构的扩张纳入演化过程。这意味着，本模型的增长机制里，不仅有节点增长机制，还包括边的增长机制。这是因为，现有快递企业分支机构的扩张，不可避免地会引起新的竞争关系产生。

5.2.2　演化模型的 MATLAB 仿真框架

根据 5.2.1 节所构建的网络演化模型，采用 MATLAB 编程，进行仿真实验。演化模型的 MATLAB 仿真框架如图 5-14 所示。

在这个仿真框架中，现有节点企业在进行分支结构经营地域扩张时，要避免对已选择的城市重复设置分支机构。因此，需要根据自己现有的分支机构城市列表，将这些城市排除选择范围。也就是说，仿真框架中阴影部分的 P_j 需要进行修正，j 不是针对所有城市而言的。

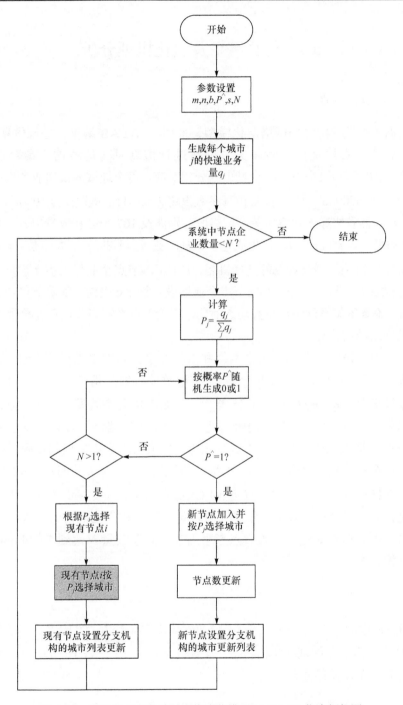

图 5-14　快递产业竞争关系网络演化模型 MATLAB 仿真框架图

5.3　仿真结果及演化机理分析

5.3.1　仿真参数设置

根据 5.2 节所构建的网络演化模型，采用 MATLAB 编程，进行仿真实验。

当对陕西省快递产业竞争关系网络进行仿真时，地域仿真参数设定为 $w=1,2,\cdots,10$，与陕西省的 10 个城市划分相对应。每个地域的快递业务量函数为 $q_w = f(w) = 167000\mathrm{e}^{-2.173w}$。区县仿真参数设定为 $m=11$，进而产生 $10\times m=110$ 个区县，与陕西省快递产业竞争关系网络所分别涉及 107 个区县数量相近。按照网络演化模型的步骤(1)，初始化生成每个区县的业务量数据 q_j。每个仿真时刻 t，按照步骤(2)和(3)的增长和偏好选择机制，1 个新的节点企业加入仿真系统并设立 s 个分支机构，或者 1 个现有的节点企业增设 s 个分支机构。随着节点和分支机构的加入，竞争关系网络产生并动态演化。实验重点考察当节点企业数量 N 达到 82 时的网络结构状态。

当对国内跨省业务竞争关系网络和国际竞争关系网络进行仿真时，地域仿真参数设定为 $w=1,2,\cdots,31$，与全国 31 个行政地域划分相对应。每个地域的快递业务量函数为 $q_w = f(w) = 76.25\mathrm{e}^{-0.3218w}$。城市仿真参数设定为 $m=10$，进而产生 $31\times m=310$ 个城市，与国内跨省业务竞争关系网络和国际业务竞争关系网络所分别涉及 309 和 320 个城市数量相近。按照网络演化模型的步骤(1)，初始化生成每个城市的业务量数据 q_j。每个仿真时刻 t，按照步骤(2)和(3)的增长和偏好选择机制，1 个新的节点企业加入仿真系统并设立 s 个分支机构，或者 1 个现有的节点企业增设 s 个分支机构。随着节点和分支机构的加入，竞争关系网络产生并动态演化。实验重点考察当节点企业数量 N 达到 72 和 644 时的网络结构状态。

5.3.2　仿真结果

通过详细的仿真数据分析，在对陕西省快递产业竞争关系网络进行仿真时，检验 82 个节点企业的网络结构状态，参数组合 $\hat{P}=0.3$、$s=1$、$b=1.2$ 产生了如图 5-15 所示的实验结果。

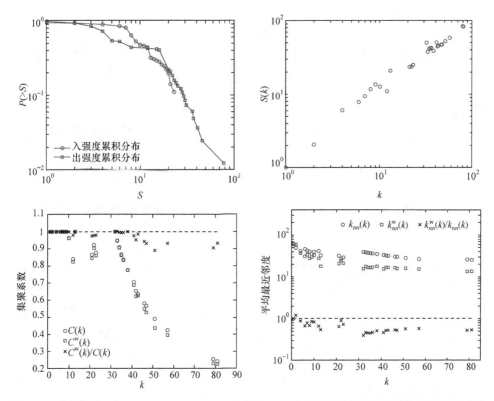

图 5-15　参数组合 $P^{\wedge}=0.3$、$s=1$、$b=1.2$ 条件下，快递产业竞争关系网络演化模型的仿真结果，节点企业数量为 82

对国内跨省业务竞争关系网络进行仿真时，检验 72 个节点企业的网络结构状态，参数组合 $P^{\wedge}=0.1$、$s=3$、$b=1$ 产生了如图 5-16 所示的实验结果。

对国际业务竞争关系网络进行仿真时，检验 644 个节点企业的网络结构状态，参数组合 $P^{\wedge}=0.5$、$s=2$、$b=1.5$ 产生了如图 5-17 所示的实验结果。

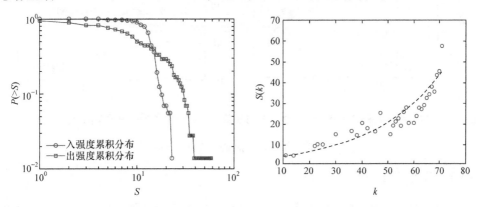

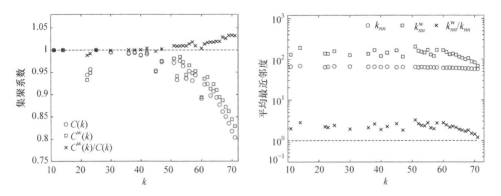

图5-16 参数组合 $P^{\wedge}=0.1$ 、 $s=3$ 、 $b=1$ 条件下，快递产业竞争关系网络演化模型

的仿真结果，节点企业数量为72

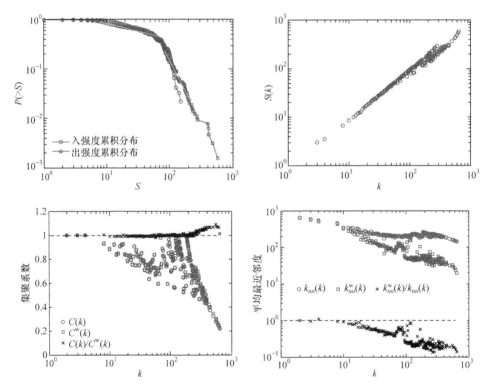

图5-17 参数组合 $P^{\wedge}=0.5$ 、 $s=2$ 、 $b=1.5$ 条件下，快递产业竞争关系网络演化模型

的仿真结果，节点企业数量为644

5.3.3 演化机理分析

仿真实验发现，不同的参数对拓扑结构有着不同的影响。参数 $P^{\wedge}$ 描述了快递

企业数量的增长速度，主要影响累积入强度和出强度分布特性，其值越小，新节点企业进入快递系统的速度越慢，累积入强度和累积出强度更易形成如国内跨省业务竞争关系网络所表现出的单标度特性，反之则趋向形成如国际业务竞争关系网络中的幂律特性。参数 s 描述了分支机构增长的速度，主要影响到集聚性，其值越大，越容易产生 $C^w(k) > C(k)$ 的集聚特性。参数 b 描述了快递企业分支机构增长数量的差异性，主要影响到强度和匹配性，b 的值越大，高连接度节点企业的 $S(k)$ 值越大，同时 $k_{nn}^w(k)/k_{nn}(k)$ 的值越小。

在不同的参数组合下，图 5-15～图 5-17 分别很好地拟合了陕西省快递产业竞争关系网络、国内跨省业务竞争关系网络和国际业务竞争关系网络的加权结构特征，说明 5.2 节所构造的网络演化模型抓住了快递产业竞争关系网络最主要的生成演化机理。节点企业增长、分支机构增长以及基于快递业务量的优先选择机制，是快递产业竞争关系网络生成演化过程中最主要的关键因素。

5.4　本　章　小　结

以第 4 章度量得到的三个快递产业竞争关系网络的加权结构特性为基础，本章结合陕西省各区县和全国各城市的快递业务量分布状况，以及快递产业的竞争格局分析，构建快递产业竞争关系网络演化模型。此网络演化模型考虑了快递企业的持续成长过程，在借鉴 BA 无标度网络模型节点增长和偏好选择机制的基础上，增加了分支机构的增长要素，从而将边的增长机制引入模型。仿真结果表明，在不同的参数条件下，模型重构了三个快递产业竞争关系网络的加权结构特性，进而说明模型中所给出的节点企业增长、分支机构增长以及基于快递业务量的优先选择机制，是快递产业竞争关系网络生成演化过程中的关键因素。

第6章　快递产业竞争关系网络上的价格竞争博弈行为

6.1　快递产业竞争关系网络上的价格竞争博弈模型构建思路

企业为获得更大的市场份额、更高的利润，会采用各种不同的竞争行为或手段，如广告、产品差异化、降价等。在我国快递产业中，企业之间的价格竞争行为尤为激烈。鉴于此，本章用经典的 Bertrand 价格博弈模型描述快递企业之间的价格竞争行为。在此基础上，将其与快递产业竞争关系网络所定义的企业间竞争关系结合起来，构建快递产业竞争关系网络上的价格竞争演化博弈模型。模型构建思路遵从了复杂网络上的博弈模型的建模思路，具体见 3.3 节，具有理论依据和科学性。

6.2　快递产业竞争关系网络上的价格竞争博弈模型

6.2.1　模型的理论意义

著名的 Bertrand 悖论描述了一个博弈情境。两个企业生产同质产品，有着相同的单位生产成本，生产能力无约束。在静态博弈的假设条件下，二者同时决策产品价格，其均衡解是它们都将设置产品价格为边际成本，没有任何收益 (Daughety，2005)。这个博弈模型被称为悖论，因为现实世界中这样的两个企业很容易通过设置一个更高的价格进而赚取正利润。许多研究者已经分析探讨了这个问题，通过合理修正 Bertrand 悖论的假设条件，解决了此悖论。首先，在同质产品的前提假设下，Bertrand 悖论可以通过引入生产能力约束(Hehenkamp，2002)、反应滞后的消费者(Maskin，1986)、生产技术的内生性(Yano，2005)以及价格决策的内生性(Yano et al，2006)得到解决。其次，产品差异化(Hotelling，1929；Singh et al，1984)、需求的不确定性(Janssen et al，2002；Reisinger et al，2009)、产品质量的不确定性(Smith et al，2009；Tásnádi et al，2012)以及可变的单位成本(Dastidar，1995；Alós-Ferrer et al，2000；Abbink et al，2008；Argenton et al，2012)被发现是消除 Bertrand 悖论的重要因素。最后许多实验研究关注于寡头竞争，但并没有观察到 Bertrand 均衡解。这可以归因为在实验室环境下，经济个体的完全理性假设是无法被满足的(Chamberlin, 1948；Apesteguia et al, 2007, 2010)。

由本书 3.3 节中讲述的复杂网络上的博弈可知，网络结构会影响到博弈的演化均衡解。Nowak 和 May 将一个二维空间格子(即方格)引入因徒困境博弈的演化过程，在这个非合作博弈中发现了明显的合作现象。由于空间格子给定的特殊的交互作用，采用合作行为的个体能形成集聚结构进而在整个群体中维持一定水平的合作行为。沿着这项工作，大量的研究者证明了各种空间格子对因徒困境博弈演化的正向作用，即能够获得一定水平的合作者。自从发现了小世界网络和无标度网络，许多研究探讨了小世界网络和无标度网络上的因徒困境博弈。进一步，一些其他的博弈模型，如雪崩博弈和牡鹿捕捉博弈，被用来刻画不同的博弈情境。它们在小世界网络和无标度网络上的演化研究也产生了丰硕的成果(Doebeli et al, 2004；Lee et al, 2008；Santos et al, 2008；Cao et al, 2010)。

受到复杂网络上的博弈研究的启发，本章将快递产业竞争关系网络和 Bertrand 价格博弈模型结合起来，研究产业竞争关系网络上的价格竞争行为。这是从一个新的理论视角探讨 Bertrand 悖论，即从复杂网络演化博弈理论视角研究价格竞争问题。这个视角的合理性在于以下两个方面。第一，现实世界中的企业是有限理性而非完全理性。Huck 等(1999，2000)通过实验方法研究了 Bertrand 价格博弈模型下的学习行为，发现这是企业模仿最成功的博弈行为。这是企业面临价格决策时有限理性的现实表现。因此，演化博弈理论的基本假设更好地刻画了企业价格竞争行为的特征。第二，以往的研究工作(Yang et al, 2007，2009；Hou et al, 2008；李得荣等，2010；杨建梅等，2013)和第 4 章的工作都发现，现实世界中企业间的竞争关系具有复杂网络的结构特征。将这两方面结合起来，可说明复杂网络演化博弈理论适合用来研究那些具有复杂竞争关系的企业之间的价格竞争问题。这是学术界首次在研究企业间价格竞争问题时考虑企业间复杂的竞争关系，具有重要的理论意义。

6.2.2　模型构建

从复杂网络演化博弈视角研究价格竞争问题，不可避免地需要对 Bertrand 模型的一些基本假设进行修订。首先，演化博弈理论研究有限理性的群体的策略演化。那么，Bertrand 价格博弈模型中静态博弈框架下的"两个完全理性的企业"，应该被修订为演化博弈框架下"许多有限理性的企业"。更进一步，演化博弈框架下企业间的交互作用是随机发生的。一旦将复杂网络因素考虑进来，企业间的交互作用就不是随机发生，而是基于企业间的复杂竞争关系发生的。

作为第一次尝试从复杂网络演化博弈视角研究企业的价格竞争问题，本章首先在四个重要的复杂网络模型上展开研究，包括完全网络、方格网络、小世界网络、无标度网络，继而在三个快递产业竞争关系网络上展开研究。网络中的每个节点代表一个快递企业，每条边定义了两个企业间的竞争关系。那么，基于Bertrand 价格竞争模型，一个与企业 j 有竞争关系的企业 i 在价格竞争中获得的收益 $\pi_i(p_i, p_j)$ 依赖于二者的价格，即

$$\pi_i(p_i, p_j) = \begin{cases} \dfrac{(p_i - C)D(p_i)}{2}, & p_i = p_j \\ (p_i - C)D(p_i), & p_i < p_j \\ 0, & p_i > p_j \end{cases} \tag{6-1}$$

其中，C 是固定的单位成本；$D(p_i)$ 是需求函数，最常见的函数表达式为 $D(p_i) = a - up_i$。在这个表达式中，a 是需求量的最大值，即当价格 $p_i = 0$ 时的需求量，$u(u > 0)$ 是需求函数的斜率，代表了需求量对于价格的敏感程度。不失一般性，可设固定单位成本为 $C = 0$，收益函数简化为

$$\pi_i(p_i, p_j) = \begin{cases} \dfrac{p_i(a - up_i)}{2}, & p_i = p_j \\ p_i(a - up_i), & p_i < p_j \\ 0, & p_i > p_j \end{cases} \tag{6-2}$$

在演化博弈理论框架下，企业是有限理性的，它们没有能力进行完美的价格决策，将价格设置为边际成本。它们只能作出一个简单的决策：保持原价 $p(p > 0)$ 或降价 $p^*(p^* = \lambda p, 1 > \lambda > 0)$，其中，$\lambda$ 衡量了降价的幅度，其值越小，降价幅度越大。

所有的企业同时决定它们各自的价格。每个企业对所有的竞争关系使用相同的价格。一个企业的收益是所有竞争关系产生的收益总和。价格的演化采用模仿最优的策略调整规则。在复杂网络演化博弈研究中，各种模仿规则被使用，如模仿最优、复制动力学、Femi 过程等，以及 3.3 节中复杂网络上的博弈所介绍的。本章使用模仿最优的策略调整规则。这是因为 Huck 等(1999，2000)的实验发现，企业在进行决策时采取模仿最优的规则。

以上的价格竞争和演化机制可以更具体地描述为：在每轮博弈中，即在每个博弈时刻 t，每个企业出价 $p_{i,t}$。一个企业 i 在博弈时刻 t 获得的收益 $U_{i,t}$ 可计算为累积收益 $U_{i,t} = \sum_{j \in \Omega_i} \pi_{i,t}(p_{i,t}, p_{j,t})$ 或者平均收益 $U_{i,t} = \sum_{j \in \Omega_i} \pi_{i,t}(p_{i,t}, p_{j,t}) / n_{\Omega_i}$，其中，$\Omega_i$ 是企业 i 的邻居企业，即有竞争关系的企业，n_{Ω_i} 为企业 i 的邻居数量。当所有的企业获得了博弈时刻 t 的收益，它们同时更新价格。当企业 i 更新自己的价格时，它比较自己的收益和邻居的收益，采取产生最高博弈收益的企业的价格作为下一

次博弈的价格。所有的企业更新完价格后，下一个博弈时刻 $t+1$ 开始。

6.2.3　模型的理论分析

根据收益函数(6-2)，对于每一对有竞争关系的企业来说，它们如果同时出价为 p，则各自获得博弈收益 $p(a-up)/2$；如果同时出价为 p^*，则各自获得博弈收益 $p^*(a-up)/2$；如果一个出价 p^*，另一个出价 p，出价 p^* 的企业获得收益为 $p^*(a-up^*)$，出价 p 的企业获得收益为 0。这样的价格竞争情境可以用收益矩阵 $\boldsymbol{M}_1$ 描述，即

$$\boldsymbol{M}_1 = \begin{array}{c} \\ p \\ p^* \end{array} \begin{array}{cc} p & p^* \\ \left[\begin{array}{cc} \dfrac{p(a-up)}{2} & 0 \\ p^*(a-up^*) & \dfrac{p^*(a-up^*)}{2} \end{array}\right] \end{array}$$

将矩阵 $\boldsymbol{M}_1$ 中的四个收益分别表示为 $R=p(a-up)/2$，$T=p^*(a-up^*)$，$P=p^*(a-up^*)/2$，$S=0$，矩阵元素的相对顺序可分析如下。

首先，因为参数满足条件 $p>0,u>0,a>up,p^*=\lambda p,1>\lambda>0$，那么关系 $R,T,P>S$ 是成立的。此外，$P=\dfrac{1}{2}T$ 意味着 $T>P$，关系 $R>S,T>P>S$ 成立。

其次，假定 $R>T$，那么不等式① $p(a-up)/2>p^*(a-up^*)$ 成立。因为 $a>up$，等式 $a=\beta up(\beta>1)$ 成立。那么，不等式①可转化为不等式② $(\beta-1)up^2>2\lambda(\beta-\lambda)up^2$。进一步，因为 $up^2>0$，不等式②转化为不等式③ $(\beta-1)>2\lambda(\beta-\lambda)$。那么，不等式④ $\beta(1-2\lambda)>1-2\lambda^2$ 成立。

当 $1>\lambda>0.5$ 时，不等式 $(1-2\lambda)<0$ 和 $(1-2\lambda)<1-2\lambda^2$ 成立。除此之外，因为 $\beta>1$，不等式 $\beta(1-2\lambda)<0$ 成立。相应地，不等式⑤ $\beta(1-2\lambda)<1-2\lambda^2$ 成立。然而，不等式⑤和不等式④是矛盾的，意味着"当 $1>\lambda>0.5$ 成立时，$T>R$ 成立"。

当 $\lambda=0.5$ 成立时，不等式 $(\beta-1)<2\lambda(\beta-\lambda)$ 成立。这与不等式③冲突，意味着"当 $\lambda=0.5$，$T>R$ 成立"。

当 $0.5>\lambda>0$ 时，不等式 $1-2\lambda>0$ 成立。不等式④可转化为条件关系 $\beta>\dfrac{1-2\lambda^2}{1-2\lambda}$。这意味着"当 $0.5>\lambda>0$ 时，如果条件 $\beta>\dfrac{1-2\lambda^2}{1-2\lambda}$ 满足，则 $R>T$ 成立；否则 $T>R$ 成立"。

最后，假定 $R>P$ ，不等式⑥ $\dfrac{p(a-up)}{2}>\dfrac{p^*(a-up^*)}{2}$ 成立。因为 $a=\beta up$ 且 $p^*=\lambda p$ ，不等式⑥可转化为 $\beta(1-\lambda)>1-\lambda^2$ 。因为 $1-\lambda>0$ ，条件关系 $\beta>1+\lambda$ 成立。所以，"如果条件 $\beta>1+\lambda$ 满足， $R>P$ 成立；否则， $P>R$ 成立"。

根据演化博弈基础理论，如果博弈个体之间的交互作用是随机的，收益矩阵 M_1 中四个元素的相对顺序将导致不同的演化均衡解(Casasnovas，2012；Nee，2006)。那么，根据以上关于 R 、 S 、 T 、 P 相对顺序的分析结果，可以得到不同参数条件下价格竞争博弈的演化均衡解，如表 6-1 所示。完全降价和完全保持价格分别意味着所有企业采取了价格 p^* 和所有企业采取价格 p 。

表 6-1　参数 R 、 S 、 T 、 P 的顺序及对应的演化均衡解

λ 的取值范围	β 的取值范围	R 、 S 、 T 、 P 的相对顺序	演化均衡解
$1>\lambda\geqslant 0.5$	$\beta>1+\lambda$	$T>R>P>S$	完全降价
	$1+\lambda>\beta>1$	$T>P>R>S$	完全降价
$0.5>\lambda>0$	$1+\lambda>\beta>1$	$T>P>R>S$	完全降价
	$\dfrac{1-2\lambda^2}{1-2\lambda}>\beta>1+\lambda$	$T>R>P>S$	完全降价
	$\beta>\dfrac{1-2\lambda^2}{1-2\lambda}$	$R>T>P>S$	完全降价或完全价格保持

由表 6-1 可以看出，当参数条件满足 $0.5>\lambda>0$ 和 $\beta>\dfrac{1-2\lambda^2}{1-2\lambda}$ 时， $R>T>P>S$ 成立，有两个演化均衡解，即企业完全降价或完全价格保持。依赖于初始状态时选择保持价格的企业的比例，价格竞争系统将收敛于不同的演化均衡。如果初始状态下保持价格的企业比例 $f_p(0)$ 大于（ $x^*=\dfrac{P-S}{R-T-S+P}$ ），即 $f_p(0)>x^*$ ，价格竞争系统演化收敛为完全价格保持；反过来，如果 $f_p(0)<x^*$ ，价格竞争系统演化收敛于完全降价。很显然，这里存在一个关于价格演化均衡解的临界现象。

6.2.4　模型的 MATLAB 仿真框架

网络演化模型采用 MATLAB 编程，进行仿真实验。网络上的价格竞争博弈行为演化博弈模型仿真框架如图 6-1 所示。在所有的仿真实验中，初始状态时，以相同的概率将价格 p 或 p^* 随机指派给所有节点企业，即两个价格策略在初始状

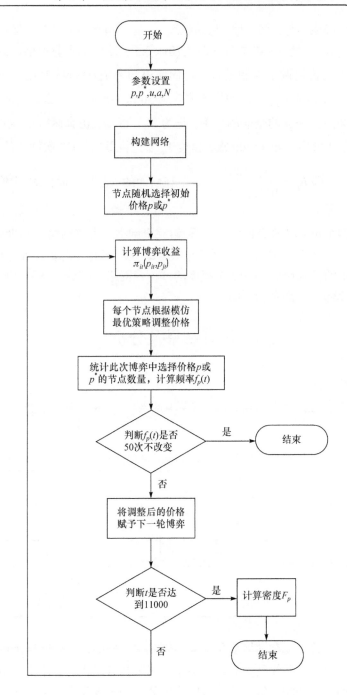

图 6-1　网络上的价格竞争博弈行为演化博弈模型仿真框架

态时没有任何优势或劣势。相应地，初始状态下，在所有节点企业中，保持价格 p 的企业的频率 $f_p(t)$ 大概在 0.5 左右，即 $f_p(0) \approx 0.5$。然后，企业价格的调整变化根据演化模型中的价格调整机制进行，进而使得频率 $f_p(t)$ 持续变化。仿真过程中，监测每个时间步骤的 $f_p(t)$。如果该值连续 50 次不改变，那么最后的 $f_p(t)$ 即为均衡状态时保持价格 p 的企业的频率，记为 F_p；否则，仿真运行 11000 个时间步骤，即节点企业价格博弈 11000 次，密度 F_p 通过将最后 1000 次博弈的 $f_p(t)$ 结果进行平均得到，即 $F_p = \dfrac{1}{1000} \displaystyle\sum_{t=10001}^{11000} f_p(t)$。在后面的表述中，简称 F_p 为价格保持密度。

本章使用四个重要的复杂网络理论模型(完全网络、方格网络、小世界网络、无标度网络)和三个快递产业竞争关系网络展开研究。因此，需要 7 个 MATLAB 程序来实现本章的仿真研究。这 7 个程序的"构建网络"部分，各不相同，之后的价格演化博弈部分，都是相同的。

6.3　仿真结果及分析

6.3.1　仿真参数设置

模型里所有的参数和它们相关的取值范围总结在表 6-2 中。参数范围设置的合理性如下。

表 6-2　仿真实验的参数描述和取值范围

参数	描述	取值范围
N	竞争规模	$1000 \geqslant N > 50$
p	原价	$1000 \geqslant p \geqslant 1$
p^*	降价	$p > p^* > 0$
u	需求函数斜率	$10 > u > 0$
a	最大需求量	$1000up \geqslant a > up$

首先，在以往关于复杂网络演化博弈的研究中，例如，复杂网络上的囚徒困境博弈、雪崩博弈和公共物品博弈，网络中的每个节点代表着一个人，节点数量通常设置为 5000 或 1000。但是这里，网络中的每个节点代表一个企业。在现实世界中，几乎没有什么行业有如此多的企业进行一个同质化产品的价格竞争。因此，首先将参与价格竞争的企业数量设置为 $1000 \geqslant N > 50$。这是一个反映了现实

世界恰当竞争规模的参数范围。在四个复杂网络理论模型上研究价格竞争博弈演化时，将检验不同人口规模的价格演化的影响。在三个快递产业竞争关系网络上研究价格竞争博弈演化时，这个参数已经具体化，不进行讨论。

其次，原价 p 的理论取值范围大于 0，但我们无法在仿真实验中检验一个无限增大的价格参数。因此，将其设置为 $1000 \geqslant p \geqslant 1$。此范围足够大，使得我们可以探索它对价格演化的影响作用。相似地，参数 u 和 a 分别设置为 $10 > u > 0$ 和 $1000up \geqslant a > up$。

6.3.2　价格保持现象的涌现

在四个复杂网络理论模型(完全网络、小世界网络、无标度网络、方格网络)以及三个快递产业竞争关系网络上，分别进行 20000 次仿真实验。在每次仿真实验中，累积收益度量方式和平均收益度量方式随机给定，参数 N、p、p^*、u、a 的取值通过在它们各自的取值范围内随机抽样产生。图 6-2 给出了价格保持密度 F_p 的概率分布。

图 6-2 两个子图中 F_p 概率分布的一个突出特点是，分布中有四个尖峰。第一个尖峰在 $F_p = 0$ 的位置，对应着 Bertrand 价格博弈模型的均衡解，即所有的企业都出价为 p^*。图 6-2(a)中 $F_p = 0$ 的概率分布取值表明，在完全网络、小世界网络、无标度网络和方格网络上，在各自的 20000 次仿真实验中，分别有 37%、59%、87%和 100%的仿真实验出现了价格保持现象。图 6-2(b)中 $F_p = 0$ 的概率分布取值表明，在陕西省快递产业竞争关系网络、国内跨省业务竞争关系网络和国际业务竞争关系网络上，在各自的 20000 次仿真实验中，分别有 100%、58%和 100%的

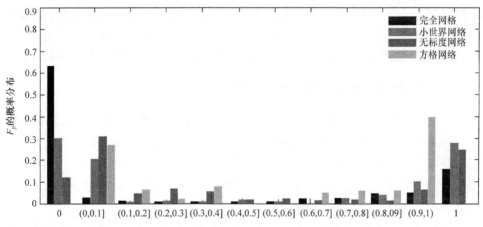

(a)

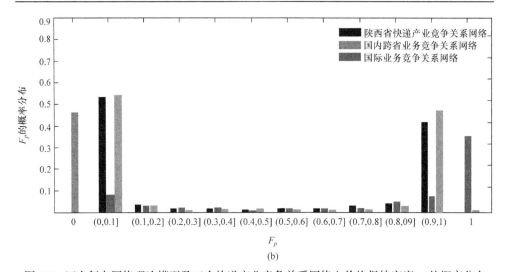

图 6-2　四个复杂网络理论模型及三个快递产业竞争关系网络上价格保持密度 F_p 的概率分布

仿真实验出现了价格保持现象。第二个尖峰在 $F_p = (0,0.1]$ 的位置，意味着只有少于 10% 的企业保持价格 P。这里 F_p 的取值表明，在激烈的价格竞争环境下，小世界网络、无标度网络、方格网络比完全网络更有利于价格保持，陕西省快递产业竞争关系网络和国际业务竞争关系网络比国内跨省业务竞争关系网络更有利于价格保持。第三个和第四个尖峰分别在 $F_p = (0.9,1)$ 和 $F_p = 1$ 的位置。这里的 F_p 取值表明，小世界网络、无标度网络和完全网络比方格网络更有利于促进全面的价格保持；国内跨省业务竞争关系网络促进全面价格保持的能力也较强。

总体来说，三个快递产业竞争关系网络上的 F_p 取值很好地诠释了理论网络模型研究的结果。这说明，现实世界中的复杂竞争关系是价格竞争系统中价格保持的重要因素。图 6-2 的结果来自于两个收益度量方式和所有参数 N、p、p^*、u、a 的随机组合。接下来，将进一步探讨不同参数和收益度量方式对价格演化结果的影响。使用蒙特卡罗仿真，计算价格保持密度 F_p 的平均水平。在下面的结果表述中，每个 F_p 数据来自于相同仿真参数和收益度量方式下 100 次实验结果的平均。

6.3.3　收益度量方式和竞争规模对价格演化的影响

在两个不同的收益度量方式下，使用四个复杂网络理论模型，探讨竞争规模 N，即价格竞争环境中的企业数量对于价格保持密度 F_p 的影响，结果如图 6-3 所示。对于所有的子图，需求函数斜率设置为 $u = 1$。对于竞争规模 $N=50 \sim 1000$，方格网上的节点企业数量为 $N = 49,100,186,289,400,484,576,676,784,900,1024$，所对应的方格网维度分别为 7, 14, 17, 20, 22, 24, 26, 28, 30, 32。

从图 6-3 的每个子图可以看出，在两个不同的收益度量方式下，价格保持密度

F_p 在完全网络、小世界网络和方格网络上几乎不变，但在无标度网络上有着显著的变化。更加具体而言，当降价幅度较高时，即图 6-3(a)、图 6-3(b)、图 6-3(e)、图 6-3(f)中，无标度网络上的价格保持密度在平均收益度量方式下高于累积收益度量方式。然而，当降价幅度较低时，即图 6-3(c)、图 6-3(d)、图 6-3(g)、图 6-3(h)中，

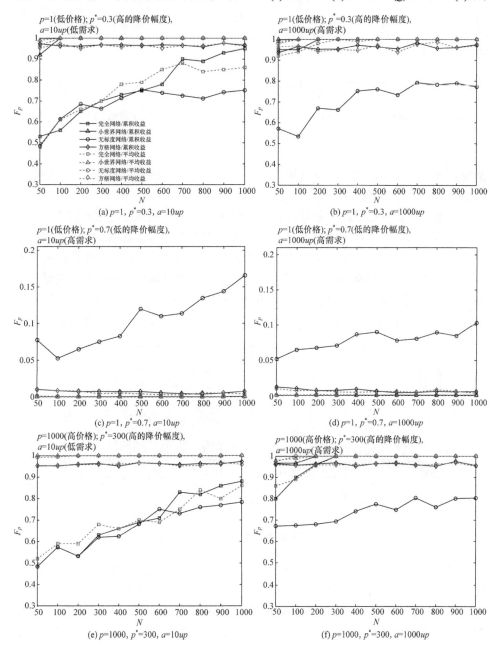

(a) $p=1$, $p^*=0.3$, $a=10up$　　(b) $p=1$, $p^*=0.3$, $a=1000up$

(c) $p=1$, $p^*=0.7$, $a=10up$　　(d) $p=1$, $p^*=0.7$, $a=1000up$

(e) $p=1000$, $p^*=300$, $a=10up$　　(f) $p=1000$, $p^*=300$, $a=1000up$

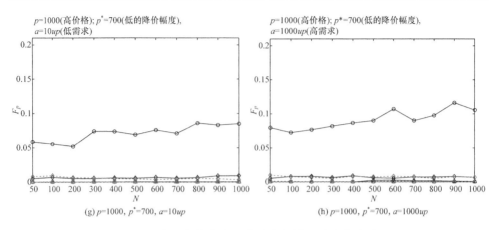

(g) p=1000, p^*=700, a=10up　　　(h) p=1000, p^*=700, a=1000up

图 6-3　价格保持密度 F_p 与竞争规模 N 的变化关系

情况则刚好相反。这样的研究结果进一步论证了以前的研究发现，无标度网络上的博弈演化均衡受到收益度量方式的影响。

产生这样研究结果的主要原因在于，当网络中节点的连接度差异较大时，高连接度节点的博弈收益水平在不同的收益度量方式下有着显著的差异。这种情况在无标度网络中的 hub 节点上表现得尤为突出。图 6-4 给出在两个不同的博弈收益度量方式下，无标度网络上不同连接度节点企业价格演化过程中的收益情况。图中有着不同标志符号的数据来自 10 次不同的仿真实验。参数设置为 p=1，p^*=0.3，a=10up，u=1，对应着图 6-3(a)中的参数设置，竞争规模为 N=500。

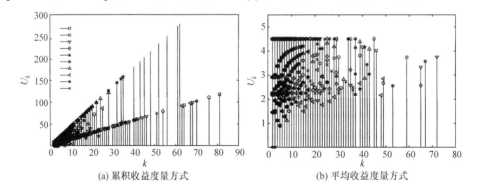

(a) 累积收益度量方式　　　　(b) 平均收益度量方式

图 6-4　动态演化过程中，无标度网络上不同连接度 k 的节点企业的博弈收益

可以清楚地看到，在累积收益度量方式下，hub 节点的收益远远高于低连接度节点企业；但是在平均收益度量方式下，hub 节点企业在获得收益方面没有任何优势。根据 6.2.2 节中描述的价格演化机制，博弈收益在节点企业的模仿行为中起着至关重要的作用。因此，hub 节点博弈收益的明显变化不可避免地导致不同

的模仿动态和演化结果。

图 6-5 中三个快递产业竞争关系网络上的价格竞争博弈结果验证了四个复杂网络理论模型的研究结果。图 6-5 中横坐标参数条件的(A)~(H)对应着图 6-3 中 8 个子图的参数条件：(A) $p=1, p^*=0.3, a=10up$ ；(B) $p=1, p^*=0.3, a=1000up$ ；(C) $p=1, p^*=0.7, a=10up$ ；(D) $p=1, p^*=0.7, a=1000up$ ；(E) $p=1000, p^*=300, a=10up$ ；(F) $p=1000, p^*=300, a=1000up$ ；(G) $p=1000, p^*=700, a=10up$ ；(H) $p=1000, p^*=700, a=1000up$ 。不同子图对应不同的竞争关系网络。对于所有的子图，需求函数斜率设置为 $u=1$ 。当降价幅度较高时，即每个子图的(A)(B)(E)(F)参数条件下，价格保持密度在平均收益度量方式下高于累积收益度量方式。但当降价幅度较低时，即每个子图的(C)(D)(G)(H)参数条件下，价格保持密度在两个度量方式下保持一致。

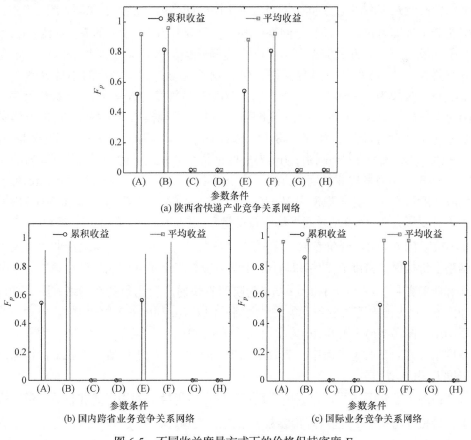

(a) 陕西省快递产业竞争关系网络

(b) 国内跨省业务竞争关系网络

(c) 国际业务竞争关系网络

图 6-5 不同收益度量方式下的价格保持密度 F_p

此外，在图 6-3 的每个子图中，以及通过比较图 6-5 不同的子图，可以发现一个共同的趋势是价格保持密度F_p随着竞争规模的增大而提高，除非其值特别小（$F_p \to 0$）或特别大（$F_p \to 1$）。说明竞争规模越大，整个价格竞争系统更容易实现价格保持。

基于以上的仿真结果，下面将在三个(低、中、高)竞争规模N条件下，在四个理论网络模型上进一步探讨其他四个参数对价格演化的影响。对于无标度网络模型，给出两个不同收益度量方式下的结果。对于其他网络模型，给出累积收益度量方式下的结果，但在平均收益度量条件下对所有结果进行了校验。在三个快递产业竞争关系网络上，给出累积收益方式下的结果。

6.3.4 降价程度和需求量对价格演化的影响

图 6-6 给出降价参数p^*和需求量参数a变化时，四个复杂网络理论模型上价格保持密度F_p的结果。不同子图对应着不同的网络模型或竞争规模。图 6-6 中，(a)为竞争规模为$N=50$的完全网络；(b)为竞争规模为$N=500$的完全网络；(c)为竞争规模为$N=1000$的完全网络；(d)为竞争规模为$N=50$的小世界网络；(e)为竞争规模为$N=500$的小世界网络；(f)为竞争规模为$N=1000$的小世界网络；(g)为竞争规模为$N=50$的无标度网络；(h)为竞争规模为$N=500$的无标度网络；(i)为竞争规模为$N=1000$的无标度网络；(j)为竞争规模为$N=49(7\times7)$的方格网络；(k)为竞争规模为$N=484(22\times22)$的方格网络；(l)为竞争规模为$N=1024(32\times32)$的方格网络；(m)为平均收益度量方式下竞争规模为$N=50$的无标度网络；(n)为平均收益度量方式下竞争规模为$N=500$的无标度网络；(o)为平均收益度量方式下竞争规模为$N=1000$的无标度网络。图 6-6(a)～图 6-6(l)使用累积收益度量方式，所有结果经平均收益度量方式校验。在所有子图中，参数$p=10$，$u=0.1$。图 6-7 给出降价参数p^*和需求量参数a变化时，三个快递产业竞争关系网络上价格保持密度F_p的结果。不同子图对应着三个不同的快递产业竞争关系网络和收益条件。图 6-7(a)和图 6-7(d)为陕西省快递产业竞争关系网络；图 6-7(b)和图 6-7(e)为国内跨省业务竞争关系网络；图 6-7(c)和图 6-7(f)为国际业务竞争关系网络。图 6-7(a)～图 6-7(c)为累积收益度量方式，图 6-7(d)～图 6-7(f)为平均收益度量方式。在所有子图中，参数$p=10$，$u=0.1$。颜色由蓝至红表示价格保持密度F_p由 0 增加至 1。

由图 6-6 和图 6-7 可以看出，在不同的竞争规模、网络形式和收益度量方式下，价格保持密度F_p随着降价参数p^*的增大而减小。当p^*较低时，整个价格竞争系统能获得一个高水平的价格保持密度。其含义是，如果初始状态下某些企业的降价幅度较大，更多的企业反而在最终状态时能演化为保持价格的行为状态。

然而，需求量参数 a 对价格保持密度的影响并不显著。此外，6.2.3 节理论分析中所预测的临界现象出现在图 6-6(b)和图 6-6(c)的 $p^* = 3,4$ 位置，除去需求量 $a = 10$ 的情况。尽管图 6-6(a)与图 6-6(b)和图 6-6(c)都属于完全网络上的仿真结果，但图 6-6(a)上并未发现临界现象。对这些仿真结果的分析如下。

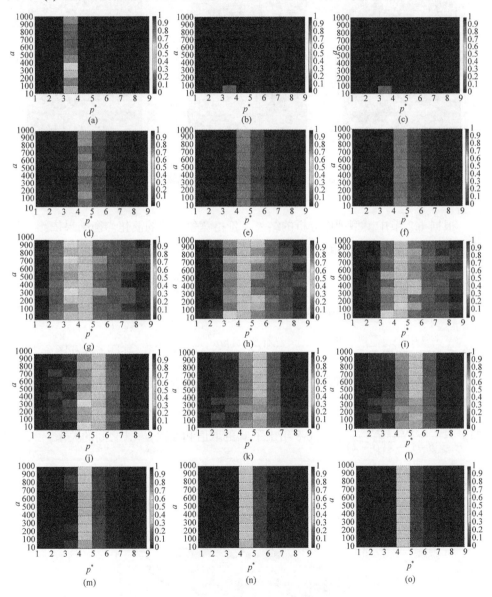

图 6-6　四个复杂网络理论模型上价格保持密度 F_p 与降价 p^* 和需求量 a 之间的关系(见彩图)

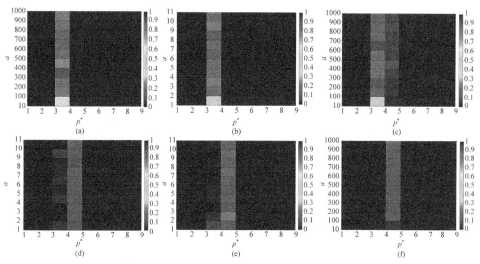

图 6-7　三个快递产业竞争关系网络上价格保持密度 F_p 与降价 p^* 和
需求量 a 之间的关系(见彩图)

根据 6.2 节中模型理论分析的结果，价格竞争系统的演化均衡结果依赖于初始的价格保持密度 $f_p(0)$ 和 x^* 的取值。在当前的仿真实验中，初始的价格保持密度 $f_p(0) \approx 0.5$。因此，x^* 的取值对于演化结果至关重要。因为参数条件满足

$$R = \frac{p(a-up)}{2}、 T = p^*(a-up^*)、 P = \frac{p^*(a-up^*)}{2}、 S = 0、 a = \beta up \text{ 和 } p^* = \lambda p，等$$

式 $x^* = \dfrac{P-S}{R-T-S+P} = \dfrac{P}{R-P} = \dfrac{\lambda(\beta-\lambda)up^2}{(\beta-1)up^2 - \lambda(\beta-\lambda)up^2}$ 成立。在图 6-6 和图 6-7 中，

降价和需求量对价格保持密度的影响是通过固定原价参数 $p=10$ 和需求函数斜率参数 $u=0.1$ 得到的。那么，x^* 的值仅仅由参数 $\beta(\beta>1)$ 和 $\lambda(1>\lambda>0)$ 所决定，

即 $x^* = \dfrac{\lambda(\beta-\lambda)}{(\beta-1)-\lambda(\beta-\lambda)}$。图 6-8 给出了 x^* 的取值和参数 β、λ 之间的关系。

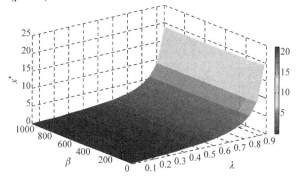

图 6-8　x^* 的取值与参数 β 和 λ 之间的关系(见彩图)

从图 6-8 可以看出，x^* 的取值随着参数 λ 的增大而增大，但并不随着参数 β 的改变而改变。当参数 p^* 增大时，意味着 λ 的取值增大，那么 x^* 的取值跟着增大。这意味着对于一个给定的初始价格保持密度 $f_p(0) \approx 0.5$ 而言，在一个更高的 p^* 条件下，企业更难获得价格保持。因此，在图 6-6 和图 6-7 中可以看到，价格保持密度 F_p 随着价格参数 p^* 的增大而减小。另外，随着需求量参数 a 的增大，参数 β 的值增大，但 x^* 的取值并不改变。所以，尽管参数 a 明显提高，价格保持密度 F_p 却几乎不改变。

其次，考虑到图 6-6(b) 和图 6-6(c) 中，价格保持密度 F_p 的临界现象发生在 $p^* = 3,4$ 时，表 6-3 中列出参数 $p^* = 3,4$ (即 $\lambda = 0.3,0.4$)时，x^* 的取值。所有的数据精确到小数点后 3 位。

表 6-3　降价参数 p^*=3,4 时，x^* 的取值

p^*	a										
	10	100	200	300	400	500	600	700	800	900	1000
3	0.478	0.433	0.431	0.430	0.430	0.429	0.429	0.429	0.429	0.429	0.429
4	0.744	0.673	0.670	0.669	0.669	0.669	0.668	0.668	0.668	0.667	0.667

从表 6-3 可以看到，当降价参数 p^* 从 $p^* = 3$ 变化为 $p^* = 4$ 时，x^* 的取值从 $x^* < 0.5$ 转变为 $x^* > 0.6$。基于 6.2.3 节的分析，可知如果初始的价格保持密度 $f_p(0) \approx 0.5$ 小于 x^* 的取值，完全降价是演化均衡结果。那么，参数条件 $p^* \geqslant 4$ 对应着 $x^* > 0.6$，因此 $f_p(0) < x^*$ 在 100 次重复的仿真实验中是必然能够被满足的，进而导致完全降价成为完全网络上参数条件 $p^* \geqslant 4$ 时的演化结果。反过来，当降价参数 $p^* = 3$，初始价格保持密度 $f_p(0) \approx 0.5$ 高于 x^* 的取值，完全价格保持应该是演化均衡的结果。但是，对于需求量 $a = 10$，$f_p(0) \approx 0.5$ 与 $x^* = 0.478$ 非常接近。那么，在 100 次重复的仿真实验中，$f_p(0) < x^*$ 有可能发生很少的几次。因此，在图 6-6(b) 和图 6-7(c) 中，对于参数条件 $p^* = 3, a = 10$，我们观察到一个高水平的价格保持密度，而不是完全价格保持。在图 6-6(a) 中，虽然也是在完全网络上进行价格竞争博弈，但并没有观察到理论预测的临界现象。这是竞争规模 N 的差异产生的结果。6.2 节的理论分析结果适合于大的竞争规模，这在图 6-6(a) 中是无法满足的。

6.3.5　原价和需求函数斜率对价格演化的影响

根据 6.3.4 节的研究结果，需求量参数 a 对价格演化几乎没有影响。因此，在本部分，将其设置为 $a=1000$。该值足够大，进而使得 $D(p_i)=a-up_i>0$ 在参数 p 和 u 改变时也能得到满足。然后，选择图 6-6(a)、图 6-6(e)、图 6-6(i)、图 6-6(k)、图 6-6(o)进一步进行实验探讨。这些子图覆盖了图 6-6 中涉及的三个竞争规模、四个复杂网络理论模型形式和两个收益度量方式。针对每个子图，设置 $p^*=3,4,5$，该参数条件下价格保持密度 F_p 的主要特征均在图 6-6 中表现出来。图 6-9 给出四个复杂理论网络模型上原价参数 p 和需求函数斜率 u 对价格演化均衡的影响。不同子图对应着不同的网络模型、竞争规模或降价参数。(a)为完全网络且 $N=50,p^*=3$；(b)为完全网络且 $N=50,p^*=4$；(c)为完全网络且 $N=50,p^*=5$；(d)为小世界网络且 $N=500,p^*=3$；(e)为小世界网络且 $N=500,p^*=4$；(f)为小世界网络且 $N=500,p^*=5$；(g)为无标度网络且 $N=1000,p^*=3$；(h)为无标度网络且 $N=1000,p^*=4$；(i)为无标度网络且 $N=1000,p^*=5$；(j)为方格网络且 $N=484(22\times22),p^*=3$；(k)为方格网络且 $N=484(22\times22),p^*=4$；(l)为方格网络且 $N=484(22\times22),p^*=5$；(m)为平均收益度量方式下无标度网络且 $N=1000,p^*=3$；(n)为平均收益度量方式下无标度网络且 $N=1000,p^*=4$；(o)为平均收益度量方式下无标度网络且 $N=1000,p^*=5$。图 6-9(a)～图 6-9(l)使用累积收益度量方式，所有结果经平均收益度量方式校验。在所有子图中，参数 $a=1000$。图 6-10 给出三个快递产业竞争关系网络上原价参数 p 和需求函数斜率 u 对价格演化均衡的影响。不同子图对应着不同的快递竞争关系网络或降价参数。(a)为陕西省快递产业竞争关系网络且 $p^*=3$；(b)为陕西省快递产业竞争关系网络且 $p^*=4$；(c)为陕西省快递产业竞争关系网络且 $p^*=5$；(d)为国内跨省业务竞争关系网络且 $p^*=3$；(e)为国内跨省业务竞争关系网络且 $p^*=4$；(f)为国内跨省业务竞争关系网络且 $p^*=5$；(g)为国际业务竞争关系网络且 $p^*=3$；(h)为国际业务竞争关系网络且 $p^*=4$；(i)为国际业务竞争关系网络且 $p^*=5$。使用平均收益度量方式，所有结果经累积收益度量方式校验。在所有子图中，参数 $a=1000$。

由图 6-9 和图 6-10 可见，在四个不同的复杂理论网络模型和三个快递产业竞争关系网络上，在不同的竞争规模和收益度量方式下，原价和需求函数斜率均对价格保持密度 F_p 产生了非常显著的影响。对于低的需求函数斜率 $u<25$，价格保持密度 F_p 随着原价 p 的增大而提高，当原价 p 达到较高值时，可获得一个高水平的价格保持密度 F_p。然而，对于一些更高水平的需求函数斜率 u，价格保持密度

F_p 随着原价 p 的增大先提高后降低。如果需求函数斜率 u 非常高，整个系统将很难保持原始价格 p。对这些仿真结果的分析如下。

首先，因为参数条件满足 $R = \dfrac{p(a-up)}{2}$，$T = p^*(a-up^*)$，$P = \dfrac{p^*(a-up^*)}{2}$，

$S = 0$，等式 $x^* = \dfrac{p^*(a-up^*)}{p(a-up)-p^*(a-up^*)}$ 成立。当参数 p^*、a、u 保持不变时，

$x^* = \dfrac{p^*(a-up^*)}{p(a-up)-p^*(a-up^*)}$，表达式的分子 $p^*(a-up^*)$ 是一个大于 0 的常数。那

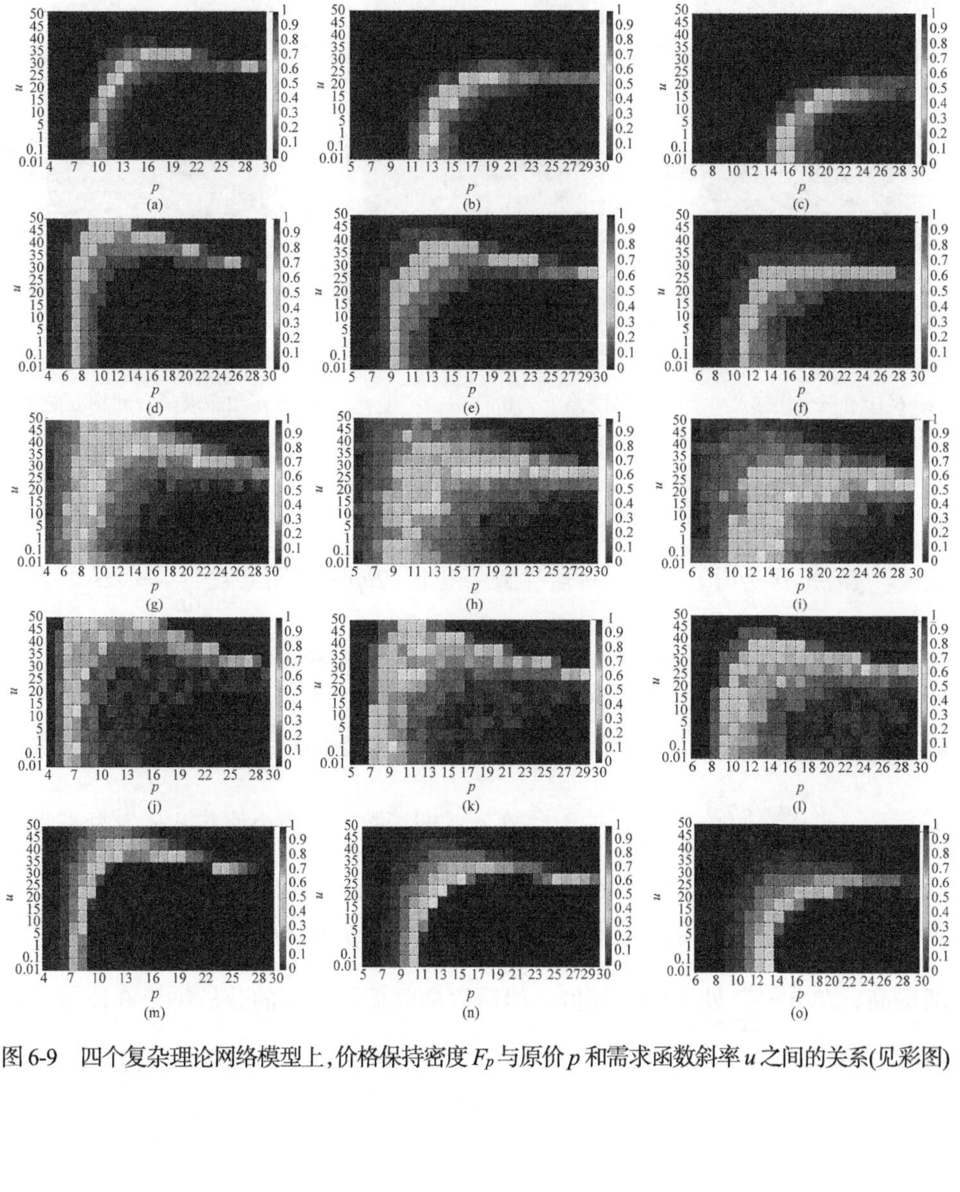

图 6-9　四个复杂理论网络模型上，价格保持密度 F_p 与原价 p 和需求函数斜率 u 之间的关系(见彩图)

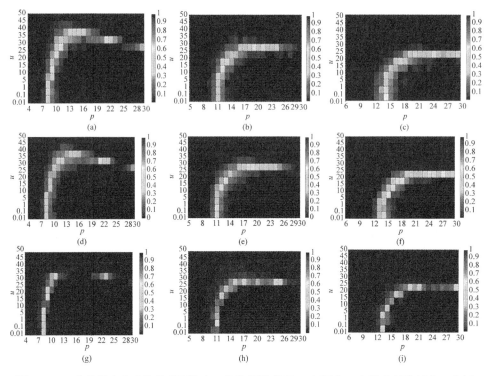

图 6-10　三个快递产业竞争关系网络上，价格保持密度 F_p 与原价 p 和需求函数斜率 u 之间的关系(见彩图)

么，x^* 的取值则仅仅由其分母 $p(a-up) - p^*(a-up^*)$ 的取值决定。对于函数表达式 $y = p(a-up) - p^*(a-up^*)$ ，一阶导数 $\dfrac{\mathrm{d}y}{\mathrm{d}p} = a - 2up$ 和二阶导数 $\dfrac{\mathrm{d}^2 y}{\mathrm{d}p^2} = -2u$ 的表达式成立。又因为 $u > 0$ ，所以 $\dfrac{\mathrm{d}^2 y}{\mathrm{d}p^2} < 0$ 成立。那么，函数表达式 $y = p(a-up) - p^* \cdot (a-up^*)$ 是关于参数 p 的凸函数，其最大值在 $p = \dfrac{a}{2u}$ 处获得。相应地，

$x^* = \dfrac{p^*(a-up^*)}{p(a-up) - p^*(a-up^*)}$ 是关于参数 p 的凹函数，其最小值在 $p = \dfrac{a}{2u}$ 处获得。那么，对于一个给定的初始价格保持频率 $f_p(0) \approx 0.5$ ，均衡状态的价格保持密度 F_p 是关于参数 p 的凸函数。也就是说，随着原价 p 的提高，价格保持密度 F_p 逐渐提高，在 $p = \dfrac{a}{2u}$ 处达到最高值，然后逐渐降低。这样的分析结果在图 6-9 和图 6-10 的每个子图中，均能在某些需求函数斜率 u 时得到验证。但是，在不

同的子图中，其需求函数斜率 u 得到验证的取值并不相同。例如，图 6-9(a)中，可在 $35>u>25$ 的范围内，发现价格保持密度 F_p 随着参数 p 先增大后降低的现象；在图 6-9(m)中，可在 $50>u>30$ 的范围内，发现此现象。在同一个子图中，对于更小的需求函数斜率 u，我们没有观察到这样的理论分析结果，但却可以对此进行合理解释。当需求函数斜率的取值越小时，$p=\dfrac{a}{2u}$ 的取值越大。相应地，价格保持密度 F_p 随着原价 p 增大的范围越宽。因此，在图 6-9 和图 6-10 中，对于一些较低的需求函数斜率 u 取值，我们只观察到价格保持密度 F_p 随着 p 增大的现象。为了校验对此问题的理解，我们对较小需求函数斜率 u 的情况进行了进一步的仿真实验，随着参数 p 的继续提高，确实发现价格保持密度的下降趋势。

其次，我们将等式 $x^*=\dfrac{p^*(a-up^*)}{p(a-up)-p^*(a-up^*)}$ 转化为 $x^*=$

$\dfrac{\dfrac{a}{p^*}-u}{\dfrac{a(p-p^*)}{p^{*2}}-u\left(\dfrac{p^2-p^{*2}}{p^{*2}}\right)}$。当参数 p^*、a、p 保持不变时，$\dfrac{a(p-p^*)}{p^{*2}}$ 和 $\dfrac{p^2-p^{*2}}{p^{*2}}$ 均

为常数。给定 $A=\dfrac{a}{p^*}$，$B=\dfrac{a(p-p^*)}{p^{*2}}$，$C=\dfrac{p^2-p^{*2}}{p^{*2}}$，继而将 $x^*=\dfrac{\dfrac{a}{p^*}-u}{\dfrac{a(p-p^*)}{p^{*2}}-u\left(\dfrac{p^2-p^{*2}}{p^{*2}}\right)}$

转化为 $x^*=\dfrac{A-u}{B-Cu}=\dfrac{1}{C}\left(1+\dfrac{AC-B}{B-Cu}\right)$。因为 $\dfrac{1}{C}$ 是常数，x^* 的取值由 $\dfrac{AC-B}{B-Cu}$ 决定。进一步，分子 $AC-B=\dfrac{ap^2-app^*}{p^{*3}}$ 是大于 0 的常数，x^* 的值随着需求函数斜率的增大而增大。那么，对于一个给定的初始价格保持频率 $f_p(0)\approx0.5$，均衡状态下的价格保持密度随着需求函数斜率 u 的增大而下降，正如图 6-9 和图 6-10 中所看到的那样。这意味着，如果一个产品的需求量对价格的改变非常敏感，那整个价格竞争系统将很难保持原始价格。

6.4 本 章 小 结

本章用经典的 Bertrand 价格博弈模型描述快递企业之间的价格竞争。在此基础上，将其与快递产业竞争关系网络所定义的企业间竞争关系结合起来，进而构

建快递产业竞争关系网络上的价格竞争演化博弈模型。研究发现，在四个经典的复杂网络理论模型和三个快递产业竞争关系网络模型中,均涌现出价格保持现象，从而从一个新的理论视角解决了 Bertrand 悖论。详细的实验分析发现，博弈收益的度量方式在节点企业的模仿行为中起着至关重要的作用。其原因在于，在不同的度量方式下，hub 节点博弈收益的明显变化导致不同的模仿动态和演化结果。通过四个对经典复杂网络模型和三个快递产业竞争关系网络模型的研究结果进行对比分析，发现累积收益的度量方式更好地反映了现实世界中复杂网络的异质性特点。其次，竞争规模越大，越有助于整个产业的价格保持；初始状态下某些企业的降价幅度较大,更多的企业反而在最终状态时能演化为保持价格的行为状态；如果一个产品的需求量对价格的改变非常敏感，那整个价格竞争系统将很难保持原始价格。最后，原价的高低也影响整个产业的价格保持，过高和过低均不利于整个产业维持价格。

第7章 节点企业自我网络特征与价格竞争博弈行为的关系

7.1 快递产业竞争关系网络中节点企业自我网络特征度量

根据第 3 章 3.4 节介绍的社会网络分析方法，围绕中心性、小团体、结构同构三个方面对三个快递产业竞争关系网络中节点企业的自我网络特征进行度量。在度量中心性时，选取程度中心性 C_i^c 和中介中心性 C_i^B 两个最为重要且普遍使用的指标；在度量小团体时，使用 N-cliques 指标分析形成完全竞争关系的节点企业集合，即计算 1-cliques 小团体；在度量结构同构时，使用阿基米德距离指标分析结构同型的节点企业集合。

7.1.1 陕西省快递产业竞争关系网络中节点企业的自我网络特征

1) 中心性

基于邻接矩阵 $A(N_1, N_1)$，按照第 3 章 3.4 节中给出的中心性度量方法，计算得出陕西省快递产业竞争关系网络中节点企业的程度中心性和中介中心性，结果如图 7-1 所示。

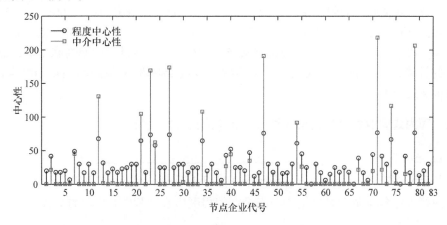

图 7-1 陕西省快递产业竞争关系网络中节点企业的程度中心性和中介中心性

由图 7-1 可以看出，某些节点企业的中介中心性非常突出，与此同时其程度中心性水平也很高。为了将两个中心性水平均高且整体中心性水平最高的节点企业找出来，采用了两步骤筛选法。

第一步，将节点企业的程度中心性水平 C_i^c 和中介中心性水平 C_i^B 进行归一化处理，分别采用式(7-1)和式(7-2)。

$$C_i^{c*} = \frac{C_i^c - \min C_i^c}{\max C_i^c - \min C_i^c} \tag{7-1}$$

$$C_i^{B*} = \frac{C_i^B - \min C_i^B}{\max C_i^B - \min C_i^B} \tag{7-2}$$

第二步，将每个节点企业 i 归一化后的 C_i^c 和 C_i^B 加和，其值是该企业中心性水平的综合指标 C_i^*，其值越大，说明其中心性水平越高。

按照此方法，可得出陕西省快递产业竞争关系网络中节点企业中心性水平的排序，这里列出排名前 20%的节点企业代号，集合为{71, 79, 47, 27, 23, 12, 74, 34, 21, 54, 24, 40, 7, 44, 55, 39}。

2) 小团体

基于邻接矩阵 $A(N_1, N_1)$，按照第 3 章 3.4 节中关于小团体的度量方法，计算陕西省快递产业竞争关系网络的 1-cliques 小团体，发现最大的 1-cliques 集合包括 20 个企业，具体为集合{2, 7, 12, 21, 23, 24, 27, 34, 39, 40, 44, 47, 54, 55, 70, 71, 72, 74, 77, 79}。这 20 个企业包括了中心性水平最高的 16 个企业。

3) 结构同构

基于邻接矩阵 $A(N_1, N_1)$，按照第 3 章 3.4 节中关于结构同构的度量方法，对陕西省快递产业竞争关系网络中的节点企业进行角色分析，发现 6 组结构完全同型的企业，即企业间的阿基米德距离 $d_{ij} = 0$。分组的具体情况为{38, 60}、{1, 5, 81, 43}、{57, 66, 76}、{14, 52, 59, 78}、{3, 4, 16, 22, 31, 49, 63, 65}、{8, 10, 19, 20, 29, 36, 48, 50, 53, 58, 73, 82}。通过与中心性和 1-cliques 集合的计算结果比较，发现这些结构同型的节点企业既不具有中心性，也不在 1-cliques 集合中。

7.1.2　国内跨省业务竞争关系网络中节点企业自我网络特征

1) 中心性

基于邻接矩阵 $B(N_2, N_2)$，按照第 3 章 3.4 节中关于中心性的度量方法，计算国内跨省业务竞争关系网络中节点企业的程度中心性和中介中心性，度量结果如图 7-2 所示。

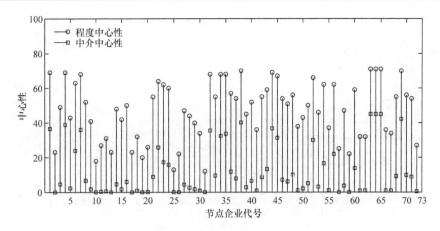

图 7-2　国内跨省业务竞争关系网络中节点企业的程度中心性和中介中心性

基于图 7-2 的数据，采用式(7-1)和式(7-2)描述的两步骤法，可得出国内跨省业务竞争关系网络中节点企业中心性水平的排序，这里列出排名前 20%的节点企业，集合为{63，64，65，38，44，69，1，4，7，34，32，35，52，45}。

2) 小团体

基于邻接矩阵 $B(N_2, N_2)$，按照第 3 章 3.4 节中关于小团体的度量方法，计算国内跨省业务竞争关系网络的 1-cliques 小团体，发现最大的 1-cliques 集合包括 39 个企业，具体为集合{1, 3, 4, 6, 7, 8, 14, 16, 21, 22, 23, 24, 32, 33, 34, 35, 36, 37, 38, 40, 42, 43, 44, 45, 46, 47, 48, 51, 52, 54, 56, 60, 63, 64, 65, 68, 69, 70, 71}。这 39 个企业包括了中心性水平最高的 14 个企业。

3) 结构同构

基于邻接矩阵 $B(N_2, N_2)$，按照第 3 章 3.4 节中关于结构同构的度量方法，对国内跨省业务竞争关系网络中的节点企业进行角色分析，发现 1 组结构完全同型的企业，即企业间的阿基米德距离 $d_{ij} = 0$，具体为{63，64，65}。通过与中心性和 1-cliques 集合的计算结果比较，发现这三个节点企业恰恰是程度中心性和中介中心性水平最高的三个企业，且在 1-cliques 集合中，这与陕西省快递产业竞争关系网络的情况完全不同。

7.1.3　国际业务竞争关系网络中节点企业自我网络特征

1) 中心性

基于邻接矩阵 $C(N_3, N_3)$，按照第 3 章 3.4 节中关于中心性的度量方法，计算国际业务竞争关系网络中节点企业的程度中心性和中介中心性，度量结果如图 7-3 所示。

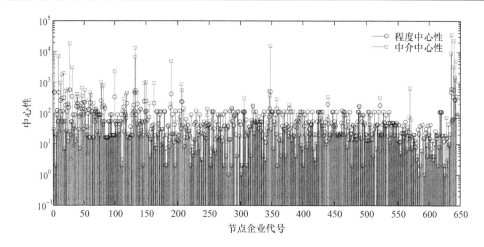

图 7-3 国际业务竞争关系网络中节点企业的程度中心性和中介中心性

基于图 7-3 的数据，采用式(7-1)和式(7-2)描述的两步骤法，可得出国际业务竞争关系网络中节点企业中心性水平的排序。鉴于企业数量较多，这里列出排名前 10%的节点企业代号，集合为{636，640，27，133，348，635，2，9，132，190，643，31，639，100，17，14，641，642，12，78，150，147，206，207，51，60，163，39，46，119，440，23，136，130，522，20，82，320，489，37，40，79，114，61，25，189，286，358，44，347，84，378，209，50，141，247，47，69，57，7，52，462，15，283}。

2) 小团体

基于邻接矩阵 $C(N_3, N_3)$，按照第 3 章 3.4 节中关于小团体的度量方法，计算国际业务竞争关系网络的 1-cliques 小团体，发现最大的 1-cliques 集合包括 34 个企业，具体为集合{636，640，27，133，348，635，2，9，132，190，643，31，639，100，17，14，641，642，12，78，150，147，206，207，51，60，163，39，46，119，440，23，136，130}。这 34 个企业被包含在最高水平中心性的节点企业集合中，而且是中心性水平最高的 34 个节点企业。

3) 结构同构

基于邻接矩阵 $C(N_3, N_3)$ $C(N_3, N_3)$ 按照第 3 章 3.4 节中关于结构同构的度量方法，对国际业务竞争关系网络中的节点企业进行角色分析，发现 23 组结构完全同型的企业，即企业间的阿基米德距离 $d_{ij} = 0$。由于组数较多，这里仅列出 2 个代表：{6，32，35，45，73，74，76，77，93，95，104，110，117，127，134，172，192，221，235，264，268，272，291，337，356，368，392，396，403，465，469，490，494，496，507}及{1，41，49，158，171，175，176，267，269，

316，349，371，379，410，512，561，582}。通过与中心性和 1-cliques 集合的
计算结果比较，发现这些结构同型的节点企业既不具有中心性，也不在 1-cliques
集合中，与陕西省快递产业竞争关系网络的情况相同。

7.2　快递产业竞争关系网络中节点企业的价格竞争行为

第 6 章从网络全局的视角出发，研究快递产业竞争关系网络上价格竞争行为
的演化，分析不同参数对价格竞争行为的影响。本节从网络局部视角出发，重点
分析三个快递产业竞争关系网络上各节点企业的价格竞争行为特点，为 7.3 节进
一步研究节点企业自我网络特征与其价格竞争行为的关系做好准备。

依然使用第 6 章的仿真模型，在三个快递产业竞争关系网络上展开仿真实
验，研究快递产业竞争关系网络上节点企业的价格竞争行为。在一次仿真实验
中，随机抽取一个时间点 t^*，记录每个节点企业的价格策略。选择价格 p 的企
业记录为 1，选择价格 p^* 的企业记录为 0。重复 100 次实验，统计每个节点企业
i 在 100 次实验中选择价格 p 的频率，记为 $f_p(t^*)\text{-}i$。三个快递产业竞争关系网
络上节点企业保持价格 p 的频率(收益函数随机给定)如图 7-4 中的三个子图所
示。需要说明的是，图 7-4(c)中 p^* 的选取略高于子图 7-4(a)和图 7-4(b)。其原因
是，国际业务竞争关系网络的竞争规模远远高于前两个竞争关系网络，如果采
用相同的 p^*，整个网络的合作密度很高，几乎所有节点企业的 $f_p(t^*)\text{-}i$ 都在 0.9
以上，无法观察出竞争行为选择的差异性。故在分析国际业务竞争关系网络上
节点企业的竞争行为时，略微提高了 p^* 的取值。

由图 7-4 的三个子图可见，在两组不同的参数组合下，各节点企业表现出相
似的价格行为决策特征。具体而言，在不同的参数条件下，节点企业 i 在 100 次
实验中选择价格 p 的频率 $f_p(t^*)\text{-}i$ 非常接近。此外，通过节点之间的比较可以看出，
在相同参数条件下，各节点企业的 $f_p(t^*)\text{-}i$ 水平有着明显区别。

在随机给定的初始价格策略条件下，同一节点企业在不同的参数条件下表现
出相似的行为，不同节点企业在相同参数条件下表现出差异化的行为。这说明，
节点企业的价格行为决策与节点企业的自我网络位置有着紧密的关系。下面将对
二者之间的关系展开分析。

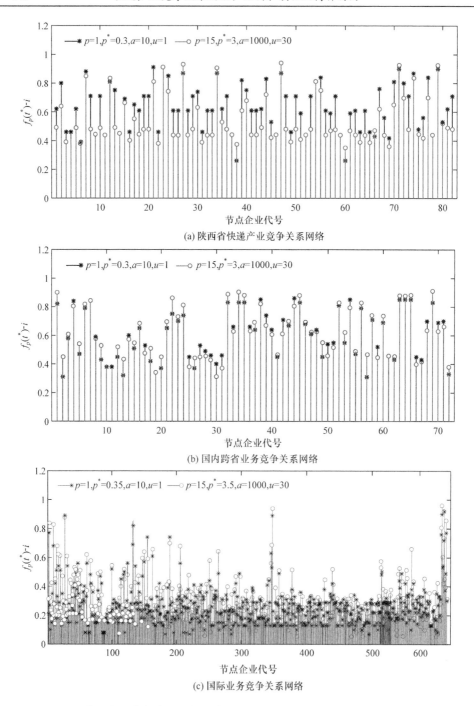

(a) 陕西省快递产业竞争关系网络

(b) 国内跨省业务竞争关系网络

(c) 国际业务竞争关系网络

图 7-4 三个快递产业竞争关系网络上节点企业保持价格 p 的频率(收益函数随机给定)

7.3　快递产业竞争关系网络中节点企业自我网络特征与价格竞争行为的关系

7.3.1　节点企业中心性与价格竞争行为的关系

以 7.2 节得到的三个快递产业竞争关系网络中各节点企业选择价格 p 的频率 $f_p(t^*)\text{-}i$ 为因变量，以 7.1 节得到的三个快递产业竞争关系网络中节点企业的自我网络中心性综合指标 C_i^* 为自变量，进行数据拟合分析，结果如图 7-5 所示。每个子图中的虚线为数据的拟合曲线。

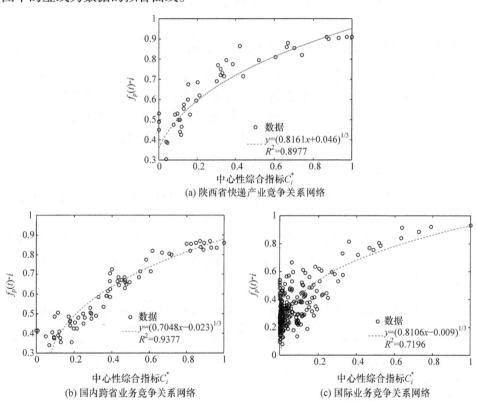

图 7-5　三个快递产业竞争关系网络中节点企业选择价格 p 的频率与其中心性水平的关系

由图 7-5 可见，三个快递产业竞争关系网络中节点企业选择价格 p 的频率均随着其自我网络中心性水平的提高而提高，且集中表现为抛物线函数的形式。这说明，节点企业的中心性越高，越有可能选择保持价格的行为，不参与价格竞争。这样的研究结果反映了价格竞争博弈的内在机制，分析如下。

　　根据价格竞争博弈模型给出的博弈收益函数表达式(6-2)，节点企业的收益由其自身和其邻居节点企业的价格共同决定。用随机理论分析此问题，当每个节点企业在博弈的初始状态随机选择保持价格 p 或者降低价格 p^* 时，一个节点企业在一个博弈关系中可能获得的收益为：以 0.25 的概率获得收益 $\dfrac{p(a-up)}{2}$，以 0.25 的概率没有收益，以 0.25 的概率获得收益 $p^*(a-up^*)$，以 0.25 的概率获得收益 $\dfrac{p^*(a-up^*)}{2}$。那么，若选择保持价格 p，则一个博弈关系可能产生收益的为 $\dfrac{p(a-up)}{8}$；若选择降低价格 p^*，则一个博弈关系可能产生的收益为 $\dfrac{3p^*(a-up^*)}{8}$。

相应地，一个博弈关系中可能获得的收益表达为 $\dfrac{p(a-up)}{16}+\dfrac{3p^*(a-up^*)}{16}$。这意味着，程度中心性水平较高的节点企业，有获得更高博弈收益的能力。博弈关系越多，其获得高水平收益的可能性越大。其结果是，程度中心性水平较高的节点企业即使选择了保持价格 p，也依然能获得比竞争对手更高的博弈收益，从而保持价格策略 p。这种优势不是价格策略本身带来的，而是资源优势带来的。

7.3.2　节点企业的 1-cliques 集合与价格竞争行为

　　以 7.1 节得到的三个快递产业竞争关系网络中节点企业的 1-cliques 分析结果为依据，将节点企业分为两类：1-cliques 节点企业和非 1-cliques 节点企业。然后，依据 7.2 节得到的三个快递产业竞争关系网络中各节点企业选择价格 p 的频率 $f_p(t^*)$-i，分析两类不同节点企业选择价格 p 的频率 $f_p(t^*)$-i 的最高值、最低值、平均值和标准差，结果如表 7-1 所示。

表 7-1　三个快递产业竞争关系网络中 1-cliques 节点企业和非 1-cliques 节点企业保持价格 p 的频率 $f_p(t^*)$-i 的统计分析数据

$f_p(t^*)$-i		最高值	最低值	均值	标准差
陕西省快递产业竞争关系网络	1-cliques	0.97	0.715	0.815	0.07
	非 1-cliques	0.685	0.305	0.518	0.09
国内跨省业务竞争关系网络	1-cliques	0.87	0.535	0.74	0.102
	非 1-cliques	0.705	0.34	0.465	0.088
国际业务竞争关系网络	1-cliques	0.93	0.285	0.594	0.193
	非 1-cliques	0.805	0.08	0.245	0.10

由表 7-1 中的数据可以看出，在三个快递产业竞争关系网络上，1-cliques 集合中节点企业保持价格 p 的频率 $f_p(t^*)$-i 的最高值、最低值、均值都明显高于非 1-cliques 集合中的节点企业。即使考虑标准差带来的数据波动，1-cliques 集合中节点企业保持价格 p 的频率的均值下限依然高于非 1-cliques 集合中节点企业保持价格 p 的频率的均值上限。这些结果说明，节点企业形成具有紧密关系的小团体，有利于其采取保持价格的策略。

7.3.3　节点企业结构同构与价格竞争行为的关系

以 7.1 节得到的三个快递产业竞争关系网络中节点企业结构同构的结果为依据，结合 7.2 节得到的三个快递产业竞争关系网络中各节点企业选择价格 p 的频率 $f_p(t^*)$-i，分析三个快递产业竞争关系网络中形成结构同构的节点企业选择价格 p 的频率 $f_p(t^*)$-i 的特点，结果如表 7-2 所示。表中的 $f_p(t^*)$-i(1) 和 $f_p(t^*)$-i(2) 对应图 7-4 中两个不同参数条件下节点企业的频率 $f_p(t^*)$-i。

表 7-2　三个快递产业竞争关系网络中结构同构节点企业的频率 $f_p(t^*)$-i

网络	结构同构企业集合		$f_p(t^*)$-i(1)	$f_p(t^*)$-i(2)
陕西省快递产业竞争关系网络	{38, 60}		0.26	0.35
	{1, 5, 81, 43}		0.62	0.62
	{57, 66, 76}	57	0.59	0.47
		66	0.43	0.47
		76	0.56	0.42
	{14, 52, 59, 78}		0.44	0.44
	{3, 4, 16, 22, 31, 49, 63, 65}		0.46	0.39
	{8, 10, 19, 20, 29, 36, 48, 50, 53, 58, 73, 82}		0.71	0.48
国内跨省业务竞争关系网络	{63, 64, 65}		0.85	0.87
国际业务竞争关系网络	{1, 41, 49, 158, 171, 175, 176, 267, 269, 316, 349, 371, 379, 410, 512, 561, 582}		0.21	0.31
	{6, 32, 35, 45, 73, 74, 76, 77, 93, 95, 104, 110, 117, 127, 134, 172, 192, 221, 235, 264, 268, 272, 291, 337, 356, 368, 392, 396, 403, 465, 469, 490, 494, 496, 507}		0.15	0.21

可以看出，除了陕西省快递产业竞争关系网络上的结构同构集合 {57, 66, 76} 外，所有其他的结构同构的节点企业都具有相同的 $f_p(t^*)$-i(1) 和 $f_p(t^*)$-i(2) 值。尽管

结构同构集合{57，66，76}三个节点企业 $f_p(t^*)$-$i(1)$ 和 $f_p(t^*)$-$i(2)$值不完全相同，但其水平也非常接近。

在陕西省快递产业竞争关系网络中，82 个节点企业共有 41 种 $f_p(t^*)$-$i(1)$ 和 $f_p(t^*)$-$i(2)$的组合。按照这个比例，构成 6 组结构同构的 33 个节点企业，应共有至少 16 种或 17 种 $f_p(t^*)$-$i(1)$ 和 $f_p(t^*)$-$i(2)$的组合。而构成六组结构同构的 33 个节点企业只有 8 种 $f_p(t^*)$-$i(1)$ 和 $f_p(t^*)$-$i(2)$，小于 16 种组合。进一步，在国内跨省业务竞争关系网络中，72 个节点企业共有 68 种 $f_p(t^*)$-$i(1)$ 和 $f_p(t^*)$-$i(2)$的组合。唯一的结构同构节点企业集合{63，64，65}有着相同的 $f_p(t^*)$-$i(1)$ 和 $f_p(t^*)$-$i(2)$值。在国际业务竞争关系网络中，644 个节点企业共有 216 种 $f_p(t^*)$-$i(1)$ 和 $f_p(t^*)$-$i(2)$的组合。列出的两个结构同构节点企业集合都有着相同的 $f_p(t^*)$-$i(1)$ 和 $f_p(t^*)$-$i(2)$值。这些数据分析说明，结构同构的节点企业有着极为一致的价格竞争行为特征。

7.4　本章小结

本章首先采用社会网络分析方法，围绕中心性、小团体、结构同构三个方面对三个快递产业竞争关系网络中节点企业的自我网络特征进行度量，找出三个快递产业竞争关系网络中节点企业中心性水平的排序、1-cliques 小团体以及结构完全同型的企业。然后使用第 6 章的仿真模型，在三个快递产业竞争关系网络上展开仿真实验，研究快递产业竞争关系网络上节点企业的价格竞争行为，发现在随机给定的初始价格策略条件下，同一节点企业在不同的参数条件下表现出相似的行为，不同节点企业在相同参数条件下表现出差异化的行为。最后将节点企业的自我网络特征和竞争行为相结合，进行相关性数据分析，发现节点企业的中心性越高，越有可能选择保持价格的行为，不参与价格竞争；节点企业形成具有紧密关系的小团体，有利于其采取保持价格的策略行为；结构同构的节点企业有着极为一致的价格竞争行为特征。这些研究结果说明，节点企业的自我网络特征对其价格策略行为的选择具有非常直接且显著的影响。

第8章 快递产业竞争关系网络及价格竞争行为对企业成长的影响

8.1 快递产业竞争关系网络和价格竞争博弈的共演模型

8.1.1 模型的理论意义

在复杂网络上的演化博弈研究中，空间格子、小世界网络、无标度网络、社区网络上的演化博弈研究均属于静态网络上的演化博弈研究。第6章的研究工作就属于此范畴。本章模型在第6章模型的基础上，将静态网络拓展为动态网络，将节点企业及分支机构的动态增长机制和节点企业的价格竞争行为动态机制联系起来，属于动态网络上的演化博弈研究，即网络和博弈行为共同演化。本章所构建的快递产业竞争关系网络和价格竞争博弈的共演模型，是理论界第一次在动态网络上研究企业的价格竞争行为。基于本章模型，可以探讨动态的竞争关系网络形成、企业价格竞争行为演化与企业成长的关系。

8.1.2 建模思路

在第5章中，通过对全国各省和陕西省各市快递业务量的分析，以及对我国快递产业竞争格局的分析，构建了基于节点企业增长、分支机构增长以及快递业务量优先选择机制的快递产业竞争关系网络演化模型，刻画了其生成演化机理。在第6章中，用经典的Bertrand价格博弈模型描述快递企业之间的价格竞争行为。在此基础上，将其与快递产业竞争关系网络所定义的企业间竞争关系结合起来，进而构建快递产业竞争关系网络上的价格竞争演化博弈模型。

以上这两部分研究内容，第一部分将研究重点放在了网络的动态产生过程，第二部分将研究重点放在了静态网络上价格竞争行为的动态博弈过程。但现实情况是，在快递产业竞争关系网络的动态产生过程中，伴随着节点企业之间的价格竞争行为。从复杂网络理论的研究视角看，这种现实情况属于动态网络上的博弈行为演化，即网络结构与博弈行为的协同演化。

鉴于此，本章同时考虑快递企业间竞争关系及竞争行为的动态演变，深入分析二者之间的内在关系，将竞争行为产生的博弈收益与节点企业分支机构的变化结合起来，进而将快递产业竞争关系网络、节点企业的竞争行为以及企业成长联系起来。模型构建思路遵从动态网络上演化博弈模型的建模思路，具体见第3章3.3节中复杂网络上的博弈，具有理论依据和科学性。

8.1.3　模型构建

基于第5章关于经营地域重合产生快递竞争关系的分析，同时借鉴BA无标度网络模型(Barabási et al, 1999)的优先增长机制以及动态网络上博弈模型的基本思路，构建快递产业竞争关系和价格竞争行为共演模型如下。

(1) 初始化。生成 w 个地域代表省(或市)。每个地域的快递业务量为 $q_w(w=1,2,\cdots,n)$，其值服从一定的分布特征 $q_w=f(w)$。假定每个地域中有 m 个城市(或区县)，即仿真系统中共有 $n\times m$ 个城市(或区县)。每个地域中有 1 个省会城市(或市辖区)的快递业务量为 $\dfrac{q_w}{2}$；其他 $m-1$ 个城市(或区县)的快递业务总量共为 q_w，每个城市的快递业务量为 $\dfrac{q_w}{2(m-1)}$。城市 j 的快递业务量记为 q_j。

(2) 企业增长及价格竞争博弈。每个时间步骤 t，一个新快递企业以概率 $P^{\wedge}$ 进入快递系统，以 $P_j=\dfrac{q_j}{\sum\limits_j q_j}$ 为依据，选择 s 个城市设立分支机构，形成新的竞争关系，并随机选择一个初始价格策略 $p(p>0)$ 或者 $p^*(p^*=\lambda p,1>\lambda>0)$。每个博弈时刻 t，一个节点企业以概率 $1-P^{\wedge}$ 扩张自己的分支机构，以 $P_j=\dfrac{q_j}{\sum\limits_j q_j}$ 为依据，选择 s 个城市设立分支机构。企业 i 在步骤 t 进行经营地域扩张的概率 $P_{i,t}$ 依赖于其上一时刻的博弈收益 $U_{i,t-1}$，即收益越高的企业越有可能进行经营地域扩张。

$$P_{i,\ t}=\frac{U_{i,\ t-1}^{b}}{\sum\limits_i U_{i,t-1}^{b}} \tag{8-1}$$

其中，$b(b\geqslant 1)$ 表示依赖博弈收益对经营地域扩张的优先程度，简称经营地域扩张优先程度。

(3) 价格竞争博弈。每个时间步骤 t，所有企业以 Bertrand 博弈情境(式(6-2))进行价格竞争博弈。将快递企业 i 在第 t 时刻的价格竞争博弈对象集合表示为 $\Omega_{i,t}$，价格策略为 $p_{i,t}$。那么，节点企业 i 在博弈时刻 t 获得的收益可以表示为 $U_{i,t} = \sum_{j \in \Omega_{i,t}} \pi(p_{i,t}, \ p_{j,t})$。

(4) 价格策略调整。企业每博弈 k 次后，尝试更新自己的价格。当企业 i 更新自己的价格时，它比较自己和邻居 k 次博弈收益的总和，采取产生最高博弈收益的企业的价格作为下次博弈的价格，即 $p_{i,t}$ 更新为 $p_{i,t+k+1}$。

上述的竞争关系网络与价格竞争博弈共演模型集成了第 5 章竞争关系网络演化模型和第 6 章产业竞争关系网络上的价格竞争模型中的优先选择机制和价格策略模仿机制。与这两个模型相比，不同之处主要表现在两个方面。第一，共演模型将企业的分支机构扩张与其博弈收益联系起来，令博弈收益更高的节点企业更具有扩张分支机构的能力，这在逻辑上更加合理，也更符合现实情况。第二，此模型修正了第 6 章模型中每次博弈后立即更新价格的策略更新机制，假定 k 次博弈后比较 k 次博弈的总收益，进而进行价格策略的更新。其主要依据在于，企业的定价行为通常具有一定的持续性，不会频繁地在短时间内发生变化。因此，k 可以理解为快递企业价格策略调整的速度。k 值越大，价格调整的速度越慢。当 $k=1$ 时，调整速度达到最大，即每个博弈时刻均进行价格调整。

8.1.4 模型的 MATLAB 仿真框架

根据 8.1.3 节所构建的网络和博弈共演模型，采用 MATLAB 编程，进行仿真实验。仿真框架如图 8-1 所示。

在仿真框架中，现有节点企业在进行分支结构经营地域扩张时，要避免对已选择的城市重复设置分支机构。因此，需要根据自己现有的分支机构城市列表，将这些城市排除选择范围。也就是说，仿真框架中阴影框图中的 P_j 需要进行修正，j 不是针对所有城市而言。

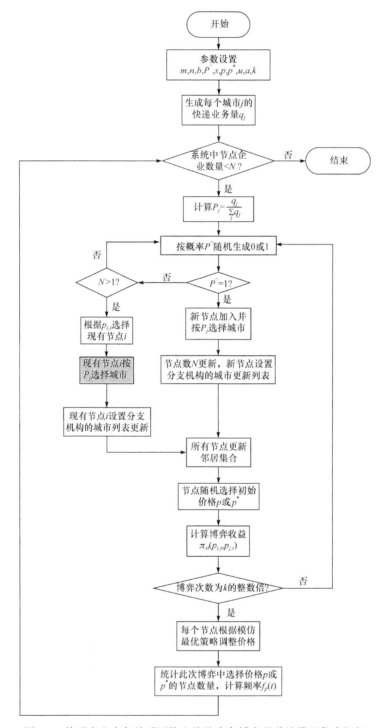

图 8-1　快递产业竞争关系网络和价格竞争博弈的共演模型仿真框架

8.2　仿真结果及分析

8.2.1　仿真参数设置

首先，对于初始化参数的设置，与第 5 章 5.3 节保持一致。当针对陕西省快递产业竞争关系网络进行仿真时，地域仿真参数设定为 $w=1,2,\cdots,10$，每个地域的快递业务量函数为 $q_w=f(w)=167000\mathrm{e}^{-2.173w}$。区县仿真参数设定为 $m=11$，进而产生 $10\times m=110$ 个区县。节点企业数量 N 为 82。当针对国内跨省业务竞争关系网络和国际业务竞争关系网络进行仿真时，地域仿真参数设定为 $w=1,2,\cdots,31$，每个地域的快递业务量函数为 $q_w=f(w)=76.25\mathrm{e}^{-0.3218w}$。城市仿真参数设定为 $m=10$，进而产生 $31\times m=310$ 个城市。节点企业数量 N 为 72 和 644 两种网络规模。

其次，共演模型的参数包括：新快递企业进入快递系统的概率 $P^{\wedge}$、选择设立分支机构的城市数量 s、经营地域扩张优先程度 b、初始价格策略 p 和 p^*、需求函数斜率 u 和最大需求量 a 以及价格调整速度 k。在第 6 章中，已重点研究了静态网络中初始价格策略 p 和 p^*、需求函数斜率 u 和最大需求量 a 对价格竞争演化的影响，本章将重点研究价格调整速度 k、新快递企业进入快递系统的概率 $P^{\wedge}$、选择设立分支机构的城市数量 s、经营地域扩张优先程度 b，共四个参数对价格竞争演化及企业成长的影响。

最后，共演模型的网络生成和博弈是同时进行的。仿真实验中，如果整个网络的节点企业数量已经达到规定值，则共演停止，不再进行博弈，最后 t 时刻系统中采取保持价格 p 策略的企业数量在所有企业数量的比例 $f_p(t)$ 即网络生成时刻保持价格 p 的企业频率 F_p，简称为价格保持密度，用来衡量网络和博弈共演的结果；最后 t 时刻所有企业的博弈收益总和 $U_{总收益}=\sum_i U_{i,t}$，用来衡量整个快递产业中所有企业成长的绩效指标，简称为企业总绩效；最后 t 时刻系统中所有企业的分支机构数量总和 $N_{总分支机构}=\sum_i N_{i,t}$，用来衡量整个快递产业中企业成长的规模指标，简称为企业总规模。

8.2.2　快递企业价格调整速度对价格演化及企业成长的影响

首先，根据第 5 章的仿真结果，对应陕西省快递产业竞争关系网络，给定参数组合为 $P^{\wedge}=0.3$、$s=1$、$b=1.2$；对应国内跨省业务竞争关系网络，给定参数组合为 $P^{\wedge}=0.1$、$s=3$、$b=1$；对应国际业务竞争关系网络，给定参数组合为

$P^{\wedge}=0.5$、$s=2$、$b=1.5$。

在此基础上，依据第 6 章的实验结果，令需求量 $a=1000$，原价为 $p=10$，需求斜率为 $u=0.1$，进而探讨在不同降价参数 p^* 条件下，价格策略调整速度 k 对价格保持密度 F_p 带来的影响，结果如图 8-2 所示。图中颜色深浅对应价格保持密度 F_p 的水平，每个 F_p 数据来自于相同仿真参数下 100 次实验结果的平均。

由图 8-2 可见，在不同的降价参数 p^* 条件下，价格保持密度 F_p 随着价格调整速度参数 k 的增大表现出增大的趋势。这说明，现实世界中企业调整价格的速度越慢，越有可能保持在一个更高水平的价格上，不易产生恶性价格竞争。其原因在于，较慢的价格调整速度有利于一开始采取保持价格策略的企业形成集聚结构。一旦形成集聚结构的采取保持价格策略的企业越多，个别采取降价策略的企业就无法影响到这些企业的价格选择。另外，在不同的价格策略调整速度 k 条件下，价格保持密度 F_p 随着降价参数 p^* 的增大而减小，其含义是如果初始状态下某些企业的降价幅度较大，更多的企业反而在最终状态时能演化为保持价格的行为状态。这与第 6 章静态快递产业竞争关系网络上降价参数对价格竞争演化影响的研究结果保持一致。

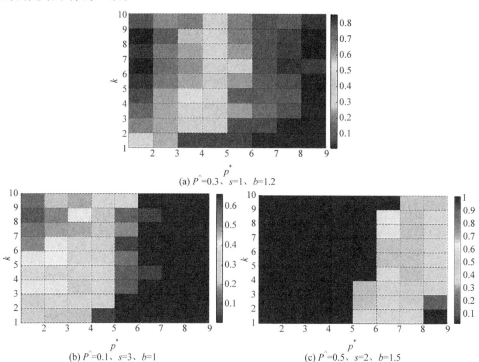

(a) $P^{\wedge}=0.3$、$s=1$、$b=1.2$

(b) $P^{\wedge}=0.1$、$s=3$、$b=1$　　　　　　　　(c) $P^{\wedge}=0.5$、$s=2$、$b=1.5$

图 8-2　不同降价参数 p^* 条件下，价格保持密度 F_p 与价格策略调整速度 k 之间的关系(见彩图)

根据图 8-2 得到的结果，选择图 8-2(a)和图 8-2(b)中的 p^* =3 以及图 8-2(c)中的 p^* =8 参数条件，探讨价格策略调整速度 k 对企业成长带来的影响。在这两个降价参数 p^* 条件下，可以观察到较为丰富的价格保持密度 F_p 的实验数据变化，便于后续比较价格保持密度 F_p 和企业成长之间的关系。依然令原价为 p =10，需求斜率为 u=0.1，价格策略调整速度 k 对企业绩效和企业规模的影响结果分别如图 8-3 和图 8-4 所示。每个数据来自于相同仿真参数和收益度量方式下 100 次实验结果的平均。

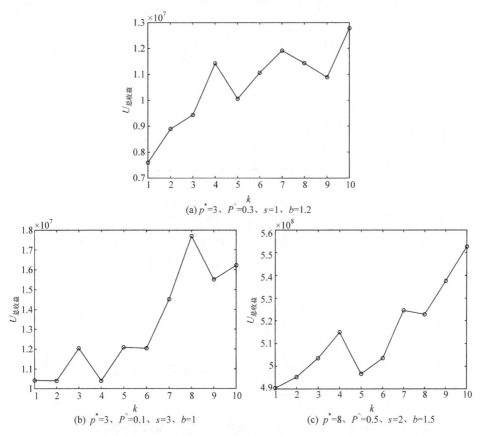

(a) p^*=3、$\hat{P}$=0.3、s=1、b=1.2

(b) p^*=3、$\hat{P}$=0.1、s=3、b=1

(c) p^*=8、$\hat{P}$=0.5、s=2、b=1.5

图 8-3　不同降价参数 p^* 条件下，企业绩效与价格策略调整速度 k 之间的关系

由图 8-3 和图 8-4 的三个子图可以看出，在三个不同的快递产业竞争关系网络形成参数条件下，企业规模在不同的价格策略调整速度参数 k 条件下，表现出非常一致的水平，没有增大或减小的趋势，但企业绩效随着价格调整速度参数 k 的增大表现出增大的趋势。其原因在于，快递企业调整价格的速度快慢与企业分支机构的扩张没有关系。在每个时刻，一定会有一个新企业或者一个现有企业选择

s 个城市进行分支机构扩张。快递企业进入系统的概率 $P^\wedge$ 一旦确定，分支机构的总数量就基本确定了，故在图 8-4 中可以观察到水平基本一致的分支机构总数量。但较慢的价格调整速度有利于在最初采取保持价格策略的快递企业形成集聚结构，进而使得保持价格策略的节点企业在博弈中能够相互形成价格同盟。采取保持价格策略的价格同盟必然比采取降价策略的价格同盟获得更高水平的总收益，即当博弈关系数量相同时能获得的收益 $U_{i,t} = \sum\limits_{j \in \Omega_{i,t}} \pi(p_{i,t}, p_{j,t})$ 更高，故在图 8-3 中可以观察到 $U_{总收益}$ 随着 k 的增大(调整速度减慢)而增大。

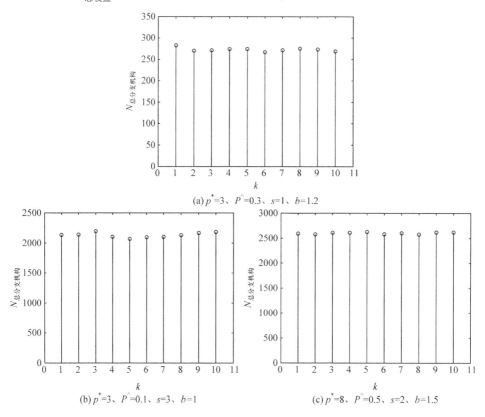

(a) p^*=3、$P^\wedge$=0.3、s=1、b=1.2

(b) p^*=3、$P^\wedge$=0.1、s=3、b=1　　　　　(c) p^*=8、$P^\wedge$=0.5、s=2、b=1.5

图 8-4　不同降价参数 p^* 条件下，企业规模与价格策略调整速度之间的关系

8.2.3　快递企业数量增长速度对价格演化及企业成长的影响

令需求量 a=1000，原价为 p=10，需求斜率为 u=0.1，价格调整速度 k=5，探讨新快递企业进入快递系统的概率 $P^\wedge$ 对价格演化及企业成长的影响。概率 $P^\wedge$ 的取值越大，快递企业数量增长速度越快。对应陕西省快递产业竞争关系网络，参数组合为 p^*=3、s=1、b=1.2；对应国内跨省业务竞争关系网络，参数组合

为 $p^*=3$、$s=3$、$b=1$；对应国际业务竞争关系网络，参数组合为 $p^*=8$、$s=2$、$b=1.5$。实验结果如图 8-5 所示，每个数据来自于相同仿真参数下 100 次实验结果的平均。

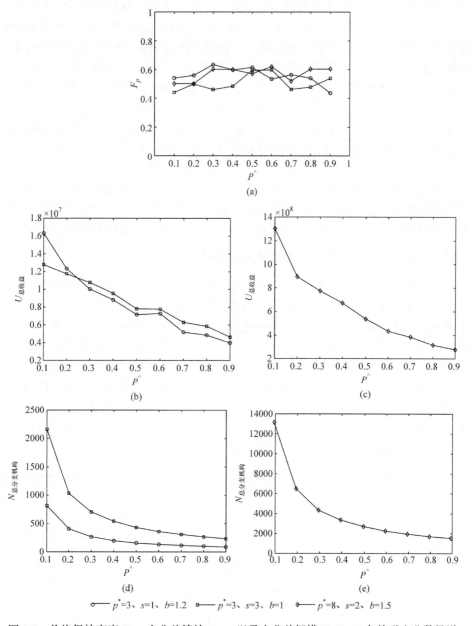

图 8-5　价格保持密度 F_p、企业总绩效 $U_{总收益}$ 以及企业总规模 $N_{总分支机构}$ 与快递企业数量增长概率 $P^{\wedge}$ 之间的关系

由图 8-5 可见，当改变快递企业进入系统的概率 $P^{\wedge}$ 时，价格保持密度、企业绩效以及企业规模在三个不同的快递产业竞争关系网络参数条件下表现出相同的变化趋势。首先，当快递企业进入系统的概率 $P^{\wedge}$ 逐渐增大时，价格保持密度 F_p 表现出较强的随机性，没有明显的变化规律或趋势。在整个变化过程中，价格保持密度 F_p 的波动不显著。其次，企业绩效和企业规模都随着快递企业数量增长概率 $P^{\wedge}$ 的增大而明显减小，即新快递企业进入产业越快，整个快递产业的企业绩效和企业规模都有所降低。这是因为，快递企业进入系统的概率越大，整个系统将更快地达到额定的企业数量。那么，在快递产业形成的整个过程中，现有企业分支机构扩张的机会降低，数量减少，进而使整个产业的分支机构数量减少。当整个产业的分支机构数量降低时，企业与企业之间的博弈关系数量也跟着下降。根据第 7 章 7.3 节的分析，快递企业的博弈关系越多，其获得高水平收益的可能性越大。那么，快递企业间博弈关系的减少必然使得整个产业的博弈收益下降，企业总效益降低，这是资源变化所带来的收益变化，与博弈策略的选择无关。此研究结果表明，新企业进入快递产业的速度，尽管对整个产业的价格保持密度水平没有明显的影响，但对于整个产业的企业总收益和企业总规模都是不利的。

8.2.4　分支机构设立数量对价格演化及企业成长的影响

令需求量 $a=1000$，原价为 $p=10$，需求斜率为 $u=0.1$，价格调整速度 $k=5$，探讨新快递企业分支机构设立数量 s 对价格演化及企业成长的影响。参数 s 的取值越大，快递企业分支机构数量增长越快。对应陕西省快递产业竞争关系网络，参数组合为 $p^*=3$、$P^{\wedge}=0.3$、$b=1.2$；对应国内跨省业务竞争关系网络，参数组合为 $p^*=3$、$P^{\wedge}=0.1$、$b=1$；对应国际业务竞争关系网络，参数组合为 $p^*=8$、$P^{\wedge}=0.5$、$b=1.5$。实验结果如图 8-6 所示，每个数据来自于相同仿真参数下 100 次实验结果的平均。这里需要说明的是，参数 s 的取值最大到 5，其原因是在以陕西省快递产业的城市数量参数进行仿真时，s 取值大于 5 可能引起某个快递企业没有城市可选的情况，仿真无法完成。

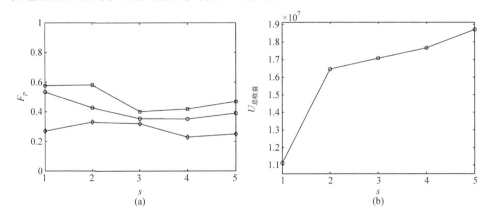

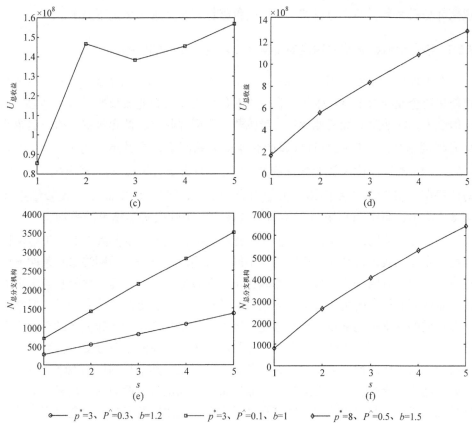

图 8-6　价格保持密度 F_p、企业总绩效 $U_{总收益}$ 以及企业总规模 $N_{总分支机构}$ 与分支机构设立数量 s 之间的关系

由图 8-6 可见，当改变快递企业分支机构设立的数量 s 时，价格保持密度、企业绩效以及企业规模在三个不同的快递产业竞争关系网络参数条件下表现出相同的变化趋势。首先，当快递企业分支机构设立数量逐渐增大时，价格保持密度 F_p 有轻微的下降趋势，但并不显著。其次，企业绩效和企业规模都随着分支机构设立数量 s 的增大而明显提高，即快递企业分支机构设立数量 s 越大，整个快递产业的企业绩效和企业规模都有所提高。这是因为，分支机构设立数量 s 越大，每个快递企业能设立的分支机构总数量越多，企业与企业之间的博弈关系数量也跟着上升。根据第 7 章 7.3 节的分析，快递企业的博弈关系越多，其获得高水平收益的可能性越大。那么，快递企业间博弈关系的增多必然使得整个产业的博弈收益提高，这是资源增多所带来的收益变化，与博弈策略的选择无关。此研究结果表明，快递企业设立的分支机构数量越多，对于整个产业的企业总收益和企业总

规模都是极为有利的，但对整个产业的价格保持密度水平影响不显著。

8.2.5　经营地域扩张优先程度对价格演化及企业成长的影响

令需求量 a=1000，原价为 p=10，需求斜率为 u=0.1，价格调整速度 k=5，探讨新快递企业经营地域扩张优先程度 b 对价格演化及企业成长的影响。参数 b 的取值越大，快递企业经营地域扩张越依赖于其博弈收益，博弈收益高的快递企业优先程度越高。对应陕西省快递产业竞争关系网络，参数组合为 p^*=3、$P^\wedge$ = 0.3、s = 1；对应国内跨省业务竞争关系网络，参数组合为 p^*=3、$P^\wedge$ = 0.3、s = 3；对应国际业务竞争关系网络，参数组合为 p^* = 8、$P^\wedge$ = 0.5、s = 2。实验结果如图 8-7 所示，每个数据来自于相同仿真参数下 100 次实验结果的平均。

由图 8-7 可见，当改变快递企业经营地域扩张优先程度参数 b 时，价格保持密度、企业绩效以及企业规模在三个不同的快递产业竞争关系网络参数条件下均没有表现出显著的变化趋势。其原因在于，随着参数 b 的提高，尽管收益水平更高的企业有着更高的可能性进行分支机构的扩张，形成更多的博弈关系，但整个产业形成的分支机构数量并没有改变，进而使得整个产业的博弈关系没有明显变化，总收益也没有明显变化。此外，尽管收益水平更高的企业分支机构数量的增多会使得其个体的博弈关系增多、收益更高，但由于其本身的价格策略决策在一开始是随机选择的，其对邻居价格策略决策的影响也就是两面的，从多次仿真实验的结果来看，其对价格保持密度也就没有产生规律性的影响，而是表现出较大的随机波动性。

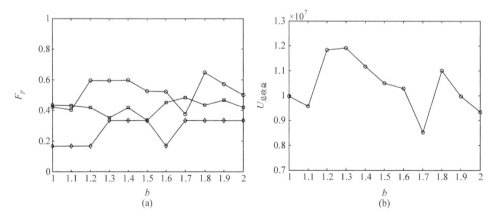

(a)　　　　　　　　　　　　　　(b)

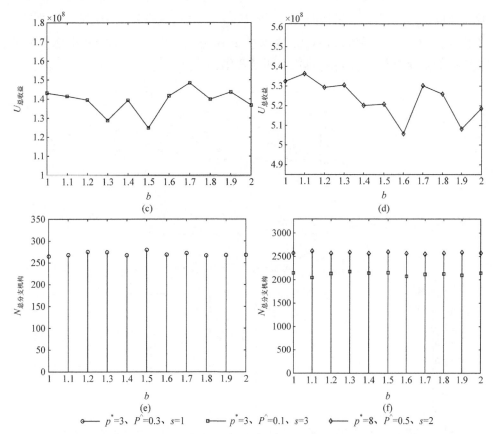

图 8-7　价格保持密度 F_p、企业总绩效 $U_{总收益}$ 以及企业总规模 $N_{总分支机构}$ 与经营地域扩张优先程度 b 之间的关系

8.2.6　快递产业竞争关系网络上价格竞争行为与企业成长的关系

8.2.2 节～8.2.5 节从产业整体角度出发,探讨了不同模型参数条件下的价格竞争行为和企业成长结果。其中,除 8.2.5 节的经营地域扩张程度对价格竞争行为和企业成长均未发现显著影响外,8.2.2 节～8.2.4 节关注的模型参数均对价格演化或企业成长产生了显著影响。本节利用 8.2.2 节～8.2.5 节中获得的实验数据,进一步分析价格保持密度 F_p、企业规模 $N_{总分支机构}$ 与分支机构平均博弈收益之间的关系。其中,分支机构平均博弈收益由整个产业的博弈总收益除以总分支机构数得到,用来衡量单个分支机构的平均绩效,即

$$U_{平均收益} = U_{总收益} / N_{总分支机构} \tag{8-2}$$

首先,根据 8.2.2 节的实验结果,图 8-8 给出在不同的价格策略调整速度 $k = 1, 2, \cdots, 10$ 条件下,对应于三个快递产业竞争关系网络的参数组合条件,价格

保持密度 F_p 与每个分支机构的平均绩效 $U_{平均收益}$ 之间的关系。对于所有的子图，原价为 $p=10$，需求斜率为 $u=0.1$，需求量 $a=1000$。此时，三个快递产业竞争关系网络中的企业规模 $N_{总分支机构}$ 都没有明显变化。

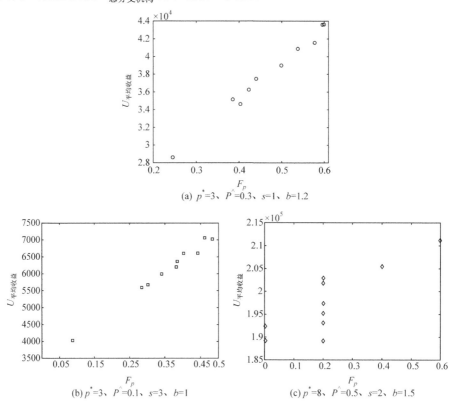

图 8-8 价格策略调整速度 $k = 1,2,\cdots,10$ 条件下，价格保持密度 F_p 与企业平均博弈收益 $U_{平均收益}$ 之间的关系

由图 8-8 可见，在三个不同的参数组合下，企业的平均博弈收益均随着价格保持密度 F_p 的增大表现出增长的趋势。其原因在于，价格保持密度 F_p 增大，意味着更多的快递企业形成保持价格的同盟，从而获得更高的企业总收益。而此时，每个快递企业的分支机构数量并没有明显变化，故所有企业分支机构的平均收益有了总体提高。此研究结果表明，整个产业的价格保持越有效，越有助于每个分支机构取得更高的效益。

其次，根据 8.2.3 节和 8.2.4 节的实验数据，图 8-9 和图 8-10 分别给出在不同的企业数量增长速度 $P^\wedge$ 条件下和不同的分支机构设立数量 s 条件下，对应于三个快递产业竞争关系网络的参数组合条件，企业规模 $N_{总分支机构}$ 与分支机构平均绩效 $U_{平均收益}$ 之间的关系。对于所有的子图，原价为 $p=10$，需求斜率为 $u=0.1$，需求

量 $a=1000$，价格调整速度 $k=5$。此时，三个快递产业竞争关系网络中的价格保持密度 F_p 都没有明显变化。

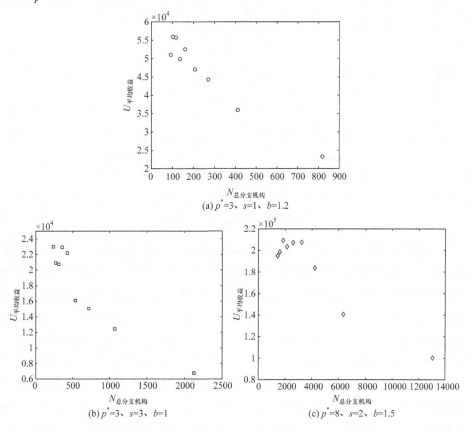

图 8-9　快递企业数量增长概率 $\hat{P}=0.1,0.2,\cdots,0.9,1$ 条件下，企业总规模 $N_{总分支机构}$ 与分支机构平均博弈收益 $U_{平均收益}$ 之间的关系

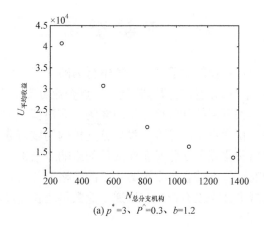

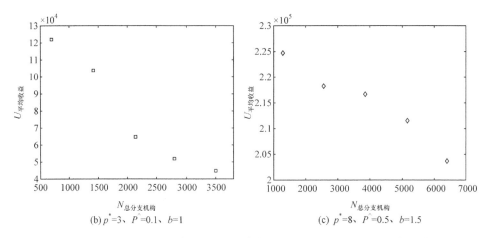

图 8-10 不同的分支机构设立数量 $s=1,2,3,4,5$ 条件下，企业总规模 $N_{总分支机构}$ 与分支机构平均博弈收益 $U_{平均收益}$ 之间的关系

由图 8-9 和图 8-10 可见，在两个不同参数 $\hat{P}$ 和 s 的变化条件下，在不同的参数组合下，企业的平均博弈收益 $U_{平均收益}$ 均随着企业总分支机构的增多表现出明显减小的趋势。其现实含义是，盲目地进行分支机构扩张，虽然可以使得整个快递产业的总收益增大，但每个分支机构的收益却会减小。其原因在于，快递企业在进行分支机构扩张的同时，其博弈关系增多，进而使得其博弈收益增多。但是，分支机构的扩张和博弈关系的增多并非线性关系。并非多设立一个分支机构，就增加一个博弈关系。对目前得到的仿真结果进行分析，可以发现，分支机构的增加速度高于博弈关系的增加速度。所以，当参数 $\hat{P}$ 和 s 增大时，整个产业总的博弈收益虽然和分支机构一样，表现出增大的趋势，但每个分支机构的平均收益却在降低。

8.3 本 章 小 结

本章同时考虑快递企业间竞争关系及竞争行为的动态演变，深入分析二者之间的内在关系，将竞争行为产生的博弈收益与节点企业分支机构的变化结合起来，构建的快递产业竞争关系网络和价格竞争博弈的共演模型，重点研究价格调整速度、新快递企业进入快递系统的速度、设立分支机构的城市数量、经营地域扩张优先程度四个参数对价格竞争演化及企业成长的影响。结果发现，快递企业价格调整速度越慢，越有可能保持在一个更高水平的价格上并产生较高水平的企业总收益，但对企业总规模几乎没有影响；快递企业数量增长速度越快，分支机构数量增长速度越快，企业总规模和总收益越低，但价格保持密度几乎不改变；经营地域扩张优先程度对价格保持密度和企业成长均没有明显影响；整个快递产业的价格保持水平越高，每个快递企业的每个分支机构的平均收益越高；过快的分支机构扩张速度不利于每个分支机构获得高水平的收益。

第9章　中国快递产业发展建议

9.1　主要结论及建议

9.1.1　弱势快递企业分支机构调整建议

在陕西省快递产业竞争关系网络中，感受到外界竞争压力最大的快递企业包括速必达、蓝鸽、外远、飞狐、卓洋、运逸快递、传志、丝宇路、秦骏、华瀚同城、天皓，共 11 家企业。在国内跨省业务竞争关系网络中，感受到外界竞争压力最大的快递企业包括北京安信达、北京世纪卓越、微特派、北京日益通、天天、上海龙邦、北京如风达、海航货运、北京飞康达、上海益实多，共 10 家企业。在国际业务竞争关系网络中，感受到较大竞争压力的小企业数量较多，不在此一一列举。

快递企业之间竞争关系的形成，关键在于其分支机构地域的重合程度，而分支机构的地域选择与该地域的快递业务需求有紧密关系。通过对快递产业竞争关系网络的演化机理研究，发现节点企业增长、分支机构增长以及基于快递业务量的优先选择机制，是快递产业竞争关系网络生成演化过程中的关键因素。尽管三个快递产业竞争关系网络呈现出不完全相同的结构特征，但它们的生成机理保持一致，只是生成过程中具体的要素条件不相同而已。

鉴于此，陕西省邮政管理局和国家邮政局应引导这些企业适当调整自身分支机构的布局，减少与大型快递企业在相同地域设置分支机构，甚至可以适当撤销某些分支机构，进而在其他地域新建分支机构，减轻竞争压力，以谋求更好的发展。

9.1.2　强势快递企业竞争行为引导建议

在陕西省快递产业竞争关系网络中，给予其他快递企业普遍竞争压力的快递企业依次包括中通、圆通、顺丰、汇通、聚信、韵达、飞远、汇强、品信、天寰，共 10 家企业，它们在竞争关系网络中连接着两个相互之间竞争关系并不特别密集的企业群体。整个网络中高水平的竞争强度主要出现在高连接度节点企业和低连接度节点企业之间。这说明，对于整个陕西省快递产业而言，这些高连接度快递企业发起的竞争行为非常容易引起与它们有竞争关系的低连接度节点企业的连锁反应，进而导致整个快递产业的恶性竞争。

在国内跨省业务竞争关系网络中，给予其他快递企业普遍竞争压力的快递企业依次包括中国邮政、顺丰、中外运-敦豪、民航快递、联邦快递(中国)、优比速、上海韵达、江苏京东、北京京邦达、中通，共 10 家快递企业。这些高连接度快递企业之间为强度同配，即网络中更大的竞争强度出现在它们自己之间。此外，这些企业间的竞争强度关系形成了三角集聚结构。这说明，对于国内跨省业务而言，最容易产生恶性竞争的是大型快递企业之间的竞争行为。

在国际业务竞争关系网络中，存在竞争的 hub，包括中国邮政、中外运-敦豪、嘉里大通、联邦快递、杭州百世、民航快递、中外运空运、优比速、TNT、欧西爱司、深圳原飞航、日通以及捷特亨达。这些快递企业形成了紧密的三角集聚结构，且相互之间的竞争强度远远高于平均水平，很容易在相互之间产生竞争行为。此外，高连接度节点企业和低连接度节点企业之间竞争关系的强度很高。高连接企业如果发起竞争行为，不仅容易在相互之间引发连锁效应，还会影响到大量的低连接度企业，非常容易产生大范围的恶性竞争状态。相比于陕西省快递产业和国内跨省业务，国际业务的竞争关系状态更容易导致竞争行为扩散。

陕西省邮政管理局和国家邮政局应特别注意对这些快递企业的监管，采取各种方法努力引导其竞争行为。

9.1.3 快递企业价格引导建议

(1) 在陕西省快递产业竞争关系网络、国内跨省业务竞争关系网络和国际业务竞争关系网络上，均在 Bertrand 价格竞争情境下发现了价格保持现象。这说明，现实世界中快递企业之间复杂的竞争关系是价格保持的重要因素之一。其次，快递企业的数量越多，越有利于价格的保持；某些企业的降价幅度较大，更多的企业反而能够通过行为调整，在最后选择保持价格的行为；一个产品的需求量对价格的改变非常敏感，那整个价格竞争系统将很难保持原始价格。最后，原价的高低也影响到整个产业的价格保持，原价过高和过低均不利于整个产业维持价格。

根据这些研究可见，快递企业大幅度的降价虽然在短期内能够赢得一定数量的客户，但从长期来看，必然对企业的收益带来负面影响，无法持续下去。价格竞争是市场运作中不可避免的一种经济规律，关键在于如何根据自身的资源以及所处的环境，采取有效的措施使企业在竞争中得以生存与发展。企业间竞争的核心在于资源实力的较量，通过资源的优化配置，可繁衍出一系列竞争方式，而价格竞争仅是其中之一，且是消耗资源最大的一种。根据本书的研究结果，快递企业维持一个中等水平的价格，最有利于整个快递产业保持价格，使得整个产业处于一种健康的盈利环境中。

国家邮政局和各省、市邮政管理局可依据现有的快递业务经营准入和退出监管政策，服务好企业进入快递市场的需求，保持一定数量的快递企业正常营运。

此外，现有的监管体系里，尚未有关于快递产业价格监管的政策制度，应逐步构建快递产业价格监管体系或标准。当前，我国快递产业的行业定价还没有一个全面的分类标准，众多的快递公司由于行业竞争，经常出现同一配送地点，价格存在差异的情况，这是快递公司相互竞争采取的价格竞争策略，但是却导致快递市场收费混乱的现象。此外，政府监管方面也存在疏漏，例如，一些海外快递常常出现双向收费的事件。快递公司通常不会事前通知消费者，业务员在收取快递费时，也不会将价格完全告知顾客，在收取报价额的过程中，其收费的金额往往参差不齐，没有一个标准对其进行制约。

(2) 节点企业的自我网络特征影响其价格竞争行为，选择节点企业的中心性越高，越有可能选择保持价格的行为，不参与价格竞争；节点企业形成具有紧密关系的小团体，有利于其采取保持价格的策略行为；结构同构的节点企业有着极为一致的价格竞争行为特征。

国家邮政局和各省、市邮政管理局可以有意识地引导具有实力的快递企业在相同的地域设立分支机构，使得它们的中心性进一步增大，并形成紧密竞争关系的小团体，同时引导它们保持价格的行为；另外，应引导弱小快递企业在差异化的地域设立分支机构，开发具有特色的快递服务。

(3) 通过对快递产业竞争关系网络和价格竞争博弈共演模型的研究，发现快递企业价格调整速度越慢，越有可能保持在一个更高水平的价格上并产生较高水平的企业总收益；快递企业数量增长速度越快，分支机构数量增长速度越快，企业总规模和总收益越低；整个快递产业的价格保持水平越高，每个快递企业的每个分支机构的平均收益越高；过快的分支机构扩张速度不利于每个分支机构获得高水平的收益。

鉴于此，国家邮政局和各省、市邮政管理局可考虑出台相关政策，规定快递企业在一定时期内价格调整的次数，引导其不进行频繁的价格调整。此外，我国快递产业的企业数量已经非常巨大，对于每个企业分支机构扩张的速度应适当控制，这有利于产业中更多的快递企业不参与价格战，进而提高整个产业中每个快递企业分支机构的收益。

9.2　快递企业差异化竞争发展建议

由 9.1 节给出的结论可见，快递企业目前采取的降价策略根本无法实现长期的盈利目标。快递企业可以通过差异化发展，开发具有独特性的快递服务和营造品牌效益等方式，降低其快递服务对价格改变的敏感性，形成稳定的顾客群。本节详细讲述我国快递产业差异化发展的相关内容。

9.2.1　快递服务差异化特征及内容

1. 快递服务差异化的特征

快递企业作为快递服务提供商，其服务的有效性不仅能降低供应方企业的成本，还可以通过服务提高消费者的满意度。快递服务差异化竞争是指一些快递企业结合自身实力和市场需求，提供与其他企业不同的、具有特殊性的快递服务。快递服务差异化竞争，以创造价值为目的，以提升消费者满意度为核心追求，不仅可以提高快递企业的服务质量和服务水平，而且可以避免快递市场的无序竞争和盲目发展，从而使快递产业在经济发展中发挥更大的作用(宋亚丽，2017)。

1) 消费者需求的差异性是快递服务差异化的外在依据

随着经济社会的快速发展、网络购物的大范围普及以及社会生活节奏的加快，消费者的需求越来越多样化、个性化、多元化。不仅对产品需求多样，对服务也是如此。快递产业传统的简单寄递服务已不能满足市场需求。不同的消费者有不同的快递服务要求，市场上需要什么样的服务水平和服务内容都是随着消费者需求的变化而变化的，是典型的买方市场。消费者服务需求多样化的因素很多，例如，收入的不同、思维方式的差异、社会文化的差异等都会形成不同的消费需求。在这种情况下，怎么区分消费者，用什么特征区分消费者就成为企业重点关注的问题。快递企业要围绕自身的服务产品，根据不同消费者的特征制定不同的服务计划，以及确定不同的服务核心要素。在对消费者需求进行区分时，要充分考虑不同消费者的贡献力差别以及潜在消费能力的差别。也就是说，对本企业有较多需求和贡献的顾客，应提供优先服务，无论是资源配置方面，还是服务内容方面。

2) 市场竞争是快递服务差异化的重要驱动因素

以服务同质化为背景的价格竞争，导致了市场竞争的混乱和快递企业盲目扩张营业范围。而快递企业选择差异化竞争就可以避免这些问题，差异化竞争既可以满足市场和消费者的多样化需求，又可以提高企业在市场上的竞争力。因为企业在进行差异化竞争时，要不断进行研究与开发，创造新产品、提高服务水平，这是提高企业综合竞争实力的关键。

在提高企业差异化竞争能力的同时，不可避免也会产生一定的成本。进一步考虑差异化竞争的成本与收益。二者间的关系是，成本是一定的、短期的，而收益却是不确定、长期。实施差异化竞争的企业要平衡长期利益与短期利益，作出合理的差异化，而不是盲目的差异化，这样才能获得差异化竞争的好处。因此，市场竞争能够推动快递服务的差异化竞争，反过来快递服务的差异化竞争又能改善市场竞争。

2. 快递服务差异化的内容

快递产业的主要职能是提供物品速递服务，其产品差异性包括两个方面：服务水平和服务领域。服务水平指快递过程中花费的时间、价格，快递是否可靠，快递过程是否安全，客户关系的维护等。服务领域是指快递物品的种类(普通或特殊)、快递的区间等。快递服务的产品差异化特征通常表现在以下两方面：一是产品主体内容，二是服务质量。相对而言，前者的产品差异化程度较小，后者比前者的产品差异化程度更大些(国家邮政局，2018)。

1) 产品主体差异

表 9-1 给出我国几个大型快递企业的服务产品。可以看出这些企业所提供的服务产品主体存在一些差异。但是除了这些大型的快递企业之外，众多民营的小型快递企业大都提供类似的服务，产品主体之间差异性较小。总体来说，我国快递企业提供的产品表现出同质化的特点，都是运用不同的交通工具对商品进行运送和投递，无论邮政 EMS，还是"四通一达"等快递企业的服务水平和领域基本相同。少数大型民营快递企业开始提供特殊化的服务，服务于特定的领域，例如，"顺丰冷运"专注为生鲜食品行业客户提供"一站式供应链解决方案"。

表 9-1　主要快递服务品牌的服务产品

企业品牌	标准业务	增值服务	特色服务
邮政 EMS	次晨达；国内特快专递；国内经济包裹；国内快递包裹	国内代收货款；国内收件人付费等	国际及港澳台特快专递；中速快件；国际及港澳台电子商务
顺丰	即刻送；顺风即日；顺丰次日；重货快运等；国际特惠；国际小包；海外仓；国际重货等	保价；代收货款；签单返还；委托文件；逆向物流；更改服务方式；同城派件地址变更；节假日服务；特殊入仓等	生鲜速配；大闸蟹专递；冷运到家；顺丰冷运零担；医药常温；医药冷配；医药专车等
韵达	电子商务快递服务；Office快递服务；到付件快递服务；当天件快递	代收货款服务；签单返回服务；联合仓、仓配一体化	项目快递管理综合服务；贵重物品快递服务；国际快递服务
申通	市内件；省际件；时效件	仓储一体化；保价；定时配送；代收货款；短信通知	代收货款；国际件

2) 服务质量差异

(1) 基础运输能力差异。

我国快递服务主要通过航空运输、公路运输、铁路运输和水路运输四种方式进行。快递企业的运输能力主要体现在公路、航空、铁路运输三个方面。水路运输占比较少。

近年来，我国快递企业不断储备车辆资源和优化干线运输线路，为良好的运输调度和高效服务提供了保障。全行业现拥有干线运输车辆超 20 万辆。快递企业采取自有与承包相结合的方式提高运能,依托社会化运输平台,丰富车辆来源,并与公路运输企业加强合作,推进公路客运班车代运快件试点、快件甩挂运输,快递航空运能快速提升。行业拥有国内快递专用货机 100 架,比 2016 年末增加 14 架。邮政 EMS、顺丰和圆通 3 家货运航空公司快件占国内航空货运运输量的 40%以上。表 9-2、表 9-3 和表 9-4 分别给出国内某些大型快递企业 2017 年公路运输情况、航空运输情况和铁路运输情况。可以看出,表内所列企业虽均为国内知名快递企业,其基础运输能力的差异依然非常明显。

表 9-2 2017 年主要快递企业公路运输情况

企业	公路运输情况
顺丰	自营及外包干支线车辆约 3 万辆,开通干、支线合计超 7.8 万条。顺丰冷藏车约 1500 辆,冷运干支线合计 375 条
中通	长途运输线路超 2000 条,车队拥有超 3600 辆卡车,15～17m 高容量货车约 1800 辆。外包运输车 1200 辆
圆通	持续提高双边运输车辆占比,优化转运操作及路线规划,增加自有干线运输车辆,完善全网干线汽运体系
中通	干线运输线路 1830 条,较 2016 年度增加 457 条。干线运输车辆 3485 辆,新增挂车 646 台、牵引车 550 台、单车 183 台
韵达	采取承包车、合同车、卡班车、网点自跑车等多种车辆运输模式相结合的陆路运输,常规陆路干线运输线路 4300 余条
百世	快递长途运输线路超 2800 条,快运长途运输线路 2400 条。通过实时竞价平台,选择整车运输服务,百世金融为百世超 4200 辆卡车提供融资租赁服务
德邦	运输干线 1370 条,营运车辆 1.1 万辆

表 9-3 2017 年主要快递企业航空运输情况

企业	航空运输情况
邮政 EMS	自有全货机 33 架,自主航空规模不断扩大,运能接近 1000t/天
顺丰	自有全货机 44 架,租赁全货机 16 架,在国内首家拥有波音 747 全货机。国内外航空线路 1776 条,航班总数 124.4 万次,覆盖 34 个国家和地区。航空发货量约 111 万 t,占全国航空货运总量的 22.89%,航空运输快递件量占顺丰业务总量约 25%。湖北国际物流核心枢纽项目开工建设,顺丰将以该项目为中心,打造覆盖全国、辐射全球的航路航线网络
圆通	自有全货机增至 10 架,投入运营 8 架开通国际航线 200 余条。首架波音 757 全货机入列,进入商载 30t 级时代,航线网络覆盖全国大部分地区
申通	重点航空运输线路实行包板、包仓,航空部 46 个。航空运输业务量 12.5t,占总业务量的 2.22%
韵达	与 30 余家航空代理公司开展合作,合作航线 470 余条。航空运输发货量平均约 12 万票/天,发货重量平均约 85t/天
德邦	与航空公司战略合作。全网航空线路 1700 多条

表 9-4　2017 年主要快递企业铁路运输情况

企业	铁路运输情况
邮政 EMS	开通高铁邮路，衔接相关省份夜间集散频次，实现"当日达"和"次日达"。7 月完成中哈铁路国际邮件联运服务事项，截至年底，新疆分公司共组织 40 次国际铁路运邮工作，带运邮件总重量达 320 余 t。中国邮政开展中欧班列(重庆)出口运邮测试 9 次
顺丰	顺丰速运首列中欧班列(芬兰–赣州港、赣州港–俄罗斯)双向对开在赣州启动。顺丰与铁总合作，上海至深圳的电商快递专列，针对高附加值产品或急件派送，与中铁快运开展"高铁极速达"业务。截至年底，与中国国家铁路集团有限公司合作开通高铁线路 62 条，普列线路 96 条
圆通	开展多式联运，利用部分线路的高铁、动车组列车进行快件运输，拓展干线运输能力
中通	与中国国家铁路集团有限公司合作，自 9 月份启用铁路运输方式，业务量为 140.78t

(2) 分拣处理和末端处理能力差异。

①分拣处理能力差异。快件分拣处理是指快递企业按用户运单填写的地址和收寄信息，将不同流向的快件进行整理和分拣，然后封成总包或拆成散件发往目的地的操作过程。分拣是快递流程中贯通上下业务环节的枢纽。根据快件进入和发出处理单位(服务网点、分拨中心)的形式，快件的分拣可划分为包进包出、散进包出、包进散出以及散进散出四种方式。

为满足迅速提高的快递服务需求，提高自身快件处理能力，分拣处理自动化、智能化刻不容缓。近年来，快递企业纷纷在全国各地新建、改扩建分拨中心，形成超过 1000 万 m² 分拣处理面积。表 9-5 给出几个大型快递企业 2017 年分拨中心建设情况。可以看出，各大快递企业均非常重视分拨中心处理能力的提高。企业通过新建、扩建大型分拨中心，新增全(半)自动分拣设备，购买托盘或地垫等配套设施，提高分拣效能。部分快递企业已经开始自建仓储，推进仓配一体化。

表 9-5　2017 年主要快递企业分拨中心建设及改扩建情况

企业	建设及扩建情况
邮政 EMS	新建黑龙江省仓配一体化场地。改扩建贵州分拨中心
顺丰	新建黑龙江省仓配一体化场地、海南冷运仓储中心、武汉中转场、智能分拣合肥基地、三峡二级分拨中心。改扩建江门分拨中心
中通	新建天津、广州、海南、四川、皖南、运城分拨中心。改扩建贵州、泉州、新余中转作业场。在建安庆分拨中心
圆通	新建天津、江西、新疆、西藏、东莞分拨中心。完成福州、深圳、新余场地搬迁和改扩建。在建皖南区域管理总部。筹建皖北分拨中心、南宁建设广西区域总部
申通	新建海口分拨中心。改扩建临汾分拨中心。在建河北分拨中心。筹建嘉定、松江、浦东金桥等集包中心，宿州冷链运输体系万平方保税仓

续表

企业	建设及扩建情况
韵达	新建新疆分拨中心。改扩建中山分拨中心。筹建皖南中心基地、粤东区域总部
百世	新建北京大兴区处理场地、粤东、滇西分拨中心。改扩建贵州、福建分拨中心。在建皖北分拨中心
天天	新建大同、晋城、滇西分拨中心。完成东莞营运中心搬迁
宅急送	新建山西分拨中心
优速	新建广东、北京顺义、南充、大理分拨中心
京东	筹建济南电子商务运营基地、成都京东"亚洲一号"
德邦	新建武汉、新疆转运场
品骏	新建湖北、大理、景洪、昭通分拨中心。改扩建山西分拨中心
安能	新建临汾分拨中心。筹建安徽快递电商综合运营中心

②末端处理能力差异。快件的末端处理由快递企业的服务网点实现。服务网点(常称为分站、营业部/厅、站点等)是快递企业在某个城市中最小、最基本的操作单位。它负责快递的末端处理，即城市某一区域内快件的揽收、运输、分拣和派送工作，具备财务结算、营销、质量控制等功能。

服务网点选址应考虑地理、交通便利性、停车便利性、房屋结构、基本配套设施、拆迁风险、性价比等因素。快递企业拓展城镇市场的时候，需要选择合适的网点补充企业市场占有份额。城镇服务网点选址可以参照供求平衡、战略相符、利润最大及区位最优四大原则。根据服务网点选址的影响因素和原则，可以得到相对合理的服务网点选址方案。但市场是动态的，竞争无时不在，为了使收派包裹的时效不断提升、管理更加精细化、业务持续快速发展，快递企业需要不断地进行服务网点布局优化。

近年来，我国快递企业末端投递服务方式呈现多元化，形式不断创新。仅 2017 年，全国新增末端综合服务站 3000 个，共建成公共服务站 3.1 万个。投入运营智能快件箱 20.6 万余组，智能快件箱投递快件占比提升至 7%。主要快递企业城区标准化网点 6.8 万个。高校快递服务规范收投率为 95.6%，2697 余所高校享受快递入校服务。住宅快递、智能快件箱投递和公共服务站投递等模式形成互为补充的末端投递服务新格局。此外，农村网点加速延伸。全国农村快递服务网点达 6 万余个。圆通推行"通乡镇、通村组"计划，增加对乡镇农村地区的资源投放。申通新增乡镇网服务点 3178 个、70 个地级城市乡镇无盲区，街道、乡镇、团场等覆盖率为 51%，同比增长 10%。韵达开通 2.27 万个乡镇网点。百世乡镇覆盖率为 75%。德邦乡镇覆盖率为 81.1%。

表 9-6 给出 2017 年我国主要快递企业末端服务网点创新形式。可以看出，各快递企业采取了不同的末端服务网点创建方式，各有特色。这种差异将带动快递企业逐步实现主营服务产品的差异化，最终形成差异化的竞争优势。

表 9-6　2017 年主要快递企业末端创新形式

企业	创新形式
邮政 EMS	采用终端代办点模式，新建社会合作代办点 1.75 万个。推出"友邻居便利店"，拓展多元化终端渠道
顺丰	与近 3 万个合作代办点及 673 个物业管理公司网点展开合作
中通	进行标准化门店建设，将门店延伸至社区。网点约 2.9 万个
圆通	持续推行妈妈驿站，进驻联通终端门店，在上海开设"妈妈菁选"便利店，通过"快递+新零售"模式占据社区流量入口。网点约 6.8 万个
申通	以"快递+水果"模式在潍坊和攀枝花推广末端店，开通水果店 300 余家。网点 2.4 万个，独立网点 1846 个
韵达	自建门店 1.94 万余个，合作便利店、物业及第三方合作资源 8000 余个
百世	开展"WOWO 便利"和"百世邻里"便利店项目。快递和快运网点 3.3 万余个，百世店加在 51 个城市拥有加盟店 36.4 万余家

(3) 具体接触服务差异。

在与消费者每一次具体的服务过程中，从需求的角度看，不同的快递产品对快递时效、价格、安全性、方便性等有一定的差异。满足消费者的差异化需求是快递企业服务质量水平高低的重要指标。2017 年快递服务满意度得分为 75.7 分，较 2016 年下降 0.1 分。表 9-7 给出消费者对快递服务各环节的满意度结果。表 9-8 给出主要快递企业的消费者申诉率情况。可以看出，快递各服务环节中，得分最低的是售后环节中的投诉服务，平均成绩仅为 50.3 分。但各个主要快递企业的消费者投诉率差异明显。快递企业总体满意度排名依次为顺丰、邮政 EMS、中通、韵达、圆通、申通、百世、宅急送、天天和快捷。其中，韵达和百世总体满意度上升较为明显；而有的企业的顾客满意度却下降明显，表现为投诉率大幅度上升，如全峰、北京世纪卓越、苏宁物流等。

表 9-7　2017 年快递服务满意度调查结果

项目	结果
受理环节	各快递企业在普通电话受理服务方面差异较小，服务均达到较高水平；各快递企业在统一客服受理方面差异较大；网络受理作为一种新型受理方式得到用户认可，但仍有进一步提升的空间。在受理环节表现较好的企业为顺丰、中通和韵达
揽收环节	上门时限和快递费用满意度得分分别为 84.2 分和 82.4 分，较 2016 年有所上升；揽收质量和揽收员服务满意度分别为 85.8 分和 87.6 分，较 2016 年略有上升；在揽收环节，各快递服务差异较小，大多数企业均有上升
投递环节	签收信息反馈满意度得分为 79.6 分，较 2016 年上升 2.4 分，进步明显；时限感知、送达质量、送达范围感知以及派件员服务满意度得分分别为 78.2 分、83.3 分、79.0 分、83.1 分。投递环节表现较好的企业为顺丰、中通和邮政 EMS
售后环节	查询服务表现最好，满意度得分为 86.5 分，相较 2016 年上升 0.4 分；投诉服务满意度得分较低，为 50.3 分，较 2016 下降 1.1 分。售后环节表现较好的企业为顺丰、韵达和中通
下单方式	用户对网络化的新型下单方式给予肯定，其中网络平台使用的满意度得分较 2016 年上升 1.9 分；在手机客户端使用方面，用户的满意度较 2016 年上升 2.6 分

表 9-8　给出主要快递企业的消费者申诉率 （单位：%）

企业名称	2017 年有效申诉率	主要问题有效申诉率			2016 年有效申诉率	同比
		延误	丢失毁损	投递服务		
全峰	32.64	14.65	9.14	7.72	18.80	73.6
国通	27.97	12.86	6.62	7.54	27.94	0.1
北京如风达	20.10	6.44	7.18	5.70	30.65	−34.4
宅急送	17.38	6.02	4.23	6.63	22.28	−22.0
优速	15.09	4.73	3.89	6.06	13.32	13.3
天天	12.41	3.62	4.31	4.05	15.77	−21.3
申通	11.05	2.69	3.23	4.80	14.72	−24.9
邮政 EMS	10.75	4.21	2.48	3.72	7.48	43.7
速尔	9.67	2.91	2.36	3.98	8.64	11.9
UPS	9.18	1.83	1.87	4.04	10.83	−15.2
全一	6.04	1.02	1.78	2.57	5.89	2.5
快捷	5.63	1.69	1.74	2.03	9.02	−37.6
圆通	5.36	1.33	1.57	2.30	7.16	−25.1
德邦	4.24	0.93	1.94	1.18	8.36	−49.3
北京世纪卓越	3.58	0.92	1.23	1.33	2.05	74.6

续表

企业名称	2017年有效申诉率	主要问题有效申诉率			2016年有效申诉率	同比
		延误	丢失毁损	投递服务		
百世	3.52	0.87	1.20	1.34	6.68	−47.3
FedEx	2.80	0.83	0.62	0.88	2.87	−2.4
中通	2.40	0.44	0.65	1.18	6.42	−62.6
DHL	2.06	0.41	0.21	0.88	1.91	7.9
韵达	1.96	0.46	0.62	0.80	7.51	−73.9
民航快递	1.93	0.72	0.36	0.72	3.40	−43.2
顺丰	1.56	0.46	0.48	0.44	3.07	−49.2
京东物流	1.19	0.45	0.27	0.42	0.86	38.4
苏宁易购	0.21	0.09	0.06	0.06	0.12	75.0
全国平均	5.79	1.75	1.65	2.18	8.40	−31.1

(4) 服务科技化差异。

智慧快递推动行业升级。我国快递企业利用各项新科技技术，积极实践科技应用和效率革命。大数据应用成为网络建构、路由规划、精准投递的重要支撑。智能分拣大规模应用，自动分拣机器人亮相韩国平昌冬奥会。邮政 EMS、顺丰、京东物流和韵达等无人机测试进展顺利，突破地域交通阻隔，解决特殊场景运输难题。京东物流等轻型无人货车路试成功，为城市物流提供全新解决方案。表 9-9 给出我国主要快递企业进行科技创新的案例。可以看出，高科技智慧快递是各大快递企业竞争的重要领域。谁取得了科技领先地位，谁将成为行业的领头羊。

2018 年 5 月，由菜鸟网络主办的 2018 全球智慧物流峰会(Global Smart Logistics Summit，GSLS)在杭州国际博览中心隆重举行。会议的重要议题就是，在新的物流时代，全世界的生活方式都在发生新的变化、产生新的连接、新的协同，也必然需要新的技术作为支撑。此次大会上，不仅汇聚了行业对未来发展问题的探讨、趋势的判断，也对未来的物流快递科技技术进行了全方位的展示。

表 9-9　2017 年主要快递企业科技创新应用案例

项目	应用
无人机	邮政 EMS 无人机载重约 7kg，可通过手机 APP 遥控，投递速度提高近一倍，成本节约 1/2 以上。已在广东、内蒙古投入使用
	顺丰与赣州市南康区联合申报的物流无人机示范运行区空城申请获得批复，在成都双流自贸区建立物流无人机总部基地，是国内首个无人机支线物流运输项目。10 月，顺丰成为国内首家无人机运营试点企业，参与制定物流无人机行业标准。顺丰无人机载重 5~25kg，最大载重飞行距离为 15~100km。自研垂直起降固定翼无人机载重超 200kg，运输距离超 1000km
	韵达与多家供应商合作开发"小型垂直起降固定翼无人机"，进入测试阶段

续表

项目	应用
无人车	6 月，京东无人车在中国人民大学完成首单配送，可放置 5 件快件，承重 100kg，充电一次能走 20km，每小时配送 18 件快件。9 月，京东联合上汽大通汽车有限公司推出无人轻型货车，为国内物流领域首次推出此类产品，已在交通管理部门指定路段内路试
无人仓	韵达无人仓拥有数十台自动导引运输车(automated guided vehicle, AGV)、起货调度车及两条无人包装线，可实现全程自动化。总部快运智慧仓在建，引进无人叉车技术
	京东在上海嘉定区构建全球首个全流程无人仓，可同时存储商品 6 万箱
自动化分拣仓库	苏宁在上海奉贤区建设自动化分拣仓库，采用国际最先进的高密度自动存储软硬件系统，可胜任小件、中件、整托盘、整箱等不同形式商品的高密度自动存储
智能化分拣系统	中通广州花都转运中心的双层自动分拣系统，最大处理量达 7.2 万件/h
	圆通双层自动分拣系统可处理包裹 4 万件/h，日均处理量达 150 万件
	韵达自动化分拣流水线仅需扫码一次，分拣效率约 2 万件/h，差错率低于万分之一，节省 40%的人力
智能分拣机器人	邮政 EMS 在上海、武汉等使用 AGV 分拣机器人，日处理量超过 60 万件，形成业内最大的机器人分拣规模
	中通"小黄人"24h 不间断分拣，可分拣包裹 1.8 万件/h，减少 70%的人工，每单快件平均时效缩短 3h
电子面单	主要快递企业均使用电子面单，只需在手机上操作，再由快递员使用便携式打印机出电子面单。快递电子运单使用率达 80%
其他创新应用	顺丰投放智能接驳柜，实现新型末端中转接驳模式
	中通自主研发自动伸缩机，长达 16m，可直接伸入 13.5m 大货车车厢内装卸快件

9.2.2　国际快递巨头的差异化竞争经验

1. 四大快递巨头的优势特点

全球四大快递巨头为 FedEx、UPS、DHL、TNT。这四家快递巨头在全球各有优势。

首先，FedEx 和 UPS 的强项在美洲线路、日本线路；TNT 在欧洲和西亚、中东有绝对优势；DHL 则是在日本、东南亚、澳洲有优势。

其次，FedEx 在运输大件货物上有优势，时效快、价格相对优惠，运费可以到付；UPS 时效快，其速度没有其他快递公司能比；TNT 的优势是安全，快件发往有恐怖活动、军事动乱比较多的国家时具有很大优势。

最后，每家快递公司在不同重量的货物运输费用的定价都有所不同，价格的高低不能一概而论。5.5kg 以下的货物，DHL 较便宜；6~21kg 的货物，UPS 比 DHL 便宜很多；21~100kg 的货物，DHL 比 UPS 便宜；100kg 以上，UPS

比 DHL 便宜；TNT 是荷兰的快递公司，在西欧国家的清关能力较强，但是价格也较贵。

2. FedEx 的差异化竞争经验

1971 年 FedEx 在美国田纳西州成立，主要承揽航空快递的业务。公司网点现已遍及全球 90%以上的地区，业务拓展至 215 个国家。FedEx 的运输方式主要以航空为主，所以"快"是 FedEx 的优势。发达的航空运营网络确保所有承揽快件在 48h 内送达服务范围内的任何地点。除此之外，它的出关速度也非常迅速。快速、牢靠、安全是 FedEx 的服务优势。FedEx 的差异化竞争特点如下。

第一，服务个性化。FedEx 在具有其他快递公司一般业务的前提下，利用自身较强的企业实力紧跟消费者对个性化、定制化服务的追求，在行业内最早开始了个性化的快递业务，快递物品的种类丰富，包括快递时效性要求高的鲜花、水果、生鲜等。还有许多其他快递公司不具备配送能力的大型商品，如轮胎、赛车。这种差异化的个性服务也为 FedEx 树立了业界好形象，消费者对其快递服务的偏好性明显，使其占据了快递市场的较大份额。

第二，服务应急水平高。FedEx 自企业建立以来一直秉承"使命必达"的社会责任感，高水平的服务是其发展到现有规模的重要因素，而快递产业的差异化主要存在于服务之中。FedEx 的服务水平高于其他快递企业，在 2011 年的纽约"911"事件中得到充分体现。当时的美国已禁止了一切空中运输，这给许多跨国快递企业带来了巨大损失。可是 FedEx 的服务链完善，使得它们在这一情况下通过调度陆上运输工具继续配送，及时将货物送达客户手中。随着信息化进程的加快，FedEx 与信息化融合发展，建立了属于自己的气象观测点并发射了自己的卫星。这都进一步提升了其服务水平，使其可以处理许多突发事件，许多快递企业相比 FedEx 还是存在很大差距的,高水平的服务是 FedEx 实行产品差异化的重点。

第三，自动化、信息化水平高。FedEx 对自动化、信息化的提升投入了大量资金，技术的升级和信息化程度的提高使快递处理的速度和效率大大提升。自动化的机械、传送带、扫描装置等的使用，大大减少了员工的工作量，辅助信息化的设备完成快件的处理，既节省了时间成本，又提升了服务质量。FedEx 拥有自己的专用飞机、巨大的机场转运中心、安装有扫描仪的超长传送带和自动识别分拣装置，能够每小时自动处理 9.5 万件快件，并短时间内完成快件的装卸，运往不同的目的地。

第四，兼并收购式扩张。长期以来，FedEx 采用兼并收购的方式扩张自身市场范围，使 FedEx 能够迅速发展壮大。而我国的快递企业大多采用加盟的发展方式。FedEx 通过兼并收购其他企业，获得收购企业的所有权，保证了服务模式的统一、服务理念的贯彻，使其服务一直以来保持高度的标准化和规范化。纵然，兼并收购的方式需要大量的资金支持，会给企业带来巨大的债务负担，但是回报往往大大高于投入。

3. UPS 的差异化竞争经验

UPS 成立于 1907 年，是较早经营快递业务的一家公司。20 世纪 30 年代，由于经济危机，UPS 终止航空快递服务。1978 年又逐步走向正轨，为美国各州提供航空快递服务。如今，UPS 已是世界上最大的快递承运商和包裹运送公司，也是全球著名的特种货运和物流服务公司。2008 年，UPS 成为北京奥运会的物流与快递赞助商。UPS 的仓库遍布世界多个国家，主要是为了节约客户在流通环节的成本，其提供的主要服务包括零配件的配送和产品供应链的管理，以及一些向后延伸的服务，如售后服务等。UPS 最突出的特点是与科技公司的业务合作，如此就可以利用自身的仓库布局以最快的速度完成产品的配送以及售后服务，具体如下。

第一，重视信息技术的运用。信息技术在当前已经成为每一个行业必须涉及的便利条件，UPS 就利用 GPS 来对其企业的所有的快递服务进行实时监控，统筹管理所有需要递送的快件数量，高效地规划安排汽车的具体路线及其数量。另外，客户可以通过 GPS 随时查询自己的快件邮寄进度，客户也可以通过计算机用邮政编码检索离自己最近的收件地点，以方便取件。

第二，实行标准化管理模式。以"标准化"来规范员工的各个方面，如服务着装/车间的物体摆放以及员工的行为举止等，这样不仅有利于提高工作效率，而且能够提高服务的质量。与此同时，企业的客流量也会不断增大，随之利润率也会节节攀升，更重要的是为企业树立了良好的形象，益于产生品牌效应。例如，UPS 就实行了严格的标准化管理，通过测算，准确地计算了送货机制每个步骤的用时，并以此为标准，这样就形成了整体的优化方案，规范了整个流程机制，达到提高工作效率的目的。

4. DHL 的差异化竞争经验

DHL 于 1969 年在加利福尼亚建立，面对国际快递客户。DHL 是一家私营公司，主要的合作伙伴是德国邮政世界网络、汉莎航空集团公司和日本航空公司。2002 年初，德国邮政世界网络成为 DHL 的主要股东。到 2002 年底，DHL 已经100%由德国邮政世界网络拥有。2003 年，德国邮政世界网络将其下属所有的快递和物流业务整合至一个单一品牌——DHL。2005 年 12 月德国邮政世界网络并购 Exel 的举措进一步巩固了 DHL 的品牌。整合后的 DHL 的专业服务来自于德国邮政世界网络收购的几家公司。在 DHL 的发展历程中，最为突出的差异化竞争经验表现为对人和关系的重视，具体如下。

第一，最大化战略联盟。DHL 在经营中最擅长的也是以市场为中心，通过联合或协议的方式对别人的资产加以利用。它们反对进行大规模固定资产的投资，只要有可能，它就千方百计地吸取别人的优势为自己所用。正是这种独特的运营方式，使 DHL 在保证自身利润的前提下，还可以拿出更多的资金用于合作。DHL 强大的运力来自于其灵活周密的航空运输，通过包机、租赁以及和航空公司结成战略联盟，可以更灵活地根据客户需要，提供实时实地的服务。DHL 以租用商业航班的灵活模式著称。除此之外，快递专机作为这一形式的有力补充，大大提高了 DHL 的航空运力和效率。DHL 还不断采取建立战略合作关系的方式，利用战略联盟所带来的资源获取更多的竞争优势。例如，在 2004 年中美双方签订新的《中美航空协定》后，本身没有开设中美航班的 DHL 为了加入利润丰厚的中美国际快递市场的争夺，与美国西北航空公司签订合作协议，借助美国西北航空每周 7 个航班大幅提高在中美航空市场的运力。DHL 董事、总经理吴东明表示，有效地整合运力资源是 DHL 的重要优势之一。

第二，重视培育人才。21 世纪竞争最终体现在人才的竞争上，国际快递公司早就认识到，快递业务作为终端物流服务，快递人员要直接面对面地与客户打交道，快递人员综合素质的高低对企业开拓新客户、提高老客户对企业的忠诚度无疑是至关重要的。国际化专业人才是快递物流企业的核心竞争力之一，而科学、完善的人才培养体系就是保持这一核心竞争力的坚强后盾。DHL 启动人才战略，在上海建立了 DHL 物流管理学院，通过多层次的培训课程，学院不仅能满足 DHL 中国及亚太地区的人才需求，还将通过主动的人才战略提升整个物流行业的专业水平，这对推动中国物流产业的专业化发展将发挥重要作用。随着 DHL 全球各种服务的推出，其作业标准不断升级，兼职培训师制度保证了培训和受训双方员工都能够在工作中不断学习，专业知识在团队中的更新过程大大加快，从而实现了公司"更专业、更统一"的作业要求，保证了 DHL 始终处于行业领先地位。

5. 荷兰 TNT 的差异化竞争经验

TNT 成立于 1946 年，总部设在荷兰。早在 1988 年，TNT 就已进入中国市场。目前，TNT 为客户提供从定时的门到门快递服务和供应链管理，到直邮服务的整合业务解决方案。TNT 在中国拥有 25 个直属运营分支机构，3 个全功能国际口岸和近 3000 名员工，服务范围覆盖中国 500 多个城市。TNT 在中国的发展独辟蹊径，其差异化竞争经验如下。

第一，关注中欧市场。TNT 拥有覆盖欧洲的最强大的空陆联运递送网络。在注重中欧国际航空快递的同时，构筑起在中国的公路运输网络，在国际快递和国内快运上"两条腿走路"。在中国，TNT 也拥有很好的网络，已成为欧洲和中国间的快递领导者。TNT 稳居中欧间国际快递市场的最前线，这是其核心竞争战略之一。

第二，商业运营模式。TNT 的商业运营模式与其他企业有所不同。其他快递巨头在中国有一个大的枢纽，而 TNT 在中国共设了 4 个转运中心。其经营理念是，对于本地客户来说，如华东客户、华南客户、华北客户或者北京的客户，如果要更好地为他们提供服务，就要使他们的货物可以在最近的国际口岸被运进运出，这是以客户为中心的竞争战略。这种多个专业中心的运营模式更为灵活，使 TNT 可以提供以客户为中心的服务，从而确保最好地服务客户。

9.2.3　我国快递企业差异化发展的有效途径

1. 细分市场，创新服务

产品服务的对象是客户，快递行业对于服务产品的创新，应考虑不同客户对快递服务的要求和关注点的不同，综合各企业自身的实际情况，设计出个性化产品以扩大市场占有量。

快递服务产品的创新可以通过细分快递市场来达到服务多元化的效果，进而有针对性地创造出特色服务。我国快递企业在经营中，可以通过提供多元化、特色化的快递产品及个性化物流解决方案，向农村快递市场和国际快递市场发展，在保持国内城镇运输服务市场份额基础上，增加"快递下乡"和"快递跨境"服务，并充分满足消费者对于价格、服务类型及时间的需求；其次，在为各行业提供快递服务时，快递企业应根据不同行业类型及特色，基于市场细分提供专业化产品和增值服务。增值服务和特色服务的具体内容如下。

1) 增值服务

增值服务就是针对特定的物流活动、特定客户，在提供基本服务的基础上，提供定制化的服务，可以满足更多的顾客期望，为客户提供更多的优质服务。增值服务可以从以下四个方向完成，具体有：以顾客为核心的增值服务，指为满足顾客对于配送产品的要求而提供的各种可供选择的服务方式；以促销为核心的增值服务，指为刺激销售而独特配置的销售点展销台的服务，一般包括对储备产品提供特别介绍、销售点广告宣传、直接邮寄促销和促销材料的物流支持等；以制造为核心的物流服务，指以支持制造活动的物流服务为主，通过对独特产品进行分类和递送来提供服务的方式；以时间为核心的增值服务，以准时化为特色，并且涉及使用专业人员在递送以前对存货进行分类、排序和组合以排除不必要的仓库设施和重复劳动。

回顾我国快递产业的发展过程，最初的快递服务就极具增值服务色彩，极大地满足了顾客快速寄递、方便寄递的需求。但发展到现在，大部分快递企业的快递服务已经从增值服务转变为普遍服务，成为固化的经营和发展模式。快递企业要想取得有别于他人的发展，只能通过积极发展增值衍生服务，像移动广告、大数据分析、培训和咨询等，以创造更多价值。快递企业也可以借鉴 UPS 公司的经验，通过开发独特服务系统，如专向批发商配送纳贝斯克食品公司的快餐食品；也可以针对不同客户需求，开发不同的服务系统，以更好地为客户提供更优质的服务。

2) 特色服务

特色服务就是结合人文地理环境、服务的具体特点以及不同年龄、不同收入层次顾客的多样化需求，进而形成一种与众不同的服务风格。企业不仅要分析自身的具体情况，还要了解同行的情况及其特点，更重要的是剖析顾客群体不同时期的服务需求特征。我国快递行业服务产品比较单一，除了极个别大型快递企业外，各快递企业之间几乎没什么区别。特色服务的推出必然会扩大市场占有率。例如，可以针对客户的不同货物推出特色服务，像旅游景点博览会购物快递、高尔夫球杆和雪橇快递、地方特产直销快递等；可以推出有时间特色的不同服务，如情人节巧克力快递、端午节粽子快递、大学生毕业季行李快递、中秋月饼快递等；可以针对高附加值物品推出特色服务，如机密货物服务，还有防震服务等；可以提供特殊包装、特殊路线、特殊方法配送服务等；也可以针对不同的服务要求推出特色服务，如五日件、四日件、指定时间到达、即日到达、准点到达等不同抵达时间的快递。这样细分服务市场，会使快递服务多样化，丰富客户的服务体验，很好地推动快递行业的多样化发展。

2. 重视科技研发与人才培育

我国快递企业应将技术创新放在重要位置，增加资金投入到先进技术的研发及应用推广中，在网络平台、基础设施、快递运营系统建设等方面全面提升。同时，我国快递企业可招纳优秀技术人才或积极鼓励员工参与到技术研发中，将一线经验及创新想法付诸实践，通过设立自有研发基地或与高科技企业合作，以一次创新为主，或进行一次与二次创新相结合，使企业不仅追求利润的增长，而且在技术创新上符合本土快递企业及国际快递市场的发展趋势，提高快递产品的周转率及企业的运转效率，并可通过调查问卷等方式了解消费者的需求，以此作为参考，更好地迎合市场，从而缩短与外资快递企业公司的差距。面对电子商务的迅猛发展，快递企业应重视自身网站建设，为企业进行国际化经营奠定基础。

目前，国家邮政局会同教育部遴选全国职业院校邮政和快递类师范专业点 22个，协调新增邮政管理和邮政工程两个本科专业，确定了两批全国邮政行业人才培养基地。完成了快递员、快件处理员等职业标准编制工资。首次举办全国邮政行业职业技能竞赛，指导召开全国邮政职业教育教学指导委员会年会、高职快递专业教学研讨会等。协调推进快递运营管理专业核心课程建设，建设邮政通信管理专业教学案例库。与北京邮电大学、南京邮电大学、西安邮电大学、重庆邮电大学四所邮电类高校共建现代邮政学院和邮政研究院。形成了合作院校、人才培养基地、共建学院和研究院"四位一体"的人才培养体系，为快递行业发展提供人才支撑和智力支持。快递企业应积极利用良好的人才培养环境，变被动为主动，积极融入人才培养工作中，根据企业的人才需求，联合各方教育资源，为企业培养既具有理论知识，又具有实践能力的新型快递人才。

3. 促进联盟合作，加强品牌建设

1) 促进联盟合作

企业联盟是指企业个体与个体间在策略目标的考虑下结成盟友，自主地进行互补性资源交换，各自达成目标产品阶段性的目标，最后获得长期的市场竞争优势，并形成一个持续而正式的关系。按照行业和产业链，企业联盟可划分为两类：一类是同行业之间的联盟，或者为了降低风险，或者为了在市场上形成垄断势力；另一类是上下游产业之间形成联盟，例如，英特尔和计算机厂商之间的关系。按照联盟所处的市场营销环节不同，可分为产品或服务联盟、分销渠道联盟、价格联盟等。

2017 年 5 月，菜鸟网络与中国邮政、顺丰等 15 家快递企业签署了战略合作协议。各方将推动数据开放连接，深入运用大数据能力来提升服务品质。根据协议，这 15 家企业与菜鸟网络将基于云计算服务，通过电子面单、云客服等产品上的合作来推动行业的信息化升级。并且双方数据将进一步相互开放，以便共同整合电子商务快递上下游的数据资源，对电子商务快递行业进行市场分析和服务质量诊断，为邮政快递企业提供决策支撑。可以说，这是中国电商巨头和快递巨头构建的典型的产业链联盟形式，将极大地提升相关企业快递流转环节的服务能力，通过环节优化探索新信息化产品和末端服务项目，提升行业整体服务水平。大量的小型快递企业应在自己的服务领域和产业链条上寻找机会，构建横向和纵向的合作联盟，以获得快速发展的空间。

2) 加强品牌建设

迈克尔·波特的差异化竞争战略要求树立独特的企业形象。企业形象的树立离不开品牌的建立，品牌会让顾客记住该快递企业。在同等的价格水平下，品牌会指引客户直接定位到该企业，无形中扩大企业的市场占有量。品牌为了深入到人们的消费意识中，可以通过员工制服、门牌标签、外包装、运输车辆外观等视觉冲击方式，给客户留下深刻印象。具体品牌设计的时候，可以采取符合自身品牌定位的、醒目的、新颖的、独特的、极具专业化的形象设计，通过设计上的新意增添快递服务的新内涵，以满足目标消费群的共性的心理诉求。

美国华盛顿西雅图的 UPS 公司快递业务的主导业务是全世界的工商企业，在其快件包装上有简约、新颖、专业、醒目的商务风格，用来区别于普通的快件包

装，这很好地与商务企业对简约性、专业性的心理相对应，因此获得了全球商务客户的认可。我国快递企业中，在这方面成就比较高的、比较有代表性的是深圳顺丰速运。其通过树立自己的品牌，一切服务致力于培育自己的品牌和企业形象，成为我国快递业的领跑者。

对于任何发展中的快递企业，其知名度不是一蹴而就的，必须经过长期培育，渐渐建立品牌效应，增加企业知名度，促进企业快速高效发展。近年来，我国快递业有了一定的发展，经历了从无到有、从小到大的过程。虽然现在我国快递业已经有了很大的规模，但还都没有建立属于自己的享誉全球的民族品牌。EMS、顺丰、"四通一达"等代表性企业，虽在我国占据本土化优势，但是在全球配送网络建设、资金、经营管理、标准化、服务机制等方面都处于劣势。相比而言，国外许多快递巨头，如 FedEx 等，不仅在国际快递市场上占有量大，在我国快递网络的布局也逐渐成熟，市场份额在逐渐增加。

我国快递企业应树立品牌意识，在提升服务量的同时，针对目前我国多数快递企业所提供的产品出现的跟风现象，首先，通过多元化及差异化产品避免同化，积极展现品牌及服务特色，品牌发展定位明晰，加强客户对其产品的熟知程度；其次，通过广告或参与公益性活动等方式，使企业经济效益与社会效益相结合，深化品牌的推广工作；同时，可以通过标志、车辆与员工服装的一致性巩固品牌在客户心中的印象；最后，重视企业自身文化建设，提升品牌价值与核心竞争力，展示企业文化价值。

4. 加快转型，拓宽服务领域

我国快递企业的服务仅仅局限于快递服务本身，没有将其服务领域扩大，虽然我国领头快递企业(如顺丰)积极推进服务的转型升级，但其他一般的快递企业还处于提供基本快递服务的状态。关于快递业的服务领域，四大国际快递巨头即美国 FedEx、美国 UPS、德国 DHL、荷兰 TNT 不约而同地在 2006 年转向了综合性物流服务，其服务也向服务前后进行了延伸，向前包括市场预测、市场调查、采购以及订单的处理，向后包括物流系统设计、物流咨询、物流培训等。快递服务业目前存在范围经济，通过合并、扩大快递企业会使利润变大，大型的快递企业通过兼顾向前向后的延伸服务，向大众提供综合性的物流服务，这能很好地改善当前过度竞争的局面，整合企业间的资源，加快向综合物流企业转变的脚步，快速壮大我国快递产业。

9.2.4 我国快递企业差异化竞争发展的典型案例

1. 快递农村市场开发案例

1) 特色农产品和快递结合创造新的价值空间

随着快递产业在生产生活中的重要性日益提高，国务院先后发布了《关于深入推进农业供给侧结构性改革加快培育农业农村发展新动能的若干意见》《国务院办公厅关于加快发展冷链物流保障食品安全促进消费升级的意见》等文件，对"快递下乡"、冷链物流、高铁快递联动发展等方面给予政策支持。国家政策明确了快递行业的发展方向。国家邮政局也出台了一系列政策，如《国家邮政局关于加快推进邮政业供给侧结构性改革的意见》《国家邮政局关于推进邮政业服务"一带一路"建设的指导意见》等。各地方响应国家政策，在推动快递服务现代农业、制造业等产业协同发展、推动快递物流园区建设、推进"快递下乡"工程、提升快递末端配送智能化等方面出台政策数百项，并给予行业发展资金支持。

江苏宿迁、安徽宿州、广西玉林、陕西宝鸡等 9 个城市积极开展快递服务现代农业活动，带动"乡村振兴"。陕西宝鸡眉县猕猴桃项目，2017 年快递业务量为 600 万件，快递业务收入达 3600 万元，带动农业总产值 32 亿元；广西百色芒果项目，2016 年快件量达 218 万件，快递业务收入 3004 万元，带动农业总产值 1.08 亿元；江西赣南脐橙项目，2017 年带动脐橙产值达 4.64 亿元，线上销售 10.7 万吨；安徽黄山茶叶项目，5 年来快递企业销售茶叶 124.3 亿元；江苏宿迁沭阳花木项目，快件量达 7000 万件，快递业务收入达 2.8 亿元；山东烟台大樱桃项目，寄递樱桃 11487t，带动农业总产值 3.96 亿元，解决 3000 多人就业。这些典型案例说明，我国农村快递市场大有可为。将特色农产品和快递相结合，可以创造新的价值空间。

2) 问题导向型的快递营销方案

我国是一个农业大国，农村市场存在巨大潜力是不争的事实。然而，由于农村教育、信息、生活方式等问题，不适合"速战速决"的经营方法。首先，农村农民生活的特性决定了快递的量不会太多，习惯了简单生活的农村人，暂时不习惯网络购物方式。其次，因快递量少，快递仅仅可以集中到乡镇。那么，快递不到村，农民就更不会网上购物。加上村里年轻人多外出打工，老人、小孩出门取快递更不方便，导致快递更少。最后，农村年轻人出去打工，剩余人员用智能手机的极少，网购就更少。外出人员想帮家人买东西，却因为东西到家以后不合适了家人不会退换，退换需要到乡镇等问题，很多人都有买过浪费了的不合适的衣服、鞋子等各种用品。综合来说，农村不是没有市场，而是缺少解决以上问题的方法。

在河南部分农村地区，每村可见一个白色加深蓝色的招牌，上面写着"村通快递"。村通快递从最初的没有快递，到现在的每天站点上百件，都是一点一点发展起来的。村通快递刚运行的时候，受到当地传统快递公司的联合挤压，但村通快递还是一点一点发展了起来。这是因为，村通快递采取了与传统的快递公司完全不同的运营方式。首先，他们对农村农民不收任何费用，所有费用来自于村通快递总部的补助。村通快递把快递从传统快递公司的上游接收过来，无论"四通一达"，还是京东、唯品会、邮政，都通过各县的分拣中心分拣后运输到各村，再由各村站长通知本村村民取件，整个流程分工非常明确。这样看，村通快递相当于处理了包括中通、圆通、百世、申通、韵达、顺丰、京东物流、天天、全峰、快捷、宅急送、邮政 EMS、优速、品骏、苏宁快递、德邦等所有快递包裹。此外，村通快递成功解决了农村物流和电商的短板，由各村站长负责本村人的购物和物品退换服务，而且不加收费用；邮寄物品时，如果村民不会，站长起主导作用；站长加全村人的微信，如果外出的村民网上购物寄到家里，家人不懂的问题，站长直接微信联系购物者，帮忙处理；有些农村人不会网上购物，站长帮忙购买，完全免费。以这样的方式，村通快递不仅成功解决了配送问题，也解决了购物和售后难的问题。

2. 校企合作人才培育案例

顺丰有效利用了国家邮政局建立的良好的"四位一体"人才培养环境，与全国各类职业学校、国内外大学开展全方位多层次的校企合作人才培养，构建企业人才梯队。

1) 与各类职业院校合作培养人才

顺丰为有效搭建地区后备人才梯队建设，从源头提升人才引进质量，提升人才厚度，满足个性需求，助力经营发展，于 2016 年下半年开始大力启动校企合作项目。仅顺丰西南分拨区，截至 2018 年 9 月，就分别与成都工业职业技术学院、重庆工业职业技术学院、云南交通职业技术学院、贵州轻工职业技术学院、成都工业学院、四川现代职业学院签署了校企合作协议，共同培育人才，集中进行人才引进。

此外，2018 年 5 月，江西应用工程职业学院与顺丰在学院党员活动室举行了校企合作签约授牌仪式。2018 年 10 月，天津职业大学与顺丰举行校企合作签约仪式暨全国第一家顺丰校园形象店剪彩仪式和物流快递实训基地揭牌仪式，双方共同筹建"顺丰速运人才培养班"，在校园内共同建立"顺丰企业形象店"。2018 年 9 月，浙江经贸职业技术学院与浙江顺丰在浙江顺丰总部召开校企合作沟通会，主要围绕打造一个校企共建生产性实训基地——"顺丰智慧物流中心"、建立一个订单班——浙江顺丰速运首个"优才订单班"为主要内容的"1+1"战略展开。2019 年 1 月 8 日下午，武汉交通职业学院与顺丰举行校企合作签约仪式，双方将在物流人才培养、技术创新、就业创业、社会服务等方面建立长期紧密的合作关系。

以上这些案例说明，顺丰已全面启动了校企合作人才培育工作，与各类职业院校开展了实质性的合作人才培养。

2) 与国内行业知名大学合作培养人才

我国快递企业归属国家邮政局和各省邮政管理局监管。2016～2017 年，国家邮政局与四所邮电大学先后成立共建现代邮政学院。2017 年，顺丰在西安邮电大学现代邮政学院成立不足一年之际，就与西安邮电大学现代邮政学院积极开展校企合作，探索协同育人新模式，创新实践"定制式"联合培养人才模式——西安邮电大学"顺丰班"。

双方根据企业用人需求，共同打造面向市场、注重实践、强化创新能力的联合培养人才新模式。"顺丰班"不改变学生所在专业原有的培养方案，不收取学生任何费用，利用周末或节假日等课余时间，由顺丰公司派遣讲师授课。校企双方在师资、技术、设备等办学条件方面互补，共同参与教学与管理。课程学习结束后，由顺丰公司对学生的成绩进行考核评定，考核通过的学生毕业后可直接进入顺丰公司就业。毕业时，学生与企业之间也可以双向选择。

2018 年 1 月 18 日，《中国交通报》专门报道了西安邮电大学"顺丰班"。8 月 23 日，国家邮政局党组书记、局长马军胜积极评价"顺丰班"定制式人才联合培养模式。11 月 14 日，国家邮政局职业技能鉴定指导中心在国家邮政局网站公布了 2018 年邮政行业校企合作优秀典型案例，西安邮电大学的《"定制式"联合培养人才模式创新实践》成功入选。11 月 14 日，中华人民共和国中央人民政府网站转载国家邮政局网站 2018 年邮政行业校企合作优秀典型案例新闻报道。12 月 5 日，"顺丰班"第二期正式开班。目前，已有其他快递公司和西安邮电大学接洽商谈联合人才培养的实施问题。

3）与国外知名大学合作培养人才

2017 年 11 月 7 日下午，顺丰宣布与佐治亚理工学院签署校企合作协议，共同加速产学研合作的进程，引领技术创新。当日，佐治亚理工学院校长 Bud Peterson、副校长 Yves Berthelot 等一席 11 人访问顺丰，与顺丰控股总裁就未来与顺丰的深度合作展开交流。会上，顺丰与佐治亚理工学院签署了校企合作协议，与佐治亚理工学院就新员工培训计划、代培计划达成共识，双方将充分发挥各自在人工智能、大数据、机器学习、供应链等领域的专业优势和场景资源，着力展开技术、教育等领域的合作，建立长期稳定、互利共赢的合作关系。

3. 科技创新案例

2017 年 5 月 12 日，由国家发展和改革委员会批复、圆通牵头，联合工业和信息化部电信研究院、中国重型汽车集团有限公司、北京国邮科讯科技发展有限公司、上海物联网有限公司、中国联合网络通信集团有限公司等 5 家单位共建的"物流信息互通共享技术及应用国家工程实验室"(以下简称"国家工程实验室")在圆通上海总部正式揭牌。

这是物流领域设立的首个国家工程实验室，也是首个由民营快递企业牵头承建的国家工程实验室，也是上海近几年来首批申请获批的国家工程实验室，其将成为上海全球科创中心建设中的重要项目。该国家工程实验室也被视为上海全球科创中心与国际航运中心建设的一个重要结合点。国家工程实验室各类项目将从范围、装备、运输模式和行业及用户群体四个维度展开。例如，行业装备方面，将着力推进由信息化向智能化、无人化演变。其余目标还包括，应用示范范围从全国典型到全球典型的发展，并最终实现全球主要物流行业大通联，成为我国在物流行业的国际主导力量；物流运输模式由公路、航空、铁路单一运输模式向陆、海、空一体化多式联运模式转变；服务行业用户群体覆盖范围由典型行业向多行业、全行业扩张。

按照国家工程实验室的整体规划，未来 10 年，将分三个阶段来推进完成上述目标。首阶段的 3 年期内，将力争突破多层次货物识别定位跟踪溯源技术、研发智能装备 5 种以上，其中主要包括 3 种以上运输智能装备，2 种以上仓储智能装备。圆通作为牵头单位，从总部抽调骨干团队并聘请各行业专家等技术力量，计划投入资金超过一亿元。

由圆通及 5 家理事单位组成的团队聚集了科研机构、装备研发、汽车、通信及物流等多个领域的顶尖人才。今后，国家工程实验室将围绕物流业"由大到强"的战略布局，紧跟世界物流业技术发展趋势，搭建国内一流的科研环境，建设物流信息互联互通共享平台，攻克一批物流信息技术和智能装备关键核心技术并成功转化，构建"互联网+物流"领域自主知识产权和标准体系，建设中国物流业互联、物联、智联序次推进工程技术的研发基地，致力于成为现代科技成果在中国物流业创新应用的孵化器、加速器和倍增器。

目前，中国物流业面临着物流信息互联互通不足、物流装备信息化和自动化程度低、物流业标准体系亟待完善等问题。针对这些瓶颈，围绕提升物流运营效率和寄递安全水平的迫切需求，国家工程实验室将重点做好互通平台搭建、物流资源和运能资源的整合、智能装备研发、行业标准制定、示范基地建设以及物流人才培养等工作，通过科技创新，有效提升物流行业的运行效率、降低物流成本、提高服务水平、培育技术创新人才。

4. 联盟合作案例

在我国快递产业，菜鸟联盟最好地诠释了企业联盟合作带来的成功，其发展历程伴随着与各类企业的合作。2013 年 5 月，阿里巴巴集团与中国银泰投资有限公司、富春控股集团、顺丰、"三通一达"(申通、圆通、中通、韵达)、宅急送、汇通，以及相关金融机构共同组成"中国智能物流骨干网"，共同创立菜鸟联盟。同时，中国人寿保险(集团)公司与阿里巴巴集团和中国银泰投资有限公司、中信银行与菜鸟网络分别建立了战略合作伙伴关系，其将为"中国智能物流骨干网"的建设提供资金支持。

　　菜鸟联盟是一个平台，通过梳理仓储、配送等各环节的业务场景，提炼出标准化操作模式，运用数据获得更好的运作能力。作为大数据平台，菜鸟网络通过企业间的联盟合作展现了几何级数的增长。

　　2013 年 12 月国内家电最大的事件就是阿里巴巴集团与海尔日日顺的战略合作，阿里巴巴集团与海尔电器战略合作涉及的金额高达 28.22 亿港元，折合人民币 22.13 亿元。海尔日日顺很好地弥补了阿里巴巴集团在物流建设方面的短板。海尔日日顺在全国的渗透率极高，拥有 9 个发运基地、90 个物流配送中心，仓储面积达 200 万 m² 以上，拥有县级专卖店 7600 多家，乡镇专卖店 26000 家，村级联络站 19 万余个，并在全国 2800 多个县建立了物流配送站和 17000 多家服务商网点，形成集仓储、物流、配送、安装于一体的服务网络，而且多集中在三、四级市场，这正是作为电商背景的菜鸟网络梦寐以求的目标区域。这种定位和服务范围，给处于高速发展中的菜鸟提供了多方面的系统支撑，不仅可以弥补在大件物流及三、四级市场物流配送的短板，同时可以极大地在家电产品的销售规模上及乡镇市场的电商发展上取得突破。

　　2014 年 6 月，菜鸟网络与中国邮政达成战略合作。双方将在物流、电商、金融、信息安全等领域全面开展深度合作，合力建设中国智能物流骨干网。通过这个网络平台，覆盖全国超十万个邮政网点将与菜鸟网络全面打通，并开放给社会化物流。2015 年 5 月，中国邮政宣布首期开放 5000 个网点，用作菜鸟驿站，开放给各大快递企业作为最后一公里的快递自提点。随后，百世汇通等快递公司也携各自服务网点，加入到最后一公里的公共网络当中。

　　2015 年开始，菜鸟网络开始瞄准跨境电商物流领域。菜鸟网络联合天猫在全国跨境贸易试点城市设立 4 个保税仓，打通数据对接，中通、顺丰、邮政 EMS、中国邮政、圆通等合作伙伴承担保税仓的国内配送。针对淘宝网海外和速卖通等出口电商平台，菜鸟网络联合顺丰、中通、圆通等合作伙伴，打通出口转运等服务，并在中国香港、中国台湾、马来西亚、俄罗斯等重点地区，推出专线服务，在欧洲、美国等地区提供境外仓储服务。联合圆通开通了韩国-中国内地-中国香港电子商务专用航线。此外，菜鸟网络积极开展与各国邮政的联盟合作。2015 年 7 月，菜鸟网络与新加坡邮政达成战略合作；2015 年 9 月，菜鸟网络与美国邮政达成战略合作；2016 年 1 月，菜鸟网络与西班牙邮政达成战略合作；2019 年 2 月，菜鸟网络同俄罗斯邮政达成战略合作。

　　2018 年，菜鸟网络联合阿里巴巴公益基金会、中华环境保护基金会、中通、圆通、申通、天天、百世、韵达等主要快递公司共同发布"中国绿色物流研发资助计划"。该计划将面向全社会征集绿色解决方案，通过整合资源，调动全社会的力量共同推动绿色物流科研发展。社会各界组织、环保人士可以登录环境保护部下属中华环境保护基金会相关页面进行项目申报，围绕绿色包裹、绿色配送、绿色回收、绿色智能等方面进行科技创新。菜鸟绿色联盟公益基金将投入 1000 万，从物流包装的轻量化、循环利用、创新替代等领域着手，在研发新材料、新技术方面增加投入，促进绿色包装升级。

从以上总结的关于菜鸟联盟成立以来的大事可以看出，联盟合作是菜鸟联盟秉承的发展战略，不仅极大地促进了企业自身的发展，对整个行业也将起到不可估量的作用。

9.3　本 章 小 结

本章根据第 4~8 章对陕西省快递产业竞争关系网络、国内跨省业务竞争关系网络和国际业务竞争关系网络的研究，对得到的主要研究结论进行总结，并针对性地提出建议，包括弱势快递企业分支机构调整建议、强势快递企业竞争行为引导建议和快递企业价格引导建议。此外，为引导快递企业规避价格战，结合国内外知名快递企业，从快递服务差异化特征及内容、快递巨头差异化竞争经验、我国快递企业差异化的有效途径及典型案例四个方面出发，给出了快递企业差异化竞争发展的建议。

参 考 文 献

褚庆鑫, 杨东涛, 苏中锋. 2014. 竞争不完备性、企业外部关系与创业企业成长关系研究[J]. 科技进步与对策, 31(9): 87-91.

窦红宾, 王正斌. 2012. 网络结构、知识资源获取对企业成长绩效的影响———以西安光电子产业集群为例[J]. 研究与发展管理, 24(1): 44-51.

樊相宇. 2015. 快递业务与管理[M]. 西安: 西北工业大学出版社.

高斌, 陶伯刚. 2013. 快递服务概论[M]. 北京: 人民邮电出版社.

国家邮政局. 2018. 2017 年度快递市场监管报告[R]. 北京: 国家邮政局.

国家邮政局快递职业教材编写委员会. 2011. 现代快递服务科学[M]. 北京: 北京邮电大学出版社.

国家邮政局快递职业教材编写委员会. 2012. 电子商务与快递服务[M]. 北京: 北京邮电大学出版社.

胡鲜, 杨建梅, 李得荣. 2008. 企业竞争关系演变的复杂网络分析[J]. 软科学, 22(6): 52-56.

李得荣, 杨建梅, 李欣荣. 2010. 产业竞争关系复杂网络模型群分析[J]. 管理学报, 7(5): 770-780.

李俊英. 2011. 基于产业关联的我国快递产业的发展研究[D]. 上海: 上海师范大学.

梁军. 2014. 快递运营管理[M]. 上海: 上海财经大学出版社.

罗家德. 2010. 社会网络分析讲义[M]. 北京: 社会科学文献出版社.

欧瑞秋, 杨建梅. 2010. 网络社团视角下的中国汽车产业市场结构分析[J]. 软科学, 24(9): 8-13.

彭伟, 符正平. 2014. 权变视角下联盟网络与新创企业成长关系研究[J]. 管理学报, 11(5): 659-668.

钱锡红, 徐万里, 李孔岳. 2009. 企业家三维关系网络与企业成长研究[J]. 中国工业经济, (1): 87-97.

宋亚丽. 2017. 我国快递业差异化竞争研究[D]. 太原: 山西财经大学.

王庆喜, 宝贡敏. 2007. 社会网络、资源获取与小企业成长[J]. 管理工程学报, 21(4): 57-61.

谢逢洁. 2010. 无标度网络的群聚性对合作行为的影响[J]. 系统工程学报, 25(2): 152-158.

谢逢洁. 2015. 复杂网络上博弈行为演化的合作激励[J]. 上海交通大学学报, 49(8): 1256-1262.

谢逢洁. 2016. 复杂网络上的博弈[M]. 北京: 清华大学出版社.

谢逢洁. 2017. 快递网络: 复杂性及规划运营管理[M]. 北京: 科学出版社.

谢逢洁, 崔文田, 胡海华. 2010. 复杂网络中基于近视最优反应的合作行为[J]. 系统工程学报, (6): 804-811, 834.

谢逢洁, 崔文田, 贾卫峰. 2012. 无标度网络的同配性对群体合作行为的影响[J]. 系统工程, 30(3): 104-110.

谢逢洁, 崔文田, 李庆军. 2011. 空间结构对合作行为的影响依赖于背叛诱惑的程度[J]. 系统工程学报, 26(4): 451-459.

谢逢洁, 武小平, 崔文田, 等. 2017. 博弈参与水平对无标度网络上合作行为演化的影响[J]. 中国管理科学, 25(5): 116-123.

徐希燕. 2009. 中国快递产业发展研究报告[M]. 北京: 中国社会科学出版社.

杨建梅. 2010. 复杂网络与社会网络研究范式的比较[J]. 系统工程理论与实践, 30(11): 2046-2055.

杨建梅, 王舒军, 陆履平, 等. 2006. 广州软件产业社会网络与竞争关系复杂网络的分析与比较 [J].管理学报, 3(6): 723-727.

杨建梅, 周恋, 周连强. 2013. 中国汽车产业竞争关系与轿车社团企业对抗行动研究[J]. 管理学报, (1): 49-55.

姚灿中, 杨建梅, 庄东. 2011. 产业竞争关系复杂网络上的竞争扩散研究[J]. 管理学报, 8(2): 254-264.

Abbink K, Brandts J. 2008. Pricing in Bertrand competition with increasing marginal costs[J]. Games and Economic Behavior, 63(1): 1-31.

Abramson G, Kuperman M. 2001. Social games in a social network[J]. Physical Review E, 63(3): 030901.

Agiza H N, Elgazzar A S, Youssef S A. 2003. Phase transitions in some epidemic models defined on small-world networks[J]. International Journal of Modern Physics C, 14(6): 825-833.

Alós-Ferrer C, Ania A B, Schenk-Hoppé K R. 2000. An evolutionary model of Bertrand oligopoly [J]. Games and Economic Behavior, 33(1): 1-19.

Amaral L A N, Scala A, Barthelemy M, et al. 2000. Classes of small-world networks[J]. Proceedings of the National Academy of Sciences, 97(21): 11149-11152.

Apesteguia J, Huck S, Oechssler J, et al. 2010. Imitation and the evolution of Walrasian behavior: Theoretically fragile but behaviorally robust[J]. Journal of Economic Theory, 145(5): 1603-1617.

Apesteguia J, Huck S, Oechssler J. 2007. Imitation-theory and experimental evidence[J]. Journal of Economic Theory, 136(1): 217-235.

Argenton C, Müller W. 2012. Collusion in experimental Bertrand duopolies with convex costs: The role of cost asymmetry[J]. International Journal of Industrial Organization, 30(6): 508-517.

Assenza S, Gardenes J G, Latora V. 2008. Enhancement of cooperation in highly clustered scale-free networks [J]. Physical Review E, 78(1): 017101.

Bagler G. 2008. Analysis of the airport network of India as a complex weighted network[J]. Physica A: Statistical Mechanics and its Applications, 387(12): 2972-2980.

Barabási A L, Albert R, 1999. Emergence of scaling in random networks[J]. Science, 286(10): 509-512.

Barabási A L, Bonabeau E. 2003. Scale-free networks[J]. Scientific American, 288(5): 60-69.

Barahona M, Pecora L M. 2002. Synchronization in small-world systems[J]. Physical Review Letters, 89(5): 054101.

Barrat A, Barthélemy M, Pastor-Satorras R, et al. 2004. The architecture of complex weighted networks[J]. Proceedings of the National Academy of Sciences, 101(11): 3747-3752.

Barrat A, Weigt M. 2000. On the properties of small-world network models[J]. The European Physical Journal B-Condensed Matter and Complex Systems, 13(3): 547-560.

Bengtsson M, Kock S. 2000. "Coopetition" in business networks——to cooperate and compete simultaneously[J]. Industrial Marketing Management, 29(5): 411-426.

Boccaletti S, Latora V, Moreno Y, et al. 2006. Complex networks: Structure and dynamics[J]. Physics Reports, 424(4/5): 175-308.

Boguná M, Pastor-Satorras R, Vespignani A. 2003. Absence of epidemic threshold in scale-free networks with degree correlations[J]. Physical Review Letters, 90(2): 028701.

Boguná M, Pastor-Satorras R. 2002. Epidemic spreading in correlated complex networks[J]. Physical Review E, 66(4): 047104.

Borgatti S P, Everett M G, Freeman L C. 2002. Ucinet for Windows: Software for Social Network Analysis[M]. Harvard: Analytic Technologies.

Bottazzi G, Secchi A. 2006. Explaining the distribution of firm growth rates[J]. The Rand Journal of Economics, 37(2): 235-256.

Cao X B, Du W B, Rong Z H. 2010. The evolutionary public goods game on scale-free networks with heterogeneous investment[J]. Physica A: Statistical Mechanics and its Applications, 389(6): 1273-1280.

Casasnovas J P. 2012. Evolutionary Games in Complex Topologies: Interplay Between Structure and Dynamics[M]. Berlin: Springer.

Chamberlin E H. 1948. An experimental imperfect market[J]. Journal of Political Economy, 56(2): 95-108.

Chen X J, Fu F, Wang L. 2007. Prisoner's dilemma on community networks[J]. Physica A: Statistical Mechanics and its Applications, 378: 512- 518.

Christina F, Steven O K, Annapurna V, et al. 2002. On adaptive emergence of trust behavior in the game of stag hunt[J]. Group Decision and Negotiation, 11(6): 449-467.

Coad A, Teruel M. 2013. Inter-firm rivalry and firm growth: Is there any evidence of direct competition between firms?[J]. Industrial and Corporate Change, 22(2): 397-425.

Dastidar K G. 1995. On the existence of pure strategy Bertrand equilibrium[J]. Economic Theory, 5(1): 19-32.

Daughety A F. 2005. Cournot Oligopoly: Characterization and Applications[M]. Cambridge: Cambridge University Press.

Delmar F, Davidsson P, Gartner W B, et al. 2003. Arriving at the high-growth firm[J]. Journal of Business Venturing, 18(2): 189-216.

Dixit A. 1980. The role of investment in entry-deterrence[J]. The Economic Journal, 90(357): 95-106.

Doebeli M, Hauert C, Killingback T. 2004. The evolutionary origin of cooperators and defectors[J]. Science, 306(5697): 859-862.

Dorogovtsev S N, Mendes J F F. 2000. Evolution of networks with aging of sites[J]. Physical Review E, 62(2): 1842-1845.

Du W B, Cao X B, Zhao L, et al. 2009. Evolutionary games on weighted Newman-Watts small-world networks [J]. Chinese Physics Letters, 26(5): 058701.

Eames K T D, Read J M, Edmunds W J. 2009. Epidemic prediction and control in weighted networks [J]. Epidemics, 1(1): 70-76.

Eguiluz V M, Klemm K. 2002. Epidemic threshold in structured scale-free networks[J]. Physical Review Letters, 89(10): 108701.

Eguiluz V M, Zimmermann M G, Cela-Conde C J, et al. 2005. Cooperation and the emergence of role differentiation in the dynamics of social networks[J]. American Journal of Sociology, 110(4): 977-1008.

Erdös P R, Rényi A. 1959. On random graphs I[J]. Publicationes Mathematicae-Debrecen, 6: 290-297.

Erdös P, Rényi A. 1960. On the evolution of random graphs[J]. Publications of the Mathematical Institute of the Hungarian Academy of Sciences, 5: 17-61.

Fosfuri A, Giarratana M S. 2009. Masters of war: Rivals' product innovation and new advertising in mature product markets[J]. Management Science, 55(2): 181-191.

Fu F, Chen X, Liu L, et al. 2007. Promotion of cooperation induced by the interplay between structure and game dynamics[J]. Physica A: Statistical Mechanics and its Applications, 383 (2): 651-659.

Gang Y, Tao Z, Jie W, et al. 2005. Epidemic spread in weighted scale-free networks[J]. Chinese Physics Letters, 22(2): 510.

Geroski P, Gugler K. 2004. Corporate growth convergence in European[J]. Oxford Economic Papers, 56(4): 597-620.

Geroski P. 1995. What do we know about entry?[J]. International Journal of Industrial Organization, 13(4): 421- 440.

Girvan M, Newman M E J. 2002. Community structure in social and biological networks[J]. Proceedings of the National Academy of Sciences, 99(12): 7821-7826.

Goldthau A. 2008. Divided over Iraq, united over Iran: A rational choice explanation to European[J]. European Political Economy Review, 8(1): 40-67.

Gómez S, Jensen P, Arenas A. 2009. Analysis of community structure in networks of correlated data [J]. Physical Review E, 80(1): 016114.

Gómez-Gardenes J, Moreno Y, Arenas A. 2007. Paths to synchronization on complex networks[J]. Physical Review Letters, 98(3): 034101.

Goolsbee A, Syverson C. 2008. How do incumbents respond to the threat of entry?Evidence from the major airlines[J]. The Quarterly Journal of Economics, 123(4): 1611-1633.

Gross T, Blasius B. 2008a. Adaptive coevolutionary networks: A review[J]. Journal of the Royal Society Interface, 5(20): 259-271.

Gross T, Kevrekidis I G. 2008b. Robust oscillations in SIS epidemics on adaptive networks: Coarse graining by automated moment closure[J]. Europhysics Letters, 82(3): 38004.

Han D D, Qian J H, Liu J G. 2009. Network topology and correlation features affiliated with European airline companies[J]. Physica A: Statistical Mechanics and its Applications, 388(1): 71-81.

Hanaki N, Peterhansl A, Dodds P S, et al. 2007. Cooperation in evolving social networks[J]. Management Science, 53(7): 1036-1050.

Hauert C, Doebeli M. 2004. Spatial structure often inhibits the evolution of cooperation in the snowdrift game[J]. Nature, 428(6983): 643-646.

Hehenkamp B. 2002. Sluggish consumers: An evolutionary solution to the Bertrand paradox[J]. Games and Economic Behavior, 40(1): 44-76.

Holme P, Kim B J. 2002. Growing scale-free networks with tunable clustering[J]. Physical Review E, 65(2): 026107.

Holme P, Park S M, Kim B J, et al. 2007. Korean university life in a network perspective: Dynamics of a large affiliation network[J]. Physica A: Statistical Mechanics and its Applications, 373: 821-830.

Hong H, Choi M Y, Kim B J. 2002. Synchronization on small-world networks[J]. Physical Review E, 65(2): 026139.

Hotelling H. 1929. Stability in competition[J]. The Economic Journal, 39(153): 41-57.

Hou R, Yang J M, Yao C Z. 2008. Modeling China's logistics service providers' competitive relationship based on complex networks[C]//International Conference on Information Management, Innovation Management and Industrial Engineering, 2008. ICIII'08. IEEE, 2: 413-418.

Huang W, Li C G. 2007. Epidemic spreading in scale-free networks with community structure[J]. Journal of Statistical Mechanics: Theory and Experiment, (1): P01014.

Huck S, Normann H T, Oechssler J. 1999. Learning in Cournot oligopoly: An experiment[J]. The Economic Journal, 109(454): 80-95.

Huck S, Normann H T, Oechssler J. 2000. Does information about competitors' actions increase or decrease competition in experimental oligopoly markets?[J]. International Journal of Industrial Organization, 18(1): 39-57.

Ichinomiya T. 2004. Frequency synchronization in a random oscillator network[J]. Physical Review E, 70(2): 026116.

Janssen M, Rasmusen E. 2002. Bertrand competition under uncertainty[J]. The Journal of Industrial Economics, 50(1): 11-21.

Kermack W O, McKendrick A G. 1927. Contributions to the mathematical theory of epidemics[J]. Proceedings of the Royal Society A, 115: 700-721.

Kossinets G, Watts D J. 2006. Empirical analysis of an evolving social network[J]. Science, 311 (5757): 88-90.

Kuperman M, Abramson G. 2001. Small world effect in an epidemiological model[J]. Physical Review Letters, 86(13): 2909-2912.

Lee C, Lee K, Pennings J M. 2001. Internal capabilities, external networks, and performance: A study on technology-based ventures[J]. Strategic Management Journal, 22(6/7): 615-640.

Lee K H, Chan C H, Hui P M, et al. 2008. Cooperation in N-person evolutionary snowdrift game in scale-free Barabási-Albert networks[J]. Physica A: Statistical Mechanics and its Applications, 387(22): 5602-5608.

Li C, Maini P K. 2005. An evolving network model with community structure[J]. Journal of Physics A: Mathematical and General, 38(45): 9741.

Li H, Zhang Y. 2007. The role of managers' political networking and functional experience in new venture performance: Evidence from China's transition economy[J]. Strategic Management Journal, 28(8): 791-804.

Li P P, Ke J, Lin Z, et al. 2012. Cooperative behavior in evolutionary snowdrift games with the unconditional imitation rule on regular lattices[J]. Physical Review E, 85(2): 021111.

Liu Y K, Li Z, Chen X J, et al. 2009. Evolutionary prisoner's dilemma game on highly clustered community networks[J]. Chinese Physics B, 18(7): 2623.

Lozano S, Arenas A, Sánchez A. 2008. Mesoscopic structure conditions the emergence of cooperation on social networks[J]. PLoS ONE, 3(4): e1892.

Lugo H, Jimenez R. 2007. Incentives to cooperation in network formation[J]. Computational Economics, 28(1): 15-27.

Luthi L, Pestelacci E, Tomassini M. 2008. Cooperation and community structure in social networks [J]. Physica A: Statistical Mechanics and its Applications, 387(4): 955-966.

Maskin E. 1986. The existence of equilibrium with price-setting firms[J]. The American Economic Review, 76(2): 382-386.

Masuda N. 2007. Participation costs dismiss the advantage of heterogeneous networks in evolution of cooperation[J]. Proceedings of the Royal Society B-Biological Sciences, 274: 1815-1821.

Matthew S. 2006. The stag hunt: A vehicle for evolutionary cooperation[C]//Proceedings of the IEEE World Congress on Computational Intelligence, Vancouver: 348-359.

McEvily B, Jaffee J, Tortoriello M. 2012. Not all bridging ties are equal: Network imprinting and firm growth in the Nashville legal industry, 1933-1978[J]. Organization Science, 23(2): 547-563.

Michael W M, Andreas F. 2006. Learning dynamics in social dilemmas[C]//Proceedings of the National Academy of Sciences of the United States of America, 103(9): 7229-7236.

Michele C, Guido C, Luciano P. 2004. Assortative model for social networks[J]. Physical Review E, 70(3): 037101.

Moreno Y, Gómez J B, Pacheco A F. 2003. Epidemic incidence in correlated complex networks[J]. Physical Review E, 68(3): 035103.

Moreno Y, Pacheco A F. 2004. Synchronization of Kuramoto oscillators in scale-free networks[J]. Europhysics Letters, 68(4): 603.

Néda Z, Ravasz E, Brechet Y, et al. 2000. Self-organizing processes: The sound of many hands clapping[J]. Nature, 403(6772): 849-850.

Nee S. 2006. Evolutionary dynamics: Exploring the equations of life[J]. Nature, 444(7115): 37.

Newman M E J, Park J. 2003. Why social networks are different from other types of networks[J]. Physical Review E, 68(3): 036122.

Newman M E J, Watts D J. 1999. Scaling and percolation in the small-world network model[J]. Physical Review E, 60(6): 7332.

Newman M E J. 2003. The structure and function of complex networks[J]. SIAM Review, 45(2): 167-256.

Newman M E J. 2006. Finding community structure in networks using the eigenvectors of matrices [J]. Physical Review E, 74: 036104.

Nishikawa T, Motter A E, Lai Y C, et al. 2003. Heterogeneity in oscillator networks: Are smaller worlds easier to synchronize?[J]. Physical Review Letters, 91(1): 014101.

Nowak M A, May R M. 1992. Evolutionary games and spatial chaos[J]. Nature, 359(6398): 826-829.

O'Riordan C, Sorensen H. 2008. Stable Cooperation in the N-Player Prisoner's Dilemma: The

Importance of Community Structure[M]//Adaptive Agents and Multi-Agent Systems III. Adaptation and Multi-Agent Learning. Berlin: Springer: 157-168.

Onnela J P, Saramäki J, Kertész J, et al. 2005. Intensity and coherence of motifs in weighted complex networks[J]. Physical Review E, 71(6): 065103.

Outkin A V. 2003. Cooperation and local interactions in the Prisoners' dilemma game[J]. Journal of Economic Behavior & Organization, 52 (4): 481-503.

Pacheco J M, Santos F C, Souza M O, et al. 2009. Evolutionary dynamics of collective action in N-person stag hunt dilemmas[J]. Proceedings of the Royal Society B, 276(1655): 315-321.

Pacheco J M, Traulsen A, Nowak M A. 2006. Coevolution of strategy and structure in complex networks with dynamical linking[J]. Physics Review Letter, 97(25): 258103.

Pastor-Satorras R, Vespignani A. 2001a. Epidemic spreading in scale-free networks[J]. Physical Review Letters, 86(14): 3200-3203.

Pastor-Satorras R, Vespignani A. 2001b. Epidemic dynamics and endemic states in complex networks[J]. Physical Review E, 63(6): 066117.

Pastor-Satorras R, Vespignani A. 2002 . Epidemic dynamics in finite size scale-free networks[J]. Physical Review E, 65(3): 035108.

Pecora L M, Carroll T L. 1998. Master stability functions for synchronized coupled systems[J]. Physical Review Letters, 80(10): 2109.

Peng M W, Heath P S. 1996. The growth of the firm in planned economies in transition: Institutions, organizations, and strategic choice[J]. Academy of Management Review, 21(2): 492-528.

Perc M, Szolnoki A. 2008a. Social diversity and promotion of cooperation in the spatial prisoner's dilemma game[J]. Physical Review E, 77(1): 011904.

Perc M, Szolnoki A, Szabó G. 2008b. Restricted connections among distinguished players support cooperation[J]. Physical Review E, 78(6): 066101.

Powers M R, Shen Z. 2008. Social stability and catastrophe risk: Lessons from the stag hunt[J]. Journal of Theoretical Politics, 20(4): 477-497.

Reisinger M, Ressner L. 2009. The choice of prices versus quantities under uncertainty[J]. Journal of Economics & Management Strategy, 18(4): 1155-1177.

Robson P, Obeng B A. 2008. The barriers to growth in Ghana[J]. Small Business Economics, 30(4): 385-403.

Rong Z H, Li X, Wang X. 2007. Roles of mixing patterns in cooperation on a scale-free networked game[J]. Physical Review E, 76(2): 027101.

Santos F C, Pacheco J M, Lenaerts T. 2006a. Evolutionary dynamics of social dilemmas in structured heterogeneous populations[C]//Proceedings of the National Academy of Sciences of the United States of America, 103(9): 3490-3494.

Santos F C, Pacheco J M, Lenaerts T. 2006b. Cooperation prevails when individuals adjust their social ties[J]. PLoS Computational Biology, 2: e140.

Santos F C, Pacheco J M. 2005. Scale-free networks provide a unifying framework for the emergence of cooperation[J]. Physical Review Letters, 95: 098104.

Santos F C, Santos M D, Pacheco J M. 2008. Social diversity promotes the emergence of cooperation in public goods games[J]. Nature, 454(7201): 213-216.

Sheng L, Li C. 2009. English and Chinese languages as weighted complex networks[J]. Physica A: Statistical Mechanics and its Applications, 388(12): 2561-2570.

Singh N, Vives X. 1984. Price and quantity competition in a differentiated duopoly[J]. The Rand Journal of Economics, 15(4): 546-554.

Skyrms B. 2004. The Stag Hunt and the Evolution of Social Structure[M]. Cambridge: Cambridge University Press.

Smith T G, Tasnádi A. 2009. Why(and When)are preferences convex?Threshold effects and uncertain quality[J]. The B E Journal of Theoretical Economics, 9(1): 3.

Soh H, Lim S, Zhang T, et al. 2010. Weighted complex network analysis of travel routes on the Singapore public transportation system[J]. Physica A: Statistical Mechanics and its Applications, 389(24): 5852-5863.

Sutton J. 2001. Technology and Market Structure: Theory and History[M]. Massachusetts: The MIT Press.

Sutton J. 2009. Market share dynamics and the "persistence of leadership" debate[J]. Investigaciones Regionales, (15): 193-221.

Sysi-Aho M, Saramäki J, Kertész J, et al. 2005. Spatial snowdrift game with myopic agents[J]. The European Physical Journal B-Condensed Matter and Complex Systems, 44(1): 129-135.

Szabó G, Antal T , Szabó P, et al. 2000. Spatial evolutionary prisoner' s dilemma game with three strategies and external constraints[J]. Physical Review E, 62(1): 1095-1103.

Szabó G, Toke C. 1998. Evolutionary prisoner' s dilemma game on a square lattice[J]. Physical Review E, 58: 69-73.

Szabó G, Vukov J, Szolnokil A. 2005. Phase diagrams for an evolutionary prisoner's dilemma game on two-dimensional lattices[J]. Physical Review E, 72: 047107.

Szabó G, Vukov J. 2004. Cooperation for volunteering and partially random partnerships[J]. Physical Review E, 69(3): 036107.

Szolnoki A, Perc M, Danku Z. 2008. Towards effective payoffs in the prisoner's dilemma game on scale-free networks[J]. Physica A: A statistical Mechanics and its Applications, 387: 2075-2082.

Szolnoki A, Szabó G. 2007. Cooperation enhanced by inhomogeneous activity of teaching for evolutionary Prisoner's dilemma games[J]. Europhysics Letters, 77(3): 30004.

Tásnádi A, Smith T G, Hanks A S. 2012. Quality uncertainty as resolution of the bertrand paradox[J]. Pacific Economic Review, 17(5): 687-692.

Tomassini M, Luthi L, Pestelacci E. 2007. Social dilemmas and cooperation in complex networks[J]. International Journal of Modern Physics C, 18(7): 1173-1185.

Vukov J, Szabó G, Szalnoki A. 2006. Cooperation in the noisy case: Prisoner's dilemma game on two types of regular random graphs[J]. Physical Review E, 73(6): 067103.

Watts D J, Strogatz S H. 1998. Collective dynamics of small-world networks[J]. Nature, 393(6): 440-442.

Watts D J. 2001. Small Worlds: The Dynamics of Networks between Order and Randomness[M]. Princeton: Princeton University Press.

Wu G, Gao K, Yang H, et al. 2008. Role of clustering coefficient on cooperation dynamics in homogeneous networks[J]. Chinese Physics Letters, 25(6): 2307-2310.

Wu Z X , Rong Z , Yang H X. 2015. Impact of heterogeneous activity and community structure on the evolutionary success of cooperators in social networks[J]. Physical Review E, 91(1):012802.

Wu Z X, Guan J Y, Xu X J, et al. 2007. Evolutionary prisoner's dilemma game on Barabási-Albert scale-free networks[J]. Physica A: Statistical Mechanics and its Applications, 379: 672-680.

Wu Z X, Xu X J, Chen Y, et al. 2005. Spatial prisoner's dilemma game with volunteering in Newman-Watts small-world networks[J]. Physical Review E, 71(3): 037103.

Wu Z X, Xu X J, Huang Z G, et al. 2006a. Evolutionary prisoner's dilemma game with dynamic preferential selection[J]. Physical Review E, 74(2): 021107

Wu Z X, Xu X J, Wang Y H. 2006b. Prisoner's dilemma game with heterogeneous influential effect on regular small-world networks[J]. Chinese Physics Letter, 23(3): 531-534.

Xia C Y, Zhao J, Wang J, et al. 2011. Influence of vertex weight on cooperative behavior in a spatial snowdrift game[J]. Physica Scripta, 84(2): 025802.

Xia C, Wang J, Wang L, et al. 2012. Role of update dynamics in the collective cooperation on the spatial snowdrift games: Beyond unconditional imitation and replicator dynamics[J]. Chaos, Solitons & Fractals, 45(9): 1239-1245.

Xie F J, Cui W T, Lin J. 2012. Structure heterogeneity mediates the effect of community structure on cooperation[J]. Complexity, 17(4): 40-48.

Xie F J, Cui W T, Lin J. 2013. Prisoner's dilemma game on adaptive networks under limited foresight [J]. Complexity, 18(3): 38-47.

Xu C, Hui P M, Zheng D F. 2007. Networking effects on evolutionary snowdrift game in networks with fixed degrees[J]. Physica A: Statistical Mechanics and its Applications, 385(2): 773-780.

Xu Z, Harriss R. 2008. Exploring the structure of the US intercity passenger air transportation network: A weighted complex network approach[J]. GeoJournal, 73(2): 87-102.

Xulvi-Brunet R, Sokolov I M. 2004. Reshuffling scale-free networks: From random to assortative[J]. Physical Review E, 70(6): 066102.

Yang J, Lu L, Xie W, et al. 2007. On competitive relationship networks: A new method for industrial competition analysis[J]. Physica A: Statistical Mechanics and its Applications, 382(2): 704-714.

Yang J, Wang W, Chen G. 2009. A two-level complex network model and its application[J]. Physica A: Statistical Mechanics and its Applications, 388(12): 2435-2449.

Yano M, Komatsubara T. 2006. Endogenous price leadership and technological differences[J]. International Journal of Economic Theory, 2(3/4): 365-383.

Yano M. 2005. Coexistence of large firms and less efficient small firms under price competition with free entry[J]. International Journal of Economic Theory, 1(3): 167-188.

Zhang B, Horvath S. 2005. A general framework for weighted gene co-expression network analysis [J]. Statistical Applications in Genetics and Molecular Biology, 4(1): 1-45.

Zhang W, Xu C, Hui P M. 2013. Spatial structure enhanced cooperation in dissatisfied adaptive snowdrift game[J]. The European Physical Journal B, 86(5): 1-6.

Zhou Y Z, Liu Z H, Zhou J. 2007. Periodic wave of epidemic spreading in community networks[J]. Chinese Physics Letters, 24(2): 581-584.

Zhuang D, Yang J. 2008. Simulation of rivalry spread effect over the competitive pressure network [C]//IEEE International Conference on Systems, Man and Cybernetics: 851-855.

Zimmermann M G, Eguiluz V. 2005. Cooperation, social networks and the emergence of leadership in a prisoner' s dilemma with local interactions[J]. Physical Review E, 72(5): 056118.

附录 1 国内跨省业务快递企业经营城市列表

城市名	编号	城市名	编号	城市名	编号	城市名	编号
济南	1	大连	25	东营	49	大同	73
西安	2	合肥	26	烟台	50	晋城	74
武汉	3	昆明	27	潍坊	51	长治	75
沈阳	4	芜湖	28	济宁	52	临汾	76
哈尔滨	5	西宁	29	泰安	53	运城	77
深圳	6	银川	30	威海	54	朔州	78
东莞	7	北京	31	莱芜	55	忻州	79
厦门	8	镇江	32	滨州	56	阳泉	80
福州	9	金华	33	德州	57	天津	81
长沙	10	南通	34	聊城	58	淮安	82
佛山	11	那曲	35	临沂	59	常州	83
杭州	12	呼和浩特	36	菏泽	60	嘉兴	84
宁波	13	巴彦淖尔	37	石家庄	61	泉州	85
南京	14	锡林浩特	38	保定	62	郑州	86
苏州	15	鄂尔多斯	39	邢台	63	长春	87
无锡	16	乌兰察布	40	沧州	64	兰州	88
重庆	17	乌海	41	唐山	65	乌鲁木齐	89
成都	18	通辽	42	廊坊	66	义乌	90
珠海	19	赤峰	43	承德	67	温州	91
广州	20	包头	44	张家口	68	绍兴	92
拉萨	21	日照	45	邯郸	69	南宁	93
南昌	22	青岛	46	衡水	70	泰州	94
上海	23	淄博	47	秦皇岛	71	宣城	95
蚌埠	24	枣庄	48	太原	72	揭阳	96

续表

城市名	编号	城市名	编号	城市名	编号	城市名	编号
贵阳	97	扬州	125	绥化	153	安阳	181
中山	98	马鞍山	126	鹤岗	154	濮阳	182
阳江	99	铜陵	127	双鸭山	155	漯河	183
江门	100	六安	128	黄石	156	驻马店	184
台州	101	滁州	129	宜昌	157	鹤壁	185
丽水	102	鞍山	130	襄阳	158	信阳	186
湛江	103	丹东	131	十堰	159	邵阳	187
河源	104	锦州	132	孝感	160	永州	188
桂林	105	朝阳	133	益阳	161	怀化	189
柳州	106	本溪	134	娄底	162	吉安	190
玉林	107	辽阳	135	郴州	163	宝鸡	191
北海	108	盘锦	136	衡阳	164	咸阳	192
梧州	109	抚顺	137	张家界	165	汉中	193
贵港	110	营口	138	湘潭	166	渭南	194
钦州	111	葫芦岛	139	岳阳	167	延安	195
百色	112	阜新	140	株洲	168	酒泉	196
海口	113	齐齐哈尔	141	常德	169	吴忠	197
三亚	114	牡丹江	142	九江	170	安康	198
汕头	115	佳木斯	143	景德镇	171	商洛	199
漳州	116	大庆	144	赣州	172	榆林	200
南平	117	吉林	145	周口	173	固原	201
贺州	118	松原	146	洛阳	174	中卫	202
河池	119	白山	147	许昌	175	铜川	203
龙岩	120	四平	148	焦作	176	杨凌	204
湖州	121	辽源	149	平顶山	177	德阳	205
徐州	122	通化	150	新乡	178	绵阳	206
连云港	123	白城	151	南阳	179	乐山	207
盐城	124	铁岭	152	开封	180	广元	208

续表

城市名	编号	城市名	编号	城市名	编号	城市名	编号
泸州	209	达州	235	宁德	261	荆门	287
安顺	210	巴中	236	宜春	262	恩施土家族苗族自治州	288
毕节	211	宿迁	237	萍乡	263	随州	289
遵义	212	三明	238	韶关	264	天门	290
曲靖	213	荆州	239	茂名	265	汕尾	291
大理	214	济源	240	梅州	266	宜宾	292
玉溪	215	贵州	241	潮州	267	莆田	293
日喀则	216	阿拉善盟	242	崇左	268	丽江	294
林芝	217	鄂州	243	湘西土家族苗族自治州	269	迪庆藏族自治州	295
铜仁	218	商丘	244	眉山	270	德宏傣族景颇族自治州	296
兴义	219	三门峡	245	南充	271	五指山	297
都匀	220	抚州	246	凉山彝族自治州	272	乐东黎族自治县	298
惠州	221	昭通	247	内江	273	东方	299
肇庆	222	遂宁	248	攀枝花	274	文昌	300
青藏	223	黄冈	249	自贡	275	保亭黎族苗族自治县	301
荥阳	224	淮南	250	文山壮族苗族自治州	276	昌江黎族自治县	302
云浮	225	六盘水市	251	红河哈尼族彝族自治州	277	陵水黎族自治县	303
张掖	226	江阴	252	楚雄彝族自治州	278	琼海	304
安庆	227	石嘴山	253	普洱	279	万宁	305
亳州	228	呼伦贝尔	254	黔东南苗族侗族自治州	280	儋州	306
清远	229	锡林郭勒盟	255	黔南布依族苗族自治州	281	衢州	307
广安	230	延边朝鲜族自治州	256	山南地区	282	舟山	308
鹰潭	231	黑河	257	天水	283	上饶	309
巴音郭楞	232	黄山	258	平凉	284		
阿克苏	233	池州	259	晋中	285		
和田	234	淮北	260	仙桃	286		

附录 2　国内跨省业务快递企业经营地域城市编号对应表

企业编号	快递企业名称	经营城市编号																
1	江苏京东信息技术有限公司	1	2	3	4	5	6	7	8	9	10	11	12	13	14	15	16	17	18
2	红楼(上海)快递有限公司	14	32	33	34	82													
3	北京宅急送快运股份有限公司	1	31	36	37	38	39	40	41	42	43	44	45	46	47	48			
4	上海韵达货运有限公司	1	2	3	4	6	7	10	12	17	18	20	22	23	31	34	61	81	
5	上海中通吉速递服务有限公司	13	14	23	26	91													
6	申通快递有限公司	1	3	4	10	12	13	14	16	17	20	23	25	27	34	51	59	61	
7	上海全毅快递有限公司	2	3	4	6	7	8	9	10	12	13	14	15	16	17	18	20	22	23
8	北京世纪卓越快递服务有限公司	20	23	31	81														

企业编号	快递企业名称	经营城市编号																
9	杭州爱彼西商务配送有限公司	16	23	33	84	102												
10	中运蓝宇联合(北京)快递有限责任公司	4	31															
11	北京日益通速递有限责任公司	31	81															
12	东莞市鸿鹏快递有限公司	7	15															
13	重庆华宇物流有限公司	17	18															
14	北京乐畅快递有限公司	2	6	17	18	20	22	26	31	36								
15	广州宅急送快运有限公司	7	8	9	11	19	20	85	93	98	100	103	104	105	106	107	108	
16	上海宅急送物流有限公司	12	13	14	15	16	23	24	26	28	32	33	34	82	83	84	90	91
17	沈阳宅急送快运有限公司	5	25	87	130	131	132	133	134	135	136	137	138	139	140	141	142	143	144

企业编号	快递企业名称	经营城市编号																	
18	武汉宅急送快运有限公司	3	10	22	86	156	157	158	159	160	161	162	163	164	165	166	167	168	169
19	西安宅急送快运有限公司	2	29	30	88	191	192	193	194	195	196	197	198	199	200	201			
20	成都宅急送快运有限公司	17	18	21	27	97	205	206	207	208	209	210	211	212	213	214	215	216	
21	天天快递有限公司	3	7	12	14	23	31												
22	优速物流有限公司	3	4	7	10	12	13	14	15	18	31	34	81	83	84				
23	深圳速尔物流有限公司	3	6	7	8	10	12	16	17	18	22	23	31	81					
24	上海特能市场推广有限公司	3	6	9	10	12	13	14	15	16	20	23	26	27	81	86	125		
25	哈尔滨市尼尔物流发展有限公司	5																	
26	上海飞羚速递有限公司	15																	
27	北京安信达快递服务有限公司	23	31																

续表

企业编号	快递企业名称	经营城市编号																	
28	北京飞康达物流服务有限公司	31	61	81															
29	广州市快捷快货运服务有限公司	7	31	98	221	222													
30	北京中通大盈物流有限公司	31	65																
31	沈阳冠达快递有限公司	87																	
32	杭州百世网络技术有限公司	1	2	3	5	10	14	15	17	20	22	23	26	31	33	61	72	81	86
33	德邦物流股份有限公司	1	6	7	19	20	23	31	46	98	100	115	221						
34	联邦快递(中国)有限公司	1	2	3	4	5	6	7	8	9	10	11	12	13	14	15	16	17	18
35	优比速包裹运送(广东)有限公司	2	3	4	6	7	8	9	11	12	13	14	15	16	18	19	20	23	25
36	北京如风达快递有限公司	3	6	10	11	20	23	31											

企业编号	快递企业名称	经营城市编号																
37	上海佳吉快运有限公司	6	11	12	16	20	31	61	81									
38	苏宁云商集团股份有限公司	1	2	3	4	5	6	9	10	13	15	16	18	20	22	23	26	27	31
39	中铁快运股份有限公司	3	8	9	10	17	18	27	36	72	87	88	89	93	113	223			
40	上海益实多电子商务有限公司	6	12	23	31	125												
41	山东广通速递有限公司	23	224															
42	北京全峰快递有限责任公司	7	12	13	23	31	85	87										
43	速尔快递有限公司	3	7	10	22	23	26	46	61	65	69	74	86	89	93	95	98	102	116
44	北京京邦达贸易有限公司	1	2	3	4	5	6	8	9	10	12	17	20	22	23	26	27	30	31
45	中通快递股份有限公司	1	2	3	4	8	9	12	13	14	15	17	18	20	21	22	25	26	27
46	上海龙邦速运有限公司	4	18	23	31													

企业编号	快递企业名称	经营城市编号																
47	微特派快递有限公司	3	20	23	81													
48	海航货运有限公司	2	12	20	23	31	81	89										
49	上海快捷快递有限公司	6	10	17	18	82												
50	全一快递有限公司	2	31	91	92	100												
51	增益物流有限公司	20	23	31	94													
52	嘉里大通物流有限公司	1	4	5	6	8	12	14	15	16	20	22	23	31	46	61	72	87	89
53	雅玛多(中国)运输有限公司	12	14	15	16	23	34												
54	欧西爱司物流(上海)有限公司	6	7	8	11	12	13	15	16	20	23	25	31	34	46	50	51	54	81
55	北京畅速快递有限公司	1	3	31	61	81												
56	上海麦力快递有限公司	2	3	4	10	14	18	23	25	30	36	39	42	44	47	71	75	81	82

企业编号	快递企业名称	经营城市编号																
57	北京瑞丰速递服务有限公司	10	31	69	93	251												
58	广通速递有限公司	1	3	5	12	15	22	61										
59	一站通集团有限公司	4	5															
60	江苏苏宁物流有限公司	8	11	12	16	18	20	27	31	34	72	81	82	83	115	124	125	157	158
61	荣庆物流供应链有限公司	12	15															
62	深圳全信通快递有限公司	6	22	52	97													
63	民航快递有限责任公司	1	3	4	5	7	8	9	10	11	12	13	14	15	16	17	18	19	20
64	中国邮政速递物流股份有限公司	1	2	3	4	5	6	7	8	9	10	11	12	13	14	15	16	17	18
65	顺丰速运(集团)有限公司	1	2	3	4	5	6	7	8	9	10	11	12	13	14	15	16	17	18
66	北京顺丰速运有限公司	31	62	63	64	65	66	67	68	69	70	71							

续表

企业编号	快递企业名称	经营城市编号																	
67	广州顺丰速运有限公司	20	36	72	88	89													
68	深圳市原飞航物流有限公司	6	7	8	10	15	23	83	90	92	221								
69	中外运—敦豪国际航空快件有限公司	1	2	3	4	5	6	7	8	9	10	11	12	13	14	15	16	17	18
70	上海圆通速递有限公司	6	7	12	13	20	30	31	81										
71	深圳市亚风速递有限公司	6	7	8	16	20	23	81	85	115									
72	上海林道国际货运代理有限公司	8	9	13	85														

注：国内跨省业务快递企业共72个，涉及的分支机构城市地域为309个。表格共有72行、309列信息。由于表格太大，无法将每个快递企业所有经营城市的信息列出，这里仅给出表格的一部分，即每个快递企业最多给出18个经营地域城市编号。编号对应城市为附录1中所列名称。

关系矩阵 $B(N_2,N_2)$ 的 1～25 列

	1	2	3	4	5	6	7	8	9	10	11	12	13	14	15	16	17	18	19	20	21	22	23	24	25
1	0.00	0.11	0.04	0.47	0.80	0.46	0.59	0.75	0.40	1.00	0.00	1.00	1.00	0.88	0.18	0.24	0.07	0.08	0.11	0.18	1.00	0.67	0.92	0.81	0.50
2	0.03	0.00	0.00	0.07	0.20	0.11	0.03	0.00	0.20	0.00	0.00	0.00	0.00	0.10	0.00	0.00	0.00	0.00	0.00	0.00	0.17	0.20	0.00	0.06	0.00
3	0.06	0.00	0.00	0.13	0.00	0.14	0.13	0.50	0.00	0.00	1.00	0.00	0.00	0.13	0.00	0.00	0.00	0.00	0.00	0.00	0.17	0.13	0.15	0.06	0.00
4	0.44	0.22	0.07	0.00	0.40	0.61	0.59	1.00	0.40	1.00	1.00	0.50	1.00	0.75	0.12	0.22	0.03	0.10	0.07	0.09	0.83	0.80	0.85	0.50	0.00
5	0.13	0.11	0.00	0.07	0.00	0.14	0.16	0.25	0.20	0.00	0.00	0.00	0.00	0.13	0.00	0.12	0.00	0.00	0.00	0.00	0.33	0.13	0.08	0.25	0.00
6	0.41	0.33	0.07	0.57	0.80	0.00	0.44	0.50	0.60	1.00	0.00	0.00	0.50	0.25	0.03	0.29	0.07	0.05	0.00	0.14	0.67	0.67	0.46	0.56	0.00
7	0.59	0.11	0.07	0.63	1.00	0.50	0.00	0.75	0.40	1.00	1.00	1.00	1.00	0.88	0.21	0.27	0.03	0.08	0.04	0.09	0.83	0.73	0.92	0.81	0.00
8	0.09	0.00	0.04	0.13	0.20	0.07	0.09	0.00	0.20	0.00	1.00	0.00	0.00	0.13	0.03	0.02	0.00	0.00	0.00	0.00	0.33	0.13	0.23	0.19	0.00
9	0.06	0.11	0.00	0.07	0.20	0.11	0.06	0.25	0.00	0.00	0.00	0.00	0.00	0.10	0.00	0.00	0.00	0.00	0.00	0.00	0.17	0.07	0.15	0.13	0.00
10	0.03	0.00	0.00	0.03	0.00	0.04	0.03	0.00	0.00	0.00	0.00	0.00	0.00	0.00	0.00	0.00	0.00	0.00	0.00	0.00	0.07	0.00	0.00	0.00	0.00
11	0.00	0.00	0.02	0.03	0.00	0.00	0.03	0.25	0.00	0.00	0.00	0.00	0.00	0.00	0.00	0.00	0.00	0.00	0.00	0.00	0.07	0.08	0.06	0.00	0.00
12	0.06	0.00	0.04	0.03	0.00	0.00	0.06	0.00	0.00	0.00	0.00	0.00	0.00	0.03	0.02	0.00	0.00	0.00	0.00	0.00	0.17	0.13	0.08	0.06	0.00
13	0.06	0.00	0.00	0.07	0.00	0.04	0.06	0.00	0.00	0.00	0.00	0.00	0.00	0.25	0.00	0.00	0.00	0.00	0.00	0.00	0.07	0.15	0.00	0.00	0.00
14	0.22	0.00	0.02	0.20	0.20	0.07	0.22	0.25	0.00	0.00	0.00	0.00	0.00	1.00	0.00	0.02	0.00	0.00	0.00	0.04	0.00	0.07	0.31	0.19	0.00
15	0.19	0.00	0.00	0.13	0.00	0.04	0.22	0.25	0.00	0.00	0.00	0.50	0.00	0.13	0.00	0.00	0.00	0.00	0.00	0.00	0.17	0.07	0.15	0.13	0.00
16	0.31	0.44	0.00	0.30	1.00	0.43	0.34	0.25	0.80	0.00	0.00	0.00	0.50	0.00	0.13	0.00	0.00	0.00	0.00	0.00	0.50	0.47	0.23	0.50	0.00
17	0.06	0.00	0.00	0.03	0.00	0.07	0.03	0.00	0.00	0.00	0.00	0.00	0.00	0.00	0.00	0.00	0.00	0.00	0.00	0.00	0.00	0.00	0.00	0.00	1.00
18	0.09	0.00	0.00	0.13	0.00	0.07	0.09	0.00	0.00	0.00	0.00	0.00	0.00	0.13	0.00	0.00	0.00	0.00	0.00	0.00	0.17	0.13	0.23	0.19	0.00
19	0.09	0.00	0.00	0.07	0.00	0.00	0.03	0.00	0.00	0.00	0.00	0.00	0.00	0.13	0.00	0.00	0.00	0.00	0.00	0.00	0.00	0.00	0.00	0.00	0.00
20	0.13	0.00	0.00	0.07	0.00	0.11	0.06	0.00	0.00	0.00	0.00	0.00	0.00	1.00	0.25	0.00	0.00	0.00	0.00	0.00	0.07	0.15	0.06	0.00	0.00
21	0.19	0.11	0.02	0.17	0.40	0.14	0.16	0.50	0.20	0.00	0.00	0.50	0.00	0.00	0.03	0.07	0.00	0.00	0.00	0.00	0.33	0.38	0.25	0.00	0.00
22	0.31	0.33	0.04	0.40	0.40	0.36	0.34	0.50	0.20	1.00	1.00	1.00	0.50	0.13	0.03	0.17	0.00	0.05	0.00	0.05	0.83	0.00	0.54	0.44	0.00
23	0.38	0.00	0.04	0.37	0.20	0.21	0.38	0.75	0.40	0.00	1.00	0.50	1.00	0.50	0.06	0.07	0.00	0.08	0.00	0.09	0.83	0.47	0.00	0.44	0.00
24	0.41	0.11	0.02	0.27	0.80	0.32	0.41	0.75	0.00	0.00	1.00	0.00	0.00	0.38	0.20	0.00	0.00	0.00	0.00	0.05	0.67	0.47	0.54	0.00	0.00
25	0.03	0.00	0.00	0.00	0.00	0.00	0.00	0.00	0.00	0.00	0.00	0.00	0.00	0.00	0.00	0.00	0.07	0.00	0.00	0.00	0.00	0.00	0.00	0.00	0.00
26	0.03	0.00	0.00	0.00	0.00	0.00	0.03	0.00	0.00	0.00	0.00	0.00	0.00	0.00	0.00	0.05	0.00	0.00	0.00	0.00	0.07	0.00	0.00	0.00	0.00
27	0.06	0.00	0.02	0.07	0.20	0.04	0.03	0.50	0.20	0.00	0.00	0.00	0.00	0.00	0.00	0.02	0.00	0.00	0.00	0.00	0.33	0.07	0.15	0.06	0.00

续表

	1	2	3	4	5	6	7	8	9	10	11	12	13	14	15	16	17	18	19	20	21	22	23	24	25
28	0.03	0.00	0.06	0.10	0.00	0.04	0.06	0.50	0.00	0.00	1.00	0.00	0.00	0.00	0.00	0.00	0.00	0.00	0.00	0.00	0.17	0.13	0.15	0.06	0.00
29	0.06	0.00	0.02	0.07	0.00	0.00	0.06	0.25	0.00	0.00	0.00	0.50	0.00	0.00	0.12	0.00	0.00	0.00	0.00	0.00	0.33	0.13	0.15	0.00	0.00
30	0.03	0.00	0.04	0.03	0.00	0.00	0.00	0.25	0.00	0.00	0.00	0.00	0.00	0.00	0.00	0.00	0.00	0.00	0.00	0.00	0.17	0.07	0.08	0.00	0.00
31	0.00	0.00	0.00	0.03	0.00	0.04	0.03	0.00	0.00	0.00	0.00	0.00	0.00	0.00	0.00	0.03	0.00	0.00	0.00	0.00	0.00	0.00	0.00	0.00	0.00
32	0.41	0.22	0.09	0.43	0.60	0.32	0.41	1.00	0.40	0.00	1.00	0.50	0.50	0.63	0.06	0.15	0.07	0.10	0.04	0.05	0.67	0.40	0.54	0.56	0.50
33	0.22	0.00	0.06	0.20	0.20	0.11	0.22	0.75	0.20	0.00	0.00	0.50	0.00	0.25	0.18	0.02	0.00	0.00	0.00	0.00	0.50	0.13	0.31	0.19	0.00
34	0.75	0.11	0.11	0.63	1.00	0.57	0.81	0.75	0.40	1.00	1.00	1.00	1.00	0.75	0.26	0.22	0.07	0.08	0.04	0.14	0.83	0.73	0.85	0.94	0.50
35	0.63	0.22	0.09	0.60	1.00	0.46	0.75	1.00	0.60	1.00	1.00	1.00	0.50	0.63	0.26	0.32	0.03	0.05	0.04	0.05	1.00	0.87	0.77	0.81	0.00
36	0.22	0.00	0.02	0.20	0.20	0.14	0.16	0.75	0.20	0.00	0.00	0.00	0.00	0.25	0.06	0.02	0.00	0.05	0.00	0.00	0.50	0.20	0.38	0.31	0.00
37	0.19	0.00	0.06	0.20	0.00	0.14	0.19	0.75	0.20	0.00	1.00	0.00	0.00	0.25	0.06	0.05	0.00	0.00	0.00	0.00	0.33	0.20	0.38	0.31	0.00
38	0.56	0.00	0.13	0.53	0.60	0.43	0.59	1.00	0.40	1.00	1.00	0.50	0.50	0.88	0.09	0.12	0.10	0.08	0.07	0.14	0.50	0.53	0.69	0.75	0.50
39	0.22	0.00	0.04	0.27	0.00	0.18	0.25	0.00	0.00	0.00	0.00	0.00	1.00	0.38	0.12	0.00	0.03	0.05	0.04	0.14	0.17	0.20	0.38	0.25	0.00
40	0.13	0.00	0.02	0.13	0.20	0.07	0.09	0.50	0.00	0.00	0.00	0.00	0.13	0.00	0.07	0.00	0.00	0.00	0.00	0.00	0.50	0.13	0.31	0.25	0.00
41	0.03	0.00	0.00	0.03	0.20	0.04	0.03	0.25	0.00	0.00	0.00	0.00	0.00	0.00	0.00	0.00	0.00	0.00	0.00	0.00	0.17	0.00	0.08	0.06	0.00
42	0.16	0.00	0.02	0.20	0.40	0.14	0.19	0.50	0.40	0.00	0.00	0.00	0.00	0.07	0.03	0.00	0.00	0.00	0.00	0.00	0.67	0.27	0.31	0.19	0.00
43	0.19	0.00	0.09	0.30	0.40	0.18	0.28	0.25	0.40	0.00	0.00	0.50	0.00	0.15	0.10	0.00	0.00	0.58	0.07	0.00	0.50	0.20	0.38	0.31	0.00
44	0.56	0.00	0.11	0.63	0.40	0.43	0.53	1.00	0.20	1.00	1.00	0.00	0.50	0.75	0.15	0.10	0.07	0.10	0.11	0.14	0.67	0.40	0.77	0.69	0.50
45	0.63	0.22	0.13	0.60	0.60	0.54	0.69	0.75	0.40	1.00	1.00	0.50	1.00	0.75	0.15	0.27	0.10	0.13	0.11	0.18	0.67	0.73	0.62	0.63	0.00
46	0.13	0.00	0.02	0.13	0.20	0.07	0.09	0.50	0.20	0.00	0.00	0.50	0.00	0.13	0.00	0.02	0.00	0.00	0.00	0.05	0.33	0.20	0.23	0.06	0.00
47	0.09	0.00	0.02	0.13	0.20	0.11	0.13	0.75	0.20	0.00	1.00	0.00	0.00	0.13	0.03	0.02	0.00	0.03	0.00	0.00	0.33	0.13	0.23	0.25	0.00
48	0.16	0.00	0.04	0.23	0.20	0.11	0.16	1.00	0.20	0.00	1.00	0.00	0.00	0.25	0.03	0.05	0.00	0.00	0.04	0.00	0.50	0.20	0.31	0.25	0.00
49	0.13	0.00	0.00	0.17	0.00	0.11	0.13	0.00	0.00	0.00	1.00	0.00	0.38	0.00	0.02	0.00	0.00	0.03	0.00	0.09	0.00	0.13	0.31	0.13	0.00
50	0.06	0.00	0.02	0.13	0.20	0.04	0.13	0.25	0.00	0.00	0.00	0.00	0.13	0.03	0.05	0.00	0.00	0.04	0.00	0.00	0.17	0.07	0.08	0.00	0.00
51	0.09	0.00	0.02	0.10	0.20	0.11	0.06	0.75	0.20	0.00	0.00	0.00	0.00	0.13	0.03	0.07	0.00	0.00	0.00	0.00	0.33	0.07	0.15	0.13	0.00
52	0.41	0.11	0.09	0.37	0.40	0.32	0.44	0.75	0.40	1.00	0.00	0.00	0.50	0.38	0.06	0.15	0.07	0.00	0.00	0.00	0.67	0.33	0.54	0.44	0.50
53	0.16	0.22	0.00	0.10	0.40	0.18	0.16	0.25	0.40	0.00	0.00	0.00	0.50	0.00	0.00	0.00	0.15	0.00	0.00	0.00	0.50	0.27	0.23	0.31	0.00
54	0.38	0.11	0.11	0.33	0.40	0.36	0.38	1.00	0.60	0.00	1.00	1.00	0.00	0.25	0.12	0.20	0.03	0.00	0.00	0.00	0.67	0.60	0.62	0.50	0.00
55	0.06	0.00	0.06	0.13	0.00	0.11	0.09	0.25	0.00	0.00	0.00	0.00	0.00	0.00	0.00	0.03	0.00	0.00	0.00	0.00	0.17	0.13	0.15	0.13	0.00
56	0.28	0.11	0.15	0.30	0.40	0.29	0.28	0.50	0.20	1.00	1.00	0.00	0.50	0.38	0.06	0.12	0.10	0.15	0.11	0.05	0.50	0.40	0.38	0.31	0.00
57	0.03	0.00	0.02	0.07	0.00	0.04	0.03	0.00	0.00	0.00	0.00	0.00	0.00	0.00	0.00	0.03	0.00	0.00	0.00	0.00	0.07	0.08	0.06	0.00	0.00
58	0.19	0.00	0.04	0.17	0.00	0.14	0.16	0.00	0.00	0.00	0.00	0.50	0.00	0.13	0.00	0.05	0.03	0.05	0.00	0.00	0.33	0.20	0.23	0.19	0.50
59	0.06	0.00	0.00	0.03	0.00	0.04	0.03	0.00	0.00	1.00	0.00	0.00	0.00	0.00	0.00	0.03	0.00	0.00	0.00	0.00	0.07	0.00	0.00	0.00	0.50
60	0.25	0.11	0.06	0.27	0.00	0.25	0.25	0.75	0.20	0.00	1.00	0.00	0.50	0.25	0.12	0.17	0.00	0.03	0.00	0.09	0.33	0.40	0.46	0.38	0.00
61	0.06	0.00	0.00	0.03	0.00	0.04	0.00	0.00	0.00	0.00	1.00	0.00	0.00	0.00	0.00	0.05	0.00	0.00	0.00	0.00	0.17	0.13	0.08	0.13	0.00
62	0.06	0.00	0.02	0.07	0.00	0.04	0.06	0.00	0.00	0.00	0.00	0.00	0.00	0.25	0.00	0.00	0.00	0.00	0.03	0.00	0.05	0.00	0.15	0.06	0.00

续表

	1	2	3	4	5	6	7	8	9	10	11	12	13	14	15	16	17	18	19	20	21	22	23	24	25
63	0.81	0.11	0.19	0.67	0.80	0.54	0.75	1.00	0.40	1.00	1.00	1.00	1.00	0.75	0.44	0.24	0.10	0.13	0.14	0.18	1.00	0.80	0.92	0.88	0.50
64	0.97	0.44	0.61	0.93	1.00	0.89	1.00	1.00	0.80	1.00	1.00	1.00	1.00	1.00	0.71	0.63	0.50	0.93	0.43	0.64	1.00	0.93	1.00	1.00	0.50
65	0.88	0.44	0.43	0.87	1.00	0.86	0.97	1.00	1.00	1.00	1.00	1.00	1.00	1.00	0.59	0.54	0.10	0.50	0.14	0.45	1.00	0.93	1.00	1.00	0.50
66	0.03	0.00	0.20	0.03	0.00	0.00	0.00	0.25	0.00	0.00	0.00	0.00	0.00	0.00	0.00	0.00	0.00	0.00	0.00	0.00	0.17	0.07	0.08	0.00	0.00
67	0.03	0.00	0.04	0.10	0.00	0.04	0.06	0.25	0.00	0.00	0.00	0.00	0.00	0.25	0.03	0.00	0.00	0.00	0.04	0.00	0.00	0.00	0.00	0.06	0.00
68	0.19	0.00	0.00	0.23	0.20	0.14	0.25	0.25	0.20	0.00	0.00	1.00	0.00	0.13	0.06	0.17	0.00	0.03	0.00	0.00	0.33	0.27	0.38	0.25	0.00
69	0.91	0.44	0.33	0.90	1.00	0.79	0.91	1.00	0.80	1.00	1.00	1.00	1.00	1.00	0.41	0.66	0.10	0.13	0.07	0.23	1.00	0.93	1.00	1.00	0.50
70	0.19	0.00	0.04	0.20	0.20	0.11	0.19	0.75	0.00	0.00	1.00	0.50	0.00	0.25	0.06	0.07	0.00	0.00	0.00	0.00	0.50	0.33	0.38	0.31	0.00
71	0.19	0.00	0.02	0.20	0.20	0.11	0.25	0.75	0.40	0.00	1.00	0.50	0.00	0.25	0.15	0.05	0.00	0.00	0.00	0.00	0.33	0.13	0.46	0.31	0.00
72	0.09	0.00	0.00	0.00	0.03	0.20	0.04	0.13	0.00	0.00	0.00	0.00	0.00	0.00	0.09	0.02	0.00	0.00	0.00	0.00	0.00	0.07	0.08	0.13	0.00

关系矩阵 $B(N_2,N_2)$ 的 26～50 列

	26	27	28	29	30	31	32	33	34	35	36	37	38	39	40	41	42	43	44	45	46	47	48	49	50
1	0.50	1.00	0.33	0.18	0.50	0.00	0.62	0.58	0.67	0.57	1.00	0.75	0.62	0.47	0.80	0.50	0.71	0.10	0.58	0.48	1.00	0.75	0.71	0.80	0.40
2	0.00	0.00	0.00	0.00	0.00	0.00	0.10	0.00	0.03	0.06	0.00	0.00	0.00	0.00	0.00	0.00	0.00	0.05	0.00	0.00	0.00	0.00	0.00	0.00	0.00
3	0.00	0.50	1.00	0.09	1.00	0.00	0.24	0.25	0.17	0.14	0.14	0.38	0.24	0.13	0.20	0.00	0.14	0.08	0.19	0.17	0.25	0.25	0.29	0.00	0.20
4	0.00	1.00	1.00	0.18	0.50	1.00	0.62	0.50	0.53	0.51	0.86	0.75	0.55	0.53	0.80	0.50	0.86	0.15	0.61	0.43	1.00	1.00	1.00	1.00	0.80
5	0.00	0.50	0.00	0.00	0.00	0.00	0.14	0.08	0.14	0.14	0.14	0.00	0.10	0.00	0.50	0.29	0.03	0.06	0.25	0.25	0.14	0.00	0.00	0.00	0.20
6	0.00	0.50	0.33	0.00	0.00	1.00	0.43	0.25	0.44	0.37	0.57	0.50	0.41	0.33	0.40	0.50	0.57	0.08	0.39	0.36	0.50	0.75	0.43	0.60	0.20
7	0.50	0.50	0.67	0.18	0.00	1.00	0.62	0.58	0.72	0.69	0.71	0.75	0.66	0.53	0.60	0.50	0.86	0.15	0.55	0.52	0.75	1.00	0.71	0.80	0.80
8	0.00	1.00	0.67	0.09	0.50	0.00	0.19	0.25	0.08	0.11	0.43	0.38	0.14	0.00	0.40	0.50	0.29	0.00	0.13	0.07	0.50	0.75	0.57	0.00	0.20
9	0.00	0.50	0.00	0.00	0.00	0.00	0.10	0.08	0.06	0.09	0.14	0.13	0.07	0.00	0.20	0.50	0.14	0.03	0.03	0.05	0.25	0.25	0.14	0.00	0.00
10	0.00	0.00	0.00	0.00	0.00	0.00	0.03	0.00	0.03	0.00	0.00	0.03	0.00	0.00	0.00	0.00	0.00	0.03	0.02	0.25	0.00	0.00	0.00	0.00	0.00
11	0.00	0.00	0.33	0.00	0.00	0.00	0.05	0.00	0.03	0.03	0.00	0.13	0.03	0.00	0.00	0.00	0.00	0.03	0.02	0.00	0.25	0.14	0.00	0.00	0.00
12	0.50	0.00	0.00	0.09	0.00	0.00	0.05	0.08	0.06	0.06	0.00	0.03	0.00	0.00	0.00	0.00	0.14	0.02	0.00	0.02	0.00	0.00	0.40	0.00	0.00
13	0.00	0.00	0.00	0.00	0.00	0.00	0.05	0.00	0.03	0.00	0.00	0.03	0.13	0.00	0.00	0.00	0.03	0.05	0.25	0.00	0.00	0.00	0.00	0.40	0.00
14	0.00	0.00	0.00	0.00	0.00	0.00	0.24	0.17	0.17	0.14	0.29	0.25	0.24	0.20	0.20	0.00	0.00	0.03	0.19	0.14	0.25	0.25	0.29	0.60	0.20
15	0.00	0.00	0.00	0.00	0.36	0.00	0.10	0.50	0.25	0.26	0.29	0.25	0.10	0.27	0.00	0.29	0.08	0.16	0.12	0.00	0.25	0.14	0.00	0.00	0.20
16	1.00	0.50	0.00	0.00	0.00	0.00	0.29	0.08	0.25	0.37	0.14	0.25	0.17	0.00	0.60	0.50	0.43	0.07	0.13	0.26	0.25	0.25	0.29	0.20	0.40
17	0.00	0.00	0.00	0.00	1.00	0.00	0.00	0.00	0.06	0.00	0.00	1.00	0.00	0.07	0.00	0.00	0.06	0.07	0.00	0.00	0.00	0.00	0.00	0.20	0.00
18	0.00	0.00	0.00	0.00	0.00	0.00	0.19	0.00	0.08	0.06	0.29	0.00	0.10	0.13	0.00	0.00	0.38	0.13	0.12	0.00	0.25	0.00	0.20	0.00	0.00
19	0.00	0.00	0.00	0.00	0.00	0.00	0.05	0.00	0.03	0.03	0.00	0.00	0.07	0.07	0.00	0.00	0.10	0.07	0.00	0.00	0.14	0.00	0.00	0.00	0.20
20	0.00	0.00	0.00	0.00	0.00	0.00	0.05	0.00	0.08	0.03	0.00	0.00	0.00	0.20	0.00	0.00	0.02	0.10	0.10	0.25	0.00	0.00	0.40	0.00	0.00
21	0.00	1.00	0.33	0.18	0.50	0.00	0.19	0.25	0.14	0.17	0.43	0.25	0.10	0.07	0.60	0.50	0.57	0.05	0.13	0.10	0.50	0.50	0.43	0.00	0.20

续表

	26	27	28	29	30	31	32	33	34	35	36	37	38	39	40	41	42	43	44	45	46	47	48	49	50
22	0.50	0.50	0.67	0.18	0.50	0.00	0.29	0.17	0.31	0.37	0.43	0.38	0.28	0.20	0.40	0.00	0.57	0.05	0.19	0.26	0.75	0.50	0.43	0.40	0.20
23	0.00	1.00	0.67	0.18	0.50	0.00	0.33	0.33	0.31	0.29	0.71	0.63	0.31	0.33	0.80	0.50	0.57	0.08	0.32	0.19	0.75	0.75	0.57	0.80	0.20
24	0.50	0.50	0.33	0.00	0.00	0.00	0.43	0.25	0.42	0.37	0.71	0.63	0.41	0.27	0.80	0.50	0.43	0.08	0.35	0.24	0.25	1.00	0.57	0.40	0.00
25	0.00	0.00	0.00	0.00	0.00	0.00	0.05	0.00	0.03	0.00	0.00	0.00	0.03	0.00	0.00	0.00	0.00	0.03	0.00	0.00	0.00	0.00	0.00	0.00	0.00
26	0.00	0.00	0.00	0.00	0.00	0.00	0.05	0.00	0.03	0.06	0.00	0.00	0.03	0.00	0.00	0.00	0.00	0.03	0.02	0.00	0.00	0.00	0.00	0.00	0.00
27	0.00	0.00	0.33	0.09	0.50	0.00	0.10	0.17	0.03	0.06	0.29	0.13	0.07	0.00	0.40	0.50	0.29	0.02	0.06	0.02	0.50	0.25	0.29	0.00	0.20
28	0.00	0.50	0.00	0.09	0.50	0.00	0.14	0.08	0.06	0.06	0.14	0.38	0.10	0.00	0.20	0.00	0.14	0.02	0.10	0.07	0.25	0.25	0.29	0.00	0.20
29	0.00	0.50	0.33	0.00	0.50	0.00	0.05	0.33	0.08	0.11	0.14	0.13	0.03	0.00	0.00	0.00	0.29	0.05	0.03	0.05	0.25	0.00	0.14	0.00	0.20
30	0.00	0.50	0.33	0.09	0.50	0.00	0.05	0.08	0.00	0.03	0.14	0.13	0.03	0.00	0.00	0.00	0.14	0.03	0.00	0.00	0.25	0.00	0.14	0.00	0.20
31	0.00	0.00	0.00	0.00	0.00	0.00	0.00	0.00	0.00	0.00	0.00	0.00	0.03	0.07	0.00	0.00	0.14	0.03	0.00	0.00	0.00	0.00	0.00	0.00	0.00
32	0.50	1.00	1.00	0.09	0.50	0.00	0.00	0.33	0.44	0.29	0.71	0.50	0.48	0.33	0.40	0.50	0.29	0.13	0.52	0.36	0.50	1.00	0.71	0.40	0.40
33	0.00	1.00	0.33	0.36	0.50	0.00	0.19	0.00	0.25	0.29	0.57	0.21	0.00	0.00	0.00	0.00	0.43	0.07	0.12	0.50	0.50	0.43	0.00	0.00	0.20
34	0.50	0.50	0.67	0.27	0.00	0.00	0.76	0.75	0.00	0.80	0.86	0.88	0.69	0.60	0.60	0.50	0.71	0.17	0.65	0.55	0.75	1.00	0.71	0.80	0.40
35	1.00	1.00	0.67	0.36	0.50	0.00	0.48	0.83	0.78	0.00	0.86	0.88	0.52	0.27	0.80	0.50	0.86	0.12	0.45	0.48	1.00	1.00	0.86	0.40	1.00
36	0.00	1.00	0.33	0.09	0.50	0.00	0.24	0.33	0.17	0.17	0.00	0.50	0.21	0.13	0.00	0.00	0.29	0.05	0.19	0.07	0.50	0.75	0.43	0.40	0.20
37	0.00	0.50	1.00	0.09	0.50	0.00	0.19	0.25	0.19	0.20	0.57	0.00	0.21	0.00	0.60	0.00	0.29	0.02	0.19	0.12	0.25	0.50	0.57	0.20	0.20
38	0.50	1.00	1.00	0.09	0.50	1.00	0.67	0.50	0.56	0.43	0.86	0.75	0.00	0.73	0.60	0.50	0.57	0.13	0.71	0.48	1.00	1.00	0.86	0.60	0.40
39	0.00	0.00	0.00	0.00	0.00	1.00	0.24	0.00	0.25	0.11	0.29	0.00	0.38	0.00	0.00	0.00	0.14	0.07	0.39	0.21	0.25	0.25	0.14	0.60	0.00
40	0.00	1.00	0.33	0.09	0.50	0.00	0.10	0.25	0.08	0.11	0.43	0.38	0.10	0.00	0.00	0.50	0.43	0.02	0.13	0.05	0.50	0.25	0.43	0.20	0.20
41	0.00	0.50	0.00	0.00	0.00	0.00	0.05	0.08	0.03	0.03	0.14	0.00	0.03	0.00	0.20	0.00	0.14	0.02	0.03	0.00	0.25	0.25	0.14	0.00	0.00
42	0.00	1.00	0.33	0.18	0.50	1.00	0.10	0.25	0.14	0.17	0.29	0.25	0.14	0.07	0.60	0.50	0.00	0.03	0.13	0.10	0.50	0.25	0.43	0.00	0.20
43	0.00	0.50	0.33	0.27	0.50	0.00	0.38	0.33	0.28	0.20	0.43	0.13	0.28	0.27	0.50	0.00	0.29	0.00	0.29	0.24	0.25	0.50	0.29	0.20	0.00
44	0.50	1.00	1.00	0.09	0.50	1.00	0.76	0.42	0.56	0.40	0.86	0.75	0.76	0.80	0.80	0.50	0.57	0.15	0.00	0.45	0.75	1.00	1.00	0.60	0.40
45	0.50	0.50	1.00	0.18	0.50	0.00	0.71	0.42	0.64	0.57	0.43	0.63	0.69	0.60	0.40	0.00	0.57	0.17	0.61	0.00	0.75	0.75	0.86	0.60	0.40
46	0.00	1.00	0.33	0.09	0.50	0.00	0.10	0.17	0.08	0.11	0.29	0.13	0.14	0.07	0.40	0.50	0.29	0.02	0.10	0.07	0.00	0.25	0.29	0.20	0.20
47	0.00	0.50	0.33	0.00	0.00	0.00	0.19	0.17	0.11	0.11	0.43	0.00	0.14	0.00	0.00	0.00	0.03	0.00	0.07	0.25	0.00	0.00	0.43	0.00	0.00
48	0.00	1.00	0.67	0.09	0.50	0.00	0.24	0.25	0.14	0.17	0.43	0.50	0.21	0.07	0.60	0.50	0.43	0.03	0.23	0.14	0.50	0.75	0.00	0.00	0.40
49	0.00	0.00	0.00	0.00	0.00	0.00	0.10	0.08	0.11	0.06	0.29	0.13	0.10	0.20	0.20	0.00	0.00	0.02	0.10	0.07	0.25	0.00	0.00	0.00	0.00
50	0.00	0.50	0.33	0.09	0.50	0.00	0.10	0.17	0.06	0.14	0.14	0.13	0.07	0.00	0.20	0.00	0.14	0.00	0.06	0.05	0.25	0.00	0.29	0.00	0.20
51	0.00	1.00	0.33	0.09	0.50	0.00	0.19	0.25	0.06	0.09	0.43	0.25	0.10	0.00	0.40	0.50	0.29	0.02	0.10	0.07	0.50	0.50	0.43	0.00	0.20
52	1.00	1.00	0.67	0.09	0.50	1.00	0.48	0.50	0.39	0.34	0.57	0.75	0.52	0.27	0.80	0.50	0.57	0.08	0.48	0.31	0.75	0.50	0.71	0.20	0.20
53	0.50	0.50	0.00	0.00	0.00	0.00	0.14	0.08	0.14	0.17	0.14	0.25	0.10	0.00	0.40	0.50	0.29	0.02	0.06	0.07	0.25	0.25	0.29	0.00	0.00
54	0.50	1.00	0.67	0.18	0.50	0.00	0.24	0.50	0.42	0.54	0.71	0.88	0.31	0.07	0.80	0.50	0.71	0.05	0.23	0.26	0.50	0.75	0.71	0.20	0.20
55	0.00	0.00	0.67	0.00	0.00	0.00	0.19	0.08	0.11	0.06	0.14	0.25	0.14	0.07	0.00	0.00	0.00	0.03	0.13	0.10	0.00	0.50	0.14	0.00	0.00

	26	27	28	29	30	31	32	33	34	35	36	37	38	39	40	41	42	43	44	45	46	47	48	49	50
56	0.00	0.50	0.33	0.00	0.00	0.00	0.29	0.17	0.25	0.26	0.43	0.13	0.28	0.27	0.20	0.50	0.14	0.10	0.26	0.26	0.75	0.75	0.43	0.60	0.40
57	0.00	0.00	0.00	0.00	0.00	0.00	0.10	0.00	0.06	0.00	0.14	0.00	0.03	0.13	0.00	0.00	0.00	0.05	0.06	0.00	0.00	0.00	0.00	0.20	0.00
58	0.50	0.00	0.33	0.00	0.00	0.00	0.29	0.08	0.17	0.09	0.14	0.25	0.21	0.07	0.20	0.00	0.14	0.05	0.19	0.14	0.00	0.25	0.14	0.00	0.00
59	0.00	0.00	0.00	0.00	0.00	0.00	0.05	0.00	0.06	0.03	0.00	0.00	0.07	0.00	0.00	0.00	0.00	0.06	0.02	0.25	0.00	0.00	0.00	0.00	0.00
60	0.00	0.50	0.67	0.09	0.50	0.00	0.19	0.25	0.28	0.29	0.43	0.75	0.24	0.27	0.60	0.00	0.29	0.02	0.23	0.24	0.50	0.50	0.57	0.40	0.20
61	0.50	0.00	0.00	0.00	0.00	0.00	0.05	0.00	0.06	0.06	0.00	0.13	0.03	0.00	0.20	0.00	0.14	0.00	0.03	0.05	0.00	0.00	0.14	0.00	0.00
62	0.00	0.00	0.00	0.00	0.00	0.00	0.05	0.08	0.03	0.03	0.14	0.13	0.10	0.00	0.20	0.00	0.02	0.10	0.02	0.00	0.00	0.00	0.20	0.00	0.00
63	1.00	1.00	0.67	0.55	0.50	1.00	0.76	0.83	0.89	0.80	0.86	0.75	0.83	0.93	0.60	0.50	1.00	0.20	0.81	0.62	1.00	1.00	0.86	0.60	0.20
64	0.50	1.00	1.00	0.45	0.50	1.00	1.00	1.00	1.00	0.97	1.00	1.00	1.00	0.93	1.00	0.50	1.00	0.77	0.94	0.95	1.00	1.00	1.00	1.00	1.00
65	0.50	1.00	1.00	0.45	1.00	1.00	0.90	1.00	0.97	0.91	1.00	1.00	0.90	0.80	1.00	0.50	1.00	0.52	0.84	0.79	1.00	1.00	0.86	1.00	1.00
66	0.00	0.50	0.33	0.09	1.00	0.00	0.05	0.08	0.00	0.03	0.14	0.13	0.03	0.00	0.20	0.00	0.14	0.03	0.03	0.02	0.25	0.00	0.14	0.00	0.20
67	0.00	0.00	0.00	0.00	0.00	0.00	0.10	0.08	0.06	0.03	0.14	0.13	0.17	0.27	0.00	0.00	0.02	0.13	0.10	0.00	0.25	0.29	0.00	0.00	0.00
68	1.00	0.50	0.00	0.18	0.00	0.00	0.14	0.33	0.22	0.26	0.43	0.13	0.14	0.13	0.40	0.50	0.29	0.05	0.16	0.07	0.25	0.25	0.14	0.40	0.20
69	1.00	1.00	0.67	0.45	1.00	1.00	0.90	1.00	0.94	0.97	1.00	0.88	0.93	0.87	1.00	0.50	0.86	0.27	0.87	0.79	1.00	1.00	1.00	1.00	1.00
70	0.00	0.50	0.67	0.18	0.50	0.00	0.14	0.33	0.17	0.20	0.43	0.63	0.17	0.00	0.60	0.00	0.57	0.02	0.16	0.12	0.25	0.50	0.57	0.20	0.20
71	0.00	0.50	0.33	0.09	0.00	0.00	0.14	0.42	0.22	0.23	0.43	0.50	0.17	0.07	0.40	0.50	0.43	0.03	0.16	0.10	0.25	0.75	0.43	0.20	0.00
72	0.00	0.00	0.00	0.00	0.00	0.00	0.00	0.00	0.11	0.11	0.00	0.00	0.07	0.13	0.00	0.00	0.29	0.00	0.06	0.10	0.00	0.00	0.00	0.00	0.00

关系矩阵 $B(N_2,N_2)$ 的 51～72 列

	51	52	53	54	55	56	57	58	59	60	61	62	63	64	65	66	67	68	69	70	71	72
1	0.60	0.68	0.83	0.60	0.50	0.22	0.25	0.86	1.00	0.44	1.00	0.50	0.47	0.14	0.19	0.09	0.20	0.46	0.34	0.60	0.60	0.75
2	0.00	0.05	0.33	0.05	0.00	0.02	0.00	0.00	0.00	0.06	0.00	0.00	0.02	0.02	0.03	0.00	0.00	0.00	0.05	0.00	0.00	0.00
3	0.20	0.26	0.00	0.30	0.75	0.20	0.25	0.29	0.00	0.17	0.00	0.25	0.18	0.15	0.15	1.00	0.40	0.00	0.21	0.20	0.10	0.00
4	0.60	0.58	0.50	0.50	1.00	0.22	0.50	0.71	0.50	0.44	0.50	0.50	0.36	0.13	0.17	0.09	0.60	0.54	0.32	0.60	0.60	0.25
5	0.20	0.11	0.33	0.10	0.00	0.05	0.00	0.00	0.00	0.00	0.00	0.07	0.02	0.03	0.00	0.00	0.00	0.08	0.06	0.10	0.10	0.25
6	0.60	0.47	0.83	0.50	0.75	0.20	0.25	0.57	0.50	0.39	0.50	0.25	0.27	0.11	0.16	0.00	0.31	0.26	0.30	0.30	0.25	0.00
7	0.40	0.74	0.83	0.60	0.75	0.22	0.25	0.71	0.50	0.44	1.00	0.50	0.44	0.14	0.21	0.00	0.40	0.62	0.34	0.60	0.80	1.00
8	0.60	0.16	0.17	0.20	0.25	0.05	0.00	0.00	0.00	0.17	0.00	0.07	0.02	0.03	0.00	0.20	0.08	0.05	0.00	0.30	0.00	0.00
9	0.20	0.11	0.33	0.15	0.00	0.02	0.00	0.00	0.00	0.06	0.00	0.00	0.04	0.02	0.03	0.00	0.00	0.08	0.05	0.00	0.20	0.00
10	0.00	0.05	0.00	0.00	0.00	0.00	0.00	0.00	0.17	0.00	0.00	0.02	0.00	0.01	0.00	0.00	0.01	0.00	0.01	0.00	0.00	0.00
11	0.00	0.00	0.00	0.05	0.25	0.02	0.00	0.00	0.00	0.06	0.00	0.00	0.02	0.00	0.01	0.00	0.00	0.00	0.01	0.10	0.10	0.00
12	0.00	0.05	0.17	0.10	0.00	0.00	0.00	0.14	0.00	0.50	0.00	0.04	0.01	0.01	0.00	0.00	0.15	0.02	0.10	0.10	0.00	0.00
13	0.00	0.00	0.00	0.00	0.00	0.00	0.02	0.00	0.00	0.00	0.00	0.04	0.01	0.01	0.00	0.00	0.00	0.00	0.02	0.00	0.00	0.00

续表

	51	52	53	54	55	56	57	58	59	60	61	62	63	64	65	66	67	68	69	70	71	72
14	0.20	0.16	0.00	0.10	0.00	0.07	0.00	0.14	0.00	0.11	0.00	0.50	0.11	0.04	0.05	0.00	0.40	0.08	0.09	0.20	0.20	0.00
15	0.20	0.11	0.00	0.20	0.00	0.05	0.25	0.00	0.00	0.22	0.00	0.00	0.27	0.11	0.13	0.00	0.20	0.15	0.16	0.20	0.50	0.75
16	0.60	0.32	1.00	0.40	0.00	0.12	0.00	0.29	0.00	0.39	1.00	0.00	0.18	0.12	0.15	0.00	0.00	0.54	0.32	0.30	0.20	0.25
17	0.00	0.11	0.00	0.05	0.00	0.07	0.00	0.14	0.50	0.00	0.00	0.00	0.05	0.07	0.02	0.00	0.00	0.00	0.04	0.00	0.00	0.00
18	0.00	0.05	0.00	0.00	0.25	0.15	0.25	0.29	0.00	0.06	0.00	0.25	0.09	0.17	0.13	0.00	0.00	0.08	0.06	0.00	0.00	0.00
19	0.00	0.00	0.00	0.00	0.00	0.07	0.00	0.00	0.00	0.00	0.00	0.00	0.07	0.05	0.03	0.00	0.20	0.00	0.02	0.00	0.00	0.00
20	0.00	0.00	0.00	0.00	0.00	0.02	0.00	0.00	0.00	0.11	0.00	0.25	0.07	0.06	0.07	0.00	0.00	0.00	0.06	0.00	0.00	0.00
21	0.40	0.21	0.50	0.20	0.25	0.07	0.00	0.29	0.00	0.11	0.50	0.00	0.11	0.03	0.04	0.00	0.00	0.15	0.07	0.30	0.20	0.00
22	0.20	0.26	0.67	0.45	0.50	0.15	0.25	0.43	0.50	0.33	1.00	0.00	0.22	0.06	0.09	0.09	0.00	0.31	0.16	0.50	0.20	0.25
23	0.40	0.37	0.50	0.40	0.50	0.12	0.25	0.43	0.00	0.33	0.50	0.50	0.22	0.06	0.09	0.09	0.00	0.38	0.15	0.50	0.60	0.25
24	0.40	0.37	0.83	0.40	0.50	0.12	0.25	0.43	0.00	0.33	1.00	0.25	0.25	0.07	0.11	0.00	0.20	0.31	0.19	0.50	0.50	0.50
25	0.00	0.05	0.00	0.00	0.00	0.00	0.00	0.14	0.50	0.00	0.00	0.00	0.02	0.00	0.01	0.00	0.00	0.01	0.00	0.00	0.00	0.00
26	0.00	0.11	0.17	0.05	0.00	0.05	0.00	0.14	0.00	0.00	0.50	0.00	0.04	0.00	0.01	0.00	0.00	0.15	0.02	0.00	0.00	0.00
27	0.40	0.11	0.17	0.10	0.00	0.02	0.00	0.00	0.00	0.06	0.00	0.00	0.04	0.01	0.01	0.09	0.00	0.08	0.02	0.10	0.10	0.00
28	0.20	0.11	0.00	0.05	0.00	0.00	0.00	0.00	0.00	0.11	0.00	0.00	0.00	0.00	0.00	0.00	0.00	0.02	0.00	0.10	0.10	0.00
29	0.20	0.05	0.00	0.10	0.00	0.00	0.00	0.00	0.00	0.06	0.00	0.00	0.11	0.02	0.03	0.09	0.00	0.15	0.06	0.20	0.10	0.00
30	0.20	0.05	0.00	0.05	0.00	0.00	0.00	0.00	0.00	0.06	0.00	0.00	0.02	0.00	0.01	0.18	0.00	0.00	0.02	0.00	0.00	0.00
31	0.00	0.05	0.00	0.00	0.00	0.00	0.00	0.00	0.00	0.00	0.00	0.00	0.02	0.00	0.01	0.00	0.00	0.00	0.00	0.00	0.00	0.00
32	0.80	0.53	0.50	0.25	1.00	0.15	0.50	0.86	0.50	0.22	0.50	0.25	0.29	0.09	0.13	0.09	0.40	0.23	0.22	0.30	0.30	0.00
33	0.60	0.32	0.17	0.30	0.25	0.05	0.00	0.14	0.00	0.17	0.00	0.25	0.18	0.05	0.08	0.09	0.20	0.31	0.14	0.40	0.50	0.00
34	0.40	0.74	0.83	0.75	1.00	0.22	0.50	0.86	1.00	0.56	1.00	0.25	0.58	0.16	0.23	0.00	0.40	0.62	0.40	0.60	0.80	1.00
35	0.60	0.63	1.00	0.95	0.50	0.22	0.00	0.43	0.50	0.56	1.00	0.25	0.51	0.15	0.21	0.00	0.40	0.69	0.40	0.70	0.80	1.00
36	0.60	0.21	0.17	0.25	0.25	0.07	0.25	0.14	0.00	0.17	0.00	0.25	0.11	0.03	0.05	0.09	0.20	0.23	0.08	0.30	0.30	0.00
37	0.40	0.32	0.33	0.35	0.50	0.02	0.00	0.29	0.00	0.33	0.50	0.25	0.11	0.04	0.05	0.09	0.20	0.08	0.08	0.50	0.40	0.00
38	0.60	0.79	0.50	0.45	1.00	0.20	0.25	0.86	1.00	0.39	0.50	0.75	0.44	0.13	0.17	0.09	1.00	0.31	0.32	0.50	0.50	0.50
39	0.00	0.21	0.00	0.05	0.25	0.10	0.00	0.14	0.00	0.22	0.00	0.00	0.25	0.06	0.08	0.00	0.80	0.15	0.15	0.00	0.10	0.50
40	0.40	0.21	0.33	0.20	0.00	0.02	0.00	0.14	0.00	0.17	0.00	0.25	0.05	0.02	0.03	0.09	0.00	0.15	0.06	0.30	0.20	0.00
41	0.20	0.05	0.17	0.05	0.00	0.02	0.00	0.00	0.00	0.00	0.00	0.00	0.02	0.00	0.01	0.00	0.00	0.08	0.01	0.00	0.10	0.00
42	0.40	0.21	0.33	0.25	0.00	0.02	0.00	0.14	0.00	0.11	0.50	0.00	0.13	0.03	0.05	0.09	0.00	0.15	0.07	0.40	0.30	0.50
43	0.20	0.26	0.17	0.15	0.50	0.15	0.75	0.43	0.00	0.06	0.00	0.25	0.22	0.21	0.21	0.18	0.20	0.23	0.19	0.10	0.20	0.00
44	0.60	0.79	0.33	0.35	1.00	0.20	0.50	0.86	1.00	0.39	0.50	0.75	0.45	0.13	0.17	0.09	0.80	0.38	0.32	0.50	0.50	0.50
45	0.60	0.68	0.50	0.55	0.00	0.27	0.00	0.86	0.50	0.56	1.00	0.25	0.47	0.18	0.22	0.00	0.80	0.23	0.39	0.50	0.40	1.00
46	0.40	0.16	0.17	0.10	0.00	0.07	0.00	0.00	0.50	0.11	0.00	0.00	0.07	0.02	0.03	0.09	0.00	0.08	0.05	0.10	0.10	0.00
47	0.40	0.11	0.17	0.15	0.50	0.07	0.00	0.14	0.00	0.11	0.00	0.00	0.07	0.02	0.03	0.00	0.20	0.08	0.05	0.20	0.30	0.00

续表

	51	52	53	54	55	56	57	58	59	60	61	62	63	64	65	66	67	68	69	70	71	72
48	0.60	0.26	0.33	0.25	0.25	0.07	0.00	0.14	0.00	0.22	0.50	0.00	0.11	0.03	0.04	0.09	0.40	0.08	0.08	0.40	0.30	0.00
49	0.00	0.05	0.00	0.05	0.00	0.07	0.25	0.00	0.00	0.11	0.00	0.25	0.05	0.02	0.03	0.00	0.00	0.15	0.06	0.10	0.10	0.00
50	0.20	0.05	0.00	0.05	0.00	0.05	0.00	0.00	0.00	0.06	0.00	0.00	0.02	0.02	0.03	0.09	0.00	0.08	0.06	0.10	0.00	0.00
51	0.00	0.16	0.17	0.15	0.00	0.02	0.00	0.00	0.00	0.11	0.00	0.00	0.05	0.02	0.02	0.09	0.20	0.08	0.05	0.30	0.20	0.00
52	0.60	0.00	0.83	0.45	0.50	0.07	0.00	0.86	1.00	0.33	1.00	0.50	0.31	0.08	0.11	0.09	0.60	0.38	0.20	0.40	0.50	0.25
53	0.20	0.26	0.00	0.25	0.00	0.05	0.00	0.29	0.00	0.17	1.00	0.00	0.09	0.03	0.04	0.00	0.00	0.15	0.07	0.10	0.20	0.00
54	0.60	0.47	0.83	0.00	0.25	0.07	0.00	0.29	0.00	0.50	1.00	0.25	0.29	0.09	0.12	0.09	0.20	0.46	0.21	0.70	0.70	0.50
55	0.00	0.11	0.00	0.05	0.00	0.05	0.00	0.43	0.00	0.06			0.00	0.05	0.02	0.03			0.04	0.10	0.10	0.00
56	0.20	0.16	0.33	0.15	0.50	0.00	0.25	0.14	0.50	0.22			0.22	0.15	0.17	0.09	0.20	0.23	0.20	0.10	0.30	0.00
57	0.00	0.00	0.00	0.00	0.00	0.00	0.00						0.04	0.01	0.02			0.08	0.04			0.00
58	0.00	0.32	0.33	0.10	0.75	0.02	0.00	0.00	0.50	0.06	1.00	0.25	0.11	0.03	0.05	0.00	0.00	0.08	0.07	0.10	0.00	0.00
59	0.00	0.11	0.00	0.00	0.00	0.02	0.00	0.14	0.00				0.04	0.01	0.01			0.02				0.00
60	0.40	0.32	0.50	0.45	0.25	0.10	0.00	0.14	0.00	0.00	0.50	0.00	0.24	0.08	0.11	0.09	0.40	0.15	0.18	0.40	0.50	0.25
61	0.00	0.11	0.33	0.10	0.00	0.02	0.00	0.29	0.00	0.06			0.04	0.01	0.01			0.08	0.02	0.10	0.10	
62	0.00	0.11	0.00	0.00	0.00	0.00	0.00	0.14	0.00				0.04	0.01	0.01			0.08	0.05	0.10	0.10	
63	0.60	0.89	0.83	0.80	0.75	0.29	0.50	0.86	1.00	0.72	1.00	0.50	0.00	0.22	0.28	0.09	1.00	0.62	0.49	0.60	0.80	1.00
64	0.80	0.95	1.00	1.00	1.00	0.80	0.75	1.00	1.00	0.94	1.00	1.00	0.89	0.00	0.77	0.55	1.00	0.69	0.84	0.70	0.90	1.00
65	0.60	0.89	1.00	0.90	1.00	0.61	0.75	1.00	1.00	0.89	1.00	0.75	0.78	0.52	0.00	0.82	0.60	0.69	0.73	0.70	0.90	1.00
66	0.20	0.05	0.00	0.05	0.00	0.00	0.25	0.00	0.00				0.02	0.03	0.06	0.00			0.07	0.10	0.10	0.00
67	0.20	0.16	0.00	0.05	0.00	0.02	0.00	0.00	0.00	0.11			0.09	0.02	0.02				0.06	0.10	0.10	0.00
68	0.20	0.26	0.33	0.30	0.00	0.07	0.25	0.14	0.00	0.11	0.50	0.25	0.15	0.04	0.06	0.00	0.00	0.00	0.14	0.20	0.50	0.25
69	0.80	0.89	1.00	0.90	0.75	0.41	0.75	0.86	1.00	0.83	1.00	1.00	0.76	0.32	0.41	0.55	1.00	0.92	0.00	0.70	0.90	1.00
70	0.60	0.21	0.17	0.35	0.25	0.02	0.00	0.14	0.00	0.22	0.50	0.25	0.11	0.03	0.05	0.09	0.20	0.15	0.08	0.00	0.40	0.25
71	0.40	0.26	0.33	0.35	0.25	0.07	0.00			0.28		0.25	0.15	0.04	0.06		0.20	0.38	0.11	0.40		0.50
72	0.00	0.05	0.00	0.10	0.00	0.00	0.00	0.14	0.00	0.06			0.07	0.02	0.03			0.08	0.05	0.10	0.20	

注：关系矩阵 $B(N_2, N_2)$ 中的第一行和第一列代表具有该编号的企业，中间部分是对应行列两个快递企业间的竞争强度，这是一个 72×72 的方阵。由于表格太大，无法将所有竞争强度信息列出，这里分三部分表示，分别为 1~25 列、26~50 列、51~72 列。

附录 4　生成竞争关系矩阵的 MATLAB 程序代码

```
[row, col] = size(A);   %得到矩阵行列数

for i=1:row
    for j=1:col
      if A(i, j) > 0
          B(i, j)=1; %矩阵 A 中不为 0 的元素，矩阵 B 中对应位置元素为 1
          C(i, A(i, j))=1;
%生成一个行为快递企业编号，列为城市编号的矩阵 C。若 i 行对应的快递企业在 j 列对
应的城市有分支机构，C 矩阵对应的 (i, j) 位置元素为 1
      end
    end
end

subNums=sum(B');      %每个快递企业的分支机构数量
[cRow, cCol]=size(C);     %快递企业数量
res=zeros(cRow, cRow);    %生成一个行列数等于快递企业数量的矩阵
for i=1:cRow
    for j=i:cRow
        if (i~=j)
            temp1=bitand(C(i, :) , C(j, :));
                %计算两个快递企业在哪些城市同时有分支机构
            tempSum=sum(temp1);
                %计算两个快递企业在相同城市具有分支机构的城市数量
            res(i, j)=tempSum / subNums(j);
                %计算 i 快递企业对 j 快递企业的竞争强度
            res(j, i)=tempSum / subNums(i);
                %计算 j 快递企业对 i 快递企业的竞争强度
        end
    end
end
B=res;
%结果存放在矩阵 B 中
```

彩 图

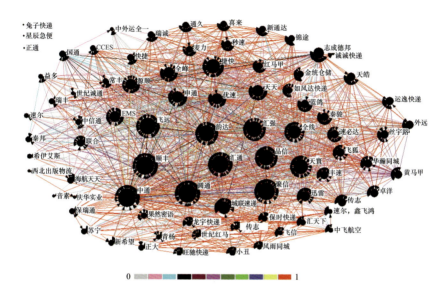

图 4-4　陕西省快递产业竞争关系网络拓扑结构图

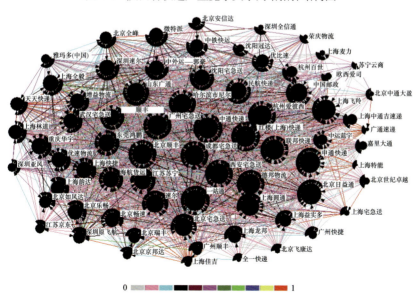

图 4-5　国内跨省业务竞争关系网络拓扑结构图

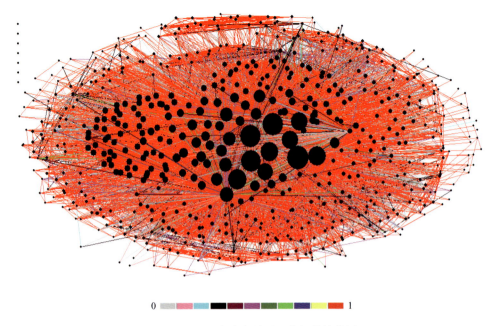

图 4-6　国际业务竞争关系网络拓扑结构图

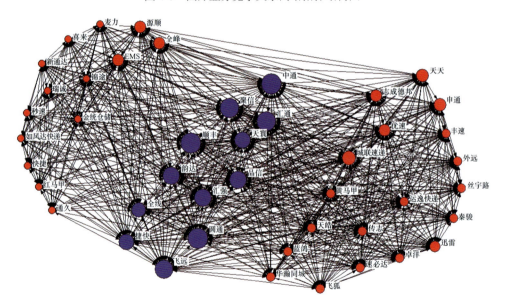

图 4-13　竞争关系数量较多的节点企业之间的连接关系

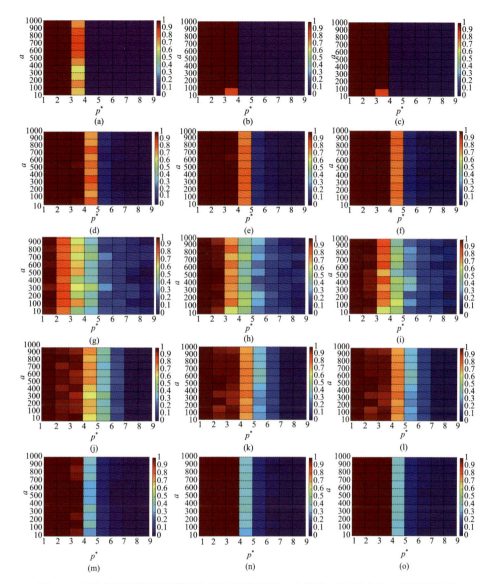

图 6-6　四个复杂网络理论模型上价格保持密度 F_p 与降价 p^* 和需求量 a 之间的关系

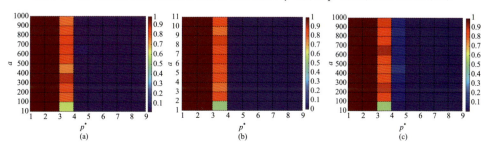

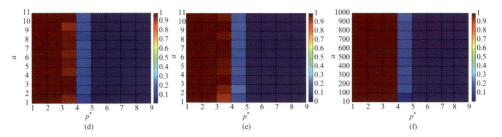

图 6-7 三个快递产业竞争关系网络上价格保持密度 F_p 与降价 p^* 和需求量 a 之间的关系

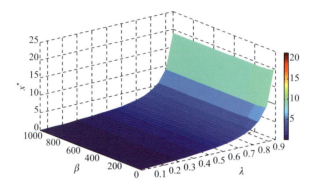

图 6-8 x^* 的取值与参数 β 和 λ 之间的关系

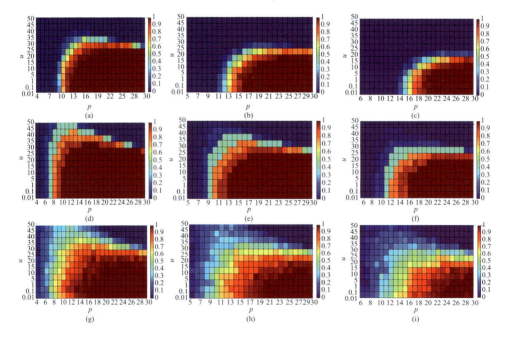

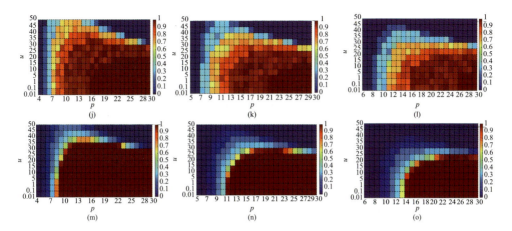

图 6-9　四个复杂理论网络模型上，价格保持密度 F_p 与原价 p 和需求函数斜率 u 之间的关系

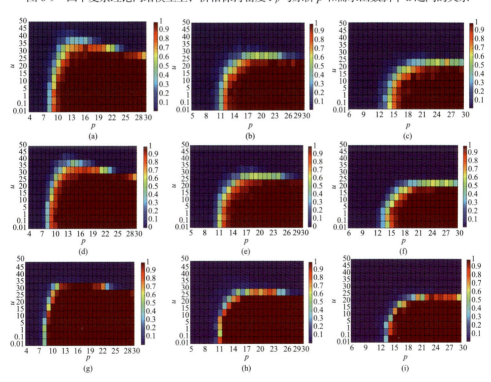

图 6-10　三个快递产业竞争关系网络上，价格保持密度 F_p 与原价 p 和需求函数斜率 u 之间的

关系

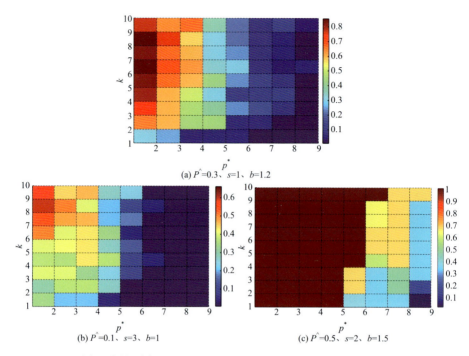

图 8-2　不同降价参数 p^* 条件下，价格保持密度 F_p 与价格策略调整速度 k 之间的关系